12

写作教学卷

于漪全集

上海教育出版社

已入中年，挑灯备课

20世纪80年代初，书法家刘炳森先生赠字，视作珍宝，用以自励

20世纪80年代中期,自己动手美化校园

20世纪80年代中期,与密歇根州立大学教育学院、牛津大学教育学院合作研究职初教师培养的课题

出版说明

《于漪全集》是基础教育领域首部特级教师的全集,也是上海教育出版社为特级教师出版的第一部全集。它的出版,对于传承、弘扬和建设新时代社会主义文化,对于以教育自信创建自信的教育具有重要意义。

《于漪全集》收录了于漪在不同时期发表于全国各类期刊和出版于多种图书的论文、讲话、序跋等作品。难免挂一漏万,故对写作时间和文章出处不一一注明,留待日后修订逐步完善。同时,对原发期刊编辑部、图书出版单位一并致谢。

全集由上海市教师学研究会组织有关教师、专家编辑。于漪的教育思想植根于教学实践,是理论与实践的有机融合和生动阐述。有时一材多用,是为了从不同角度阐释相关问题,为读者呈现丰富的不同历史阶段的思考成果。

全集以"一辈子学做教师"为线索,根据文章内容,共分8卷21册,从基础教育、语文教育、课堂教学、阅读教学、写作教学、教师成长、序言书信、教育人生八个方面多维度展现于漪来自教育第一线的理论研究成果,力求树立当代教育家的典型形象。

目录

今天怎样教作文

写作教学纵横谈 …… 3
- 怎样指导学生谋篇布局 …… 3
- 《献上一支心中的歌》习作巡步 …… 7
- 序列化和多功能
  ——习作讲评之我见 …… 41
- 视野·思路·表现力
  ——写作教学纵横谈 …… 49
- 练就写作真本领 …… 54
- 要重视学生情感思维的开发 …… 57
- 从"画地为牢"说起 …… 62
- 从"倚马可待"说起 …… 65
- 谈教师的"下水"与"半下水" …… 69
- 作文命题小议 …… 72
- 作文指导实例
  ——怎样写两个思想性格不同的人 …… 75
- 随笔与命题作文 …… 87
- 今天怎样教作文 …… 90
- 点燃写作教学的希望之火 …… 103
- 感激·感动 …… 108
- 点燃写作的热情 …… 110

篇篇作文同胞情
　　——获奖作文综合评述　　114
　关键在追求怎样的目标　　116

和中学生谈写作　　119
　功夫贵在自幼硬　　119
　妙笔记叙流光彩　　122
　议论文写作小议　　126
　析薪·破理　　129
　一以当十　左右逢源　　142
　构思奇峭　讽刺辛辣　　146
　从活处看　体验独特　　149
　寓情于景　倾诉心怀　　153
　体物为妙　功在密附　　156
　悲愤交织　破石惊天　　159
　娓娓道来　渐入佳境　　162
　精微朗畅　意辞兼美　　166
　走近青春的享受　　170
　思想、文字双锤炼　　172
　练就慧眼与灵心　　174
　语言的痛苦与欢乐　　177
　积极向上，追求真善美　　181
　健康开朗，积极向上　　187
　把心交给文字　　189
　让情怀在文中放射光芒　　192
　初试锋芒赞　　194

教你写作文
——中学生作文指引

第一单元　选择材料	199
1. 观察	199
2. 截取	203
3. 想象	207
第二单元　确立主旨	212
1. 求精	212
2. 求新	216
3. 求深	219
第三单元　连缀组合	223
1. 线索	223
2. 剪接	226
3. 波澜	229
4. 层次	232
第四单元　谋篇布局	237
1. 主次	237
2. 详略	240
3. 伏笔和照应	243
4. 开头	248
5. 结尾	252
第五单元　描绘形象	255
1. 形神	255

2. 渲染 257
3. 逼真 260

第六单元　抒发感情 264
1. 直接抒情 264
2. 借景抒情 268
3. 借物抒情 271
4. 真实 274

第七单元　论述道理 278
1. 有的放矢 278
2. 论点 282
3. 论据 285
4. 论证 288
5. 寓理于谐 291

第八单元　锤炼语言 295
1. 准确 296
2. 生动 298
3. 明白 301

第九单元　病句修改 305
1. 示例/练习 305
2. 练习参考答案 317
3. 综合练习/参考答案 320

今天怎样教作文

写作教学纵横谈

怎样指导学生谋篇布局

指导学生写记叙文,不仅要求他们"言之有物",内容具体充实,而且要"言之有序",根据主题的要求,把散乱的材料条理化,以求布局得体,层次分明,首尾一贯,神充气足,这样,文章的思想内容才能表达得自然流畅,才能给人以形式上的美感。

古人说:"袖手于前,始能疾书于后。"写文章前,要指导学生认真思索,教育学生写前心中有一个"总谱",有一个总体设计。写文章必须全局在胸。在审清题意、确立主题以后,选用哪些材料来表现主题,先写什么,后写什么,怎样过渡,如何衔接,要不要穿插有关内容,采用什么方法收尾等,都要打打腹稿,在脑子里搭个粗略的架子。看起来思考要花费一点时间,但心中有了文章的骨架子,有了"总谱",下笔就不会云里雾里,不着边际。

指导学生编写作文提纲,有助于他们理清思路,组织材料,划分段落,形成比较完整的构思。编写提纲的指导重点在于引导学生正确地划分层次段落。层次段落分得正确清楚,文章写起来就有眉目。划分层次段落,心中要有准绳,不能一会儿时间,一会儿空间,一会儿人,一会儿物,杂七杂八。应该或者按照时间的推移,如《多收了三五斗》就是按照事件发生、发展的顺序组织材料,写得井井有条;或者按照空间位置的变换,如《记金华的两个岩洞》,按照作者足迹的移动,转换记叙的景物,有条不紊;或者按照人物出场的先后,如《果树园》围绕中心事件写了几个人物,而人物出现有先有后,作者按先后顺序安排层次段落,井然有序;或者按照人物性格、事件性质归类来划分,如《任弼时同志二三事》,写了任弼时生前许多事迹,作者精心按事件性质分类,组成完整的篇章。

让学生进行一定数量不同类型范文的篇章结构的剖析,对培养学生有条理地思考问题很有好处。有些课文可作为重点解剖的例子,使学生在写作上有所借鉴。像《人民的勤务员》这样的文章,写雷锋拿自己的钱给大嫂买车票,帮大娘找儿子,雨天护送母子回樟子沟,当临时装卸工人,春节做临时服务员五个故事,采用并列式的横结构,每个故事都以雷锋自己的话作结,而把这些故事有机地串联起来的是一条思想线索——"寻找一切机会","永不停息地为人民做好事",结构上丝毫不松散。雷锋时时、处处、事事为人民的中心思想得到了较为充分的表现。多推敲范文的篇章结构,有助于学生从总体上驾驭写作材料。

有些学生的习作大段落比较清楚,段落里若干小的层次却是颠倒纠缠,表述不清。针对这种情况,可以帮助他们弄清楚层次之间的关系,懂得要按一定的顺序组织句群,不能跳跃,不能颠倒。比如,排列句子时可由远及近,或由近及远;由小至大,或由大而小;由上而下,或由下而上;由静而动,或由动而静等,总之,必须有一定的"序"。教师可引导学生剖析范文中某些段落的层次关系,理解它们的条理性。如《从百草园到三味书屋》中第二个段落比较长,有二百多字,写了许多具体的色彩缤纷的事物,但安排得纹丝不乱。植物、动物;远景、近景;静态、动态;视觉感受、听觉感受、味觉感受等均排列有序,层次清晰,堪为楷模。教师还可给学生提供材料进行训练,要求学生按一定的"序"组合材料,这些材料是一组相互关联的句子,但排列顺序不妥当,句子和句子的意思有的联系很勉强,有的联系不起来,要求学生把它们重新安排一下,组织成一段话。也可选用学生习作中层次混乱的材料,指导他们把句子的顺序重新加以排列,理清思路。

文章是有机的整体,前后要连贯,要注意交代照应,上下衔接,以求血脉顺畅。初中学生年龄比较小,考虑问题常不大严谨,写作文会顾前忘后,抓这忘那,结构上暴露出脱节掉钩的缺点。比如写游记,开头和弟弟等数人一块儿去某公园,描这个景,记那件事,写着写着把弟弟和其他几个人丢了。前面说的话,后面忘了照应。又比如记人记事,前面未作任何交代,突然在文章当中或末尾冒出了一些与上文脱节的人物语言、行动或情节,使人丈二和尚摸不着头脑。再比如,一层意思与一层意思之间,段落与段落之间,缺少榫头,没有搭钩,上下不贯通;有时,不知怎么过渡,就乱用"可是""但是""然而"等词语。针对这种情况,可从几个不同的角度进行综合指导。一是结合范文的分析,向学生介绍常见的过渡方法。(1)用一个关联词语或转折词语过渡。如用"总之""因此"或"可是""不过""相反"等进行过渡。这些词语往往放在下一段的开头。(2)用一个句子过渡,承上启下。如《谁是最可爱的人》开头三个段落抒情议论,点明中国人民志愿军战士品质纯洁高尚,意志坚韧刚强,气质纯朴谦逊后,用了这样一句话"让我还是来说一段故事吧"进行过渡,转入三个典型事例的叙述,这样就由议入叙,使议和叙衔接起来。(3)用段落过渡。《谁是最可爱的人》第九个段落"我们的战士,对敌人这样狠,而对朝鲜人民却是那样地爱,充满国际主义的深厚感情",就是承接第一个典型事例的叙述,开启第二个典型事例的记叙,起桥梁作用。二是向学生介绍照应的方法。(1)开头结尾遥相呼应。《一件珍贵的衬衫》在这方面很突出。(2)在适当的地方把前面说过的话加以照应,或反复出现。《挺进报》一文开头提到陈然下决心学写仿宋字,后面又写到党组织指示必须坚持写仿宋字,同后来"笔迹相同"的结论相呼应,结构严谨,环环相扣。三是进行缝合的训练。给学生若干记事记人的材料,要求他们连缀成文章。顺叙时注意伏笔与照应,插叙、倒叙时特别注意上下文的衔接与过渡。四是修改自己的作文,重点放在过渡与照应上。

头重脚轻也是结构上常出现的毛病。学生总想把作文写好,下笔时动了许多脑筋,但由于对怎样的开头才是真正的好,认识不清,把握不准,于是就发生离题太远、描写不当、架空抒情等情况。结尾由于笔力不济或时间所限,往往草草收场或来个简单的表决心,唱高调,文章骨肉不匀,站立不起来。怎样才能头不重脚不轻呢?除了加强总体设计,通盘考虑文章的内容与结构外,可对文章的开头与结尾多加揣摩。方法一是选择教材中有特色的开头和结尾进行分析研究,懂得好的开头须切题、简明、新颖、生动,好的结尾能点明题旨,深化主题,含蓄深刻,发人深思;熟悉常用的开头与结尾的方法,如落笔接触文章的主题,交代写作动机,描绘环境,渲染气氛;收笔画龙点睛,突出主题,言近旨远,耐人回味。《故乡》《母亲的回忆》《藤野先生》都是极好的范例。方法二是评析讨论学生的作文,启发学生就文章提出多种多样的开头与结尾,开展比较,认真推敲,取优去劣,开阔学生思路,体会其中奥妙。古人说:"凡起句当如爆竹,骤响易彻;结句当如撞钟,清音有余。"激励学生不仅认真剖析范文的开头与结尾,课外阅读报纸杂志时也多加注意,从中吸取养料。

结构是组织材料的形式,主题是文章的内容,形式是为内容服务的。因此,在指导学生组织材料、安排结构时,千万不能为结构而结构,一定要服从主题的需要,有力地表现主题。

1983 年

《献上一支心中的歌》习作巡步

每个青年学生作文时都希望自己提起笔来能文思如潮涌,精彩的语言仿佛淙淙泉水在笔端流淌。叙事,事清晰;记人,人生动;写景,景如画;说理,理明白。怎样才能实现这良好的愿望呢?其中有不少奥妙。多读好文章,多观察周围的事物,多思考分析,多进行写作训练……涉及的方面很多,这里且不一一论述,仅对学生习作《献上一支心中的歌》巡步一番,探讨某些问题,以期收到窥一斑而见全豹的效果。

《献上一支心中的歌》是初三年级学生学习了《白杨礼赞》《松树的风格》和《泰山极顶》一组散文以后的习作。这个作文题有一定的难度,如不审慎地辨清题意,不选准恰当的"物"认真地进行构思,写出来的作文容易内容空洞,意虚情浮。为此,写作前对学生提出了三点要求。这三点要求是:选准歌颂的对象;托物言志,因事抒情;在记叙中夹以议论和抒情。怎样才能达到这些要求呢?先引导学生复习上述课文,从阅读中吮吸丰富的营养。古人曾说:"大匠诲人必以规矩,学者亦必以规矩。"初中学生开始学写散文,必须明确写这类文章的技能技巧和规矩法度,而教材中的有关文章正是学习模仿规矩法度的范例。学生带着写作的具体要求熟读课文,推敲琢磨,深入领会散文中选"物"、记"物"、托"物"的特点,摸清表情达意的特色,品尝范文的精妙之处。与此同时,又向他们指出,读书不是被书所禁锢,而是既要读进去,又要跳出来。采花粉的目的在于自己酿蜜，因此要借他山之石，攻我写作之玉。借鉴范文的遣词造句、谋篇布局，结合自己的生活实际、思想实际、知识实际，选择自己熟悉的材料，剪裁组合，在模仿中创作，在创作中模仿，培养写作散文的能力。

学生根据要求慎重选"物"，确定歌颂的对象，有的把发自肺腑的心声献给亲爱的党、伟大的祖国，有的把从心灵深处发出的歌声献给革命先烈，有的向英雄人物、向平凡而高尚的劳动者献上赞美的歌、颂扬的歌，以表示内心的崇敬。在歌的海洋里，大部分音调和谐，悦耳动听，但也有粗糙刺耳，走音走调的。怎样才能唱得悦耳，唱得入调呢？我们从以下几个方面进行探讨。

一、浮想联翩谈想象

写这样的散文最忌"干"，最忌用什么"多么壮丽""十分伟大"等概念化的词句凭空抒情。要写得丰满、动人，须对借以抒发感情的"物"进行深入细致的观察，并由此出发，拉开想象的线头，浮想联翩。

一个会写文章、文思敏捷的人，往往想象十分丰富，脑子里受到某一事物的触发，就会联想到许多有关的人和事，眼前仿佛浮现一幅幅生动的图景。一个会想象的人，脑中宛如有活水，涟漪波澜，层叠不穷。列宁曾高度评价想象的重要作用，指出"幻想是极其可贵的品质"。大科学家爱因斯坦对想象力也十分重视，他说："想象力比知识更重要，因为知识是有限的，而想象力概括世界的一切，推动着进步，并且是知识进化的源泉。"想象如此重要，下笔写作文就要让自己的思想长上翅膀奋力翱翔。怎样让思想长上双翅飞翔呢？请看下面的作文。

献上一支心中的歌

《少年文艺》1980 年第 7 期的封底刊登着一幅别具一格的抒情风俗

画《高原的歌》。夕阳西下，红光晃漾，晚霞满天，一位藏族姑娘骑着牦牛，行进在霞光中，脚下是撒满小红花的草地，远处被夕阳映红的皑皑雪山连绵不断，若隐若现。整个画面和谐地统一在一个橙红的基调中。

有道是："色彩是绘画的语言，它能奏出旋律，能产生感情。"果真不假，《高原的歌》那红色的韵味，使人心情豁然开朗，精神为之大振。旋律响起，你似乎就可看到无垠的草原上，乌黑的牦牛在悠闲地散步，吃草；那涓涓的雪水在无声地淌着，闪着耀眼的红波，灌溉草原，滋润暮色。作者以洗练粗犷的笔触，高亢热烈的旋律，描绘了这幅"世界屋脊"的绚丽的彩画。

画的"潜台词"更在那位姑娘的身上。作者给予她粗犷爽朗的性格，但又使她置身于霞光之中，让霞光为她镶上金环，这就使人感觉到她还有温柔恬静的一面。看那姑娘，深邃的目光一直射向画外，使画的意境跃然跳离了画面的束缚。她在看什么呢？在看她放牧的牛群？在看阿爸种植青稞？在看喷泉边的电站？还是在看织毯厂里双手灵巧的姐妹？……啊，姑娘都看到了，她看得很多很多，她看到了意气风发的人民在建设中大显身手，看到了美丽的祖国正奔跑在"四化"大道上。你看，姑娘笑了，仿佛看到母亲久病初愈，笑得那样甜哩！从那画上传来的何止是笑声？还有歌声——姑娘心中的歌："我爱你，中国！我爱你青松气质，我爱你红梅品格，我要把最美的歌儿献给你，我要把最美好的青春献给你，我的母亲，我的祖国！"

合上眼睑，那轻轻的、优美的歌声会在你耳边萦绕。"心有灵犀一点通"，这时呈现在你眼前的就不仅仅是暮色中的高原了，还有那碧波滚滚的南海，白雪飘舞的北国，景色宜人的江南……你听着，想着，欣赏着，你的心弦也一定会被拨动的，你也会情不自禁地随着那位藏族姑娘唱起来。唱啊，唱啊，你会深深地感到这正是你心中的歌，正是每一个中国青年献给年轻的母亲——朝气蓬勃的祖国的赞歌，当然，也是我，一个共青团员献给祖国最美好的赞歌。

祖国啊,我们的母亲,请接受您的儿女们由衷的赞美吧!

章引

这篇作文从具体的"物"——一幅抒情风俗画《高原的歌》下笔,把对伟大祖国真挚深厚的感情寄予描绘的"物"中,借托"物"含蓄委婉地表露自己发自肺腑的深情。

画描绘得细致生动。画的主体是一位藏族姑娘,主体突出,背景分明,不仅色彩绚丽,而且细部刻画得真切。习作者之所以能用彩笔把《高原的歌》这幅"别具一格"的彩画描述出来,首先是由于她精细地观察了画面,观察时井然有序、主次分明。

要做到托物言志,借物抒情,单"目注"——精细观察远远不够,还须"神驰",从观察实物出发,展开想象,浮想联翩。习作者引用"色彩是绘画的语言,它能奏出旋律,能产生感情"一笔宕开,由"色彩"引出"旋律",再引出"歌声",把"视"与"听"交织起来写,使画面"活"起来、"动"起来,味道浓郁起来。文章巧妙地用那姑娘"深邃的目光一直射向画外"的描绘,把画的意境开拓出去,紧扣一个"看"字,用排比疑问句开阔读者视野,引人遐想。然后又由听而看,从"耳边萦绕"的歌声引出眼前呈现的"暮色中的高原",再用"那碧波滚滚的南海,白雪飘舞的北国,景色宜人的江南"排比词组展现祖国一幅幅优美、壮阔的图景,启发想象,激发感情。这样写,意境就跳离了画面的束缚,文章有了广度。正当人们随着文中的语句神思飞越,驰骋万里之际,习作者婉转地把笔一收,用"你听着,想着,欣赏着,你的心弦也一定会被拨动的,你也会情不自禁地随着那位藏族姑娘唱起来"的语句,由画外收回到画面,满怀激情地点出:唱的是心中的歌,是向"年轻的母亲——朝气蓬勃的祖国"献上的一支"最美好的赞歌",这支歌是"那位藏族姑娘唱的",是"我""一个共青团员"唱的,是祖国的"儿女们"对自己的"母亲"由衷的赞美。这样写,文章的主题犹如乐曲的主旋律回旋激荡,抒情气氛浓厚。展开想象,放开去,神思飞越,驰骋万里;收回来,紧扣画面主体,突出主题,收到尺幅万里的效果,内容比较充实丰富。

这篇习作之所以能在浮想联翩之中较好地抒发热爱伟大祖国的真挚感情,关键在于小作者正确地理解了题意,弄清了谁"献",献给"谁",以及"心中的歌"的含义。这儿的"歌"不是一般的从口中唱出的歌,而是指从心灵发出的世界上最美最富有旋律的歌,是发自肺腑的心声。"献",表示无比的崇敬。情要真,意要深。向谁"献"呢?习作者选的歌颂对象是朝气蓬勃的社会主义祖国。"谁"献呢?习作者先借画面藏族姑娘的口唱出"每一个中国青年"心中的歌,然后顺笔一收,凝聚到一点,集中表明的是习作者自己——一个共青团员向亲爱的母亲——伟大的祖国献上的发自心灵深处的颂歌。题意审清,并根据题目要求确立有积极意义的主题,开展想象,只会使文章血肉丰满,而不会离题万里。

值得注意的是:想象是以客观实际为依据的,绝非胡思乱想。但它又不拘泥于客观实际,而是感觉的深化。通过想象,人们可以把时间缩短,空间缩小,也可把它们延长放大。古人陆机在《文赋》中说的"观古今于须臾,抚四海于一瞬,笼天地于形内,挫万物于笔端"指的就是这个道理。

想象犹如大海中的滚滚波涛,没有它,大海就会成为一潭死水;下笔写文章,不注意开展想象,思维干涸,就会文枯意瘪,难以动人。写散文不能就事写事,就物写物,就人写人,要由此及彼,由近及远,由物及人,触景生情,把此时此地的生活与彼时彼地的生活融汇、结合。这样做,文章就内容比较丰厚,意境比较开阔,思想比较深刻。初学写作的人须注意培养想象的能力,努力做到下笔前"寂然凝虑,思接千载;悄焉动容,视通万里",下笔时如行云流水,纵横驰骋。

二、灵犀一点谈立意

写这样的散文最忌没有主心骨,提起笔来,想到哪里,写到哪里,东拉西扯,不知所云。散文的特点固然在于"散",放开来写,仿佛脱缰的马,奔腾自如;然而,又贵乎不散。看来散,其实有神,这就是通常说的"形散神聚""形散神不散"。

鸟无翅不飞,人无志不立,文章没有明确的"意"就站立不起来,"神"不聚,文章就像散了骨头架子。意,是指写作的人在文中要表达的思想,要抒发的感情,也就是写作的意图。写作意图必须明确,文章必须有主题。古人说"意犹帅也",文章的主题犹如文章的统帅,文章的灵魂。"无帅之兵,谓之乌合。"一篇文章如果没有明确的主题,就会材料芜杂,结构混乱,就好像军队打仗没统帅,必然成为乌合之众。因此,立意是十分重要的。

什么时候立意呢?"意在笔先。"下笔之前在审清题意的基础上把主题想好,把主题确定下来,明确通过对客观事物的描述或议论,肯定什么,否定什么;赞成什么,反对什么;歌颂什么,贬斥什么。"意"确定以后,就可围绕它选择材料,布局谋篇。

立意的优劣关系到文章的成败。"意"要立得鲜明,立得深刻,立得新颖。也就是说,主题思想不是浮在生活的表面,而是能揭示生活的本质;不是人云亦云,弹别人的老调,而是能有新意,有时代特点。总之,要突破个人狭隘的眼界,看得辽远,想得深刻。怎样立意才能使文章站立起来呢?请看下面的作文。

我爱祖国我爱党

歌,是从口中唱出的;而心中的歌,却是从心灵发出的,是世界上最美最富有旋律的歌。我要把心中的歌献给党献给亲爱的祖国。

乐曲响起,思想的闸门打开,我心情无法平静,想得很多很多……

突然,我的眼前闪现出一幅惊人的图景:熊熊的大火在燃烧,在蔓延;一条条火舌在飞掠,在呼啸;墙崩屋塌轰隆作响。火势,咄咄逼人。就在这时,几个过路的青年毫不犹豫地冲进了火海,奋力扑打,头发烧焦了,眉毛烧掉了,衣服烧破了,脸被烧黑了……他们全然不顾。这就是今年春节飞虹路三户人家失火时,过路青年抢救的情景。当人们带着激动的心情去看望那几个被火烧伤的青年的时候,他们却回答说:"党和祖国把我们培养成人,当人民需要我们挺身而出的时候,我们有什么理由退却呢?"啊!多好的回答啊!这出自肺腑的语言蕴含着对党和祖国的深深的爱。

我执笔的手开始微微颤抖了,感情的潮水犹如决堤的洪流汹涌澎湃:我们的祖国,我们的党造就了舍生忘死为人民的老一辈革命家,今天,不又正是我们的党,我们的祖国培育了像他们一样的年轻一代吗?我怎能不为此而激动?怎能不由衷地热爱我们的祖国我们的党?

火灾之后,三户人家的房子变成了一堆废墟。正当受灾群众无家可归忧心忡忡的时候,左邻右舍,认识的,不认识的,给他们送来了吃的、穿的和用的。金山石化总厂的党委同志及时给受灾亲人送来了床铺,纺织厂领导又亲自把雪白的大米送到了受灾群众的手中……当这些东西送到了那些极端伤心的人们手中的时候,他们是那样的激动,他们用颤抖的声音说:"本来,我们很难过,很伤心,现在我们又感到安慰,因为那么多人关心我们,党和社会主义祖国给了我们无限的温暖。"话是多么质朴,又多么富有感情啊!

"社会主义中国好,共产党好哇!"一位老人激动的声音在我的耳边回旋。这位老人是历史的见证人:中华人民共和国成立前,浦西一场大火,千百人无家可归,悲惨景象不堪入目,而"国府"却无动于衷;今天,一方遭灾,八方支援,我们的党和国家是那样地关心受灾人民,组织慰问团问寒问暖,帮助他们重建家园。一想到这,怎能不使我的感情又一次掀起波澜呢?

这次事件使我最难以忘怀的是:常州市五十名小朋友送来一封充满真挚感情的信和一笔并不可观的慰问品,"请收下吧!我们虽然身处两地,但同属祖国大家庭的成员……"

多好的孩子啊!我的心久久不能平静:我们的祖国,我们的党不仅造就了优秀的老一辈革命家和朝气蓬勃的年轻一代,而且还哺育了成千成万像这五十名小朋友一样可爱的祖国花朵。

我激动,我不能自己,我奋笔疾书:亲爱的党,社会主义中国,我的母亲,我爱您……

孙栋

这篇作文因事言志,因事抒情,在立意上下了一番功夫。飞虹路火灾事件可写的内容很多,可以从火灾起因的角度写,可以从救火的角度写,可以从受灾的损失角度写,可以从灾后支援的角度写……究竟选择怎样的角度,确立怎样的主题才寓意深刻、发人深省呢?习作者没有停留在就事写实、就事论事上面,而是对客观存在的一大堆事物的现象认真地进行思索、辨别、挑选,抓住"救火"与"救灾"两个角度,描绘济难救危、八方支援的动人情景,揭示人与人之间互相关心、互相帮助、互相爱护的亲密关系,反映我们社会主义祖国的本质特征,从而歌颂伟大的党,伟大的社会主义祖国。这样立意,文章就有了一定的深度。如果文章只是写火灾的场景,主题就十分肤浅,只停留在生活的现象上;如果通过火灾场景的描写,涉及人与人之间的关系,"意"就深了一层,然而还没有足够反映出生活的本质。为什么人与人之间会有如此的真情?为什么素不相识的人们会如此济人之难,无私支援?继续深入开掘,原来是党的领导好,社会主义制度好。这就从种种的表面现象中抓住主要的矛盾,揭示了事物内在的本质。这样开掘,主题显然就较前二者深刻得多。

习作者这样立意,是不是凭空拔高的呢?不是。绝非空中楼阁,为了主题的深刻而任意拔高;而是从生活出发,从实际材料出发,运用正确的观点认识生活、理解生活的结果。文章紧紧抓住老、中、小三代人的表现和语言加以刻画,上溯到"老一辈革命家""舍生忘死为人民",下写到"可爱的祖国花朵"对受灾户"充满真挚感情",年轻人冲进火海奋不顾身的言行更是着力描写。一根红线贯串着三代人,党的哺育培养如一盏明灯照亮三代人的心灵。文章又紧紧抓住左邻右舍、领导、群众、本市、外地送温暖的行动进行渲染,从广度上表现祖国大地处处有亲人,扫火灾浩劫之苦,言重建家园之乐。再以历经沧海桑田的老人为历史见证,社会主义制度的优越跃然纸上,令人信服。

深刻的主题靠写作的人精心提炼。主题来源于具体的写作材料,无米煮不出饭,没有材料,靠冥思苦想,是不可能写出立意深刻、主题鲜明的文章的。当然,不是看到的、听到的材料都可用,需要提炼。对接触到的人、事、景、物要看得准,看得深,就要认真比较,反复研究,将材料进行一番去粗取精、去伪存真、由此及彼、由表及里的改造制作;在纷繁的现象中抓住事物中本质的东西,就能提炼出深刻、新颖的主题。

有一种错觉必须注意:认为主题深刻就是喊政治口号,主题新颖就是追求千奇百怪。其实不然。主题深刻、新颖,不是靠浪漫的外衣、耀眼的辞藻、造作的艰深,而是取决于写作的人对生活认识与理解的深度与广度。鲁迅先生所说的"开掘要深""因小见大",就十分简要地说明了这个道理。

主题的深度取决于写作的人的思想深度。初学写作的人不仅要观察生活,积累材料,更要努力学习马克思主义、毛泽东思想,锻炼与培养正确认识客观事物的能力。"心有灵犀一点通",只有自觉地锤炼自己的思想,使自己的思想适应新的历史时期的新形势、新情况,才会目光敏锐,思考问题比较深入,写文章立的"意"才会与时代呼吸相通,积极新颖。

三、心潮澎湃谈感情

写这样的散文最忌"假"。若是没有真情实感,只写些言不由衷的话,即使词句华丽,大抒其情,也是难以感人的。文贵情真。写文章感情必须真切、质朴。刘勰在《文心雕龙·知音》中说:"情以物迁,辞以情发。"这句话颇有道理。只有对现实生活中的人、事、景、物真正动了感情,确有深切的感受,心潮澎湃,写作时词句才会奔涌到笔下,所说的话才会是心花,而不是只剪些纸花往枯枝上贴,硬做,虚假,文章没有活气。

生活在祖国九百六十万平方千米土地上的青少年,大地哺育,人民培养;崇山峻岭,江河湖海,平原丘陵,花草树木,无不是我们歌唱祖国的素材。然而,生活素材有了,不等于就能写出好文章;要把素材加工成文章,十分重要的是写作的人的激情。激情就是火,只有它,才能把生活之水烧得沸腾起来;有激情,素材才有灵魂,才会发出光亮。写《献上一支心中的歌》这样的散文,需要对生活有饱满、浓郁的革命激情,爱得深沉,爱得执着。德国大诗人歌德曾这样说:"只有对自己所表现的东西怀着深情的时候,你才可能淋漓尽致地去表现它。"意思很明白,如果你对所要描写的东西缺乏真挚的感情,不情动于中,又怎么可能言表于外呢? 情,真情,深情,是写散文必不可少的。散文抒发情感,可直抒胸臆,语言如滔滔滚滚的江水一泻千里;也可间接流露,使感情如涓涓细流潜寓于字里行间。怎样让高尚的感情在胸中激荡,并往笔端流淌呢? 还是举个例子来说吧。

唱不完的赞歌

自从读过小说《红岩》，许云峰、江雪琴、成岗、李竹青……这些闪闪发光的名字就镌刻在我心间，我时时为他们唱赞歌。

几年前的夏天，在一个雨后初晴的下午，我来到了层峦叠嶂、郁郁苍苍的歌乐山下。松涛阵阵，那是红岩岭朗朗的笑声……

一条狭窄、陡峭的石阶路从山间伸出来，把我们引到了白公馆。白公馆监狱两面临着峭岩，又高又厚的围墙上密布着电网，一幢两层楼房被紧箍在里面。就在这儿，美蒋特务当年关押着"案情重大"的政治犯。高墙的另一侧，现在是美蒋罪行展览馆。这里，一件件手铐、凶器铸着美蒋的罪行；一幅幅照片、油画活现出美蒋的凶残。什么"披麻戴孝、烤人油"，什么"灌水葫芦、抽大烟"，什么"飞机下蛋、狼狗咬人"，多么灭绝人性的刑罚！东西方反动派"合作"用以杀害革命者的酷刑多么残酷！怒火在我胸中燃烧，对烈士的崇敬之情油然升腾。那老虎凳压断过李竹青的腿，那竹签钉进过江姐的十指，许云峰、成岗几番被折磨得只剩一息，但是，坚贞不屈的革命者，只要一息尚存，就战斗不止，以大无畏的精神一次又一次挫败敌人恶毒的阴谋。

我的目光慢慢地向前移去——"江姐！"我在心底呼唤，目光久久落在一幅油画上：江姐被捆在柱子上，一群匪徒正在把一根根竹签揳入江姐的指尖，鲜血顺着竹签涌出，一滴一滴染红了土地。江姐眼里喷射着愤怒的烈焰，烧灼着墙角的敌人。敌人在嗥叫，顿足握拳，绝望地嗥叫，江姐刚毅的嘴角上露出一丝轻蔑的笑。她似乎在说："上级的姓名、住址，我知道；下级的姓名、住址，我也知道……这些都是我们党的秘密，你们休想从我口里得到任何材料！"敌人黔驴技穷，江姐是胜利者，她骄傲地宣告："竹签是竹做的，共产党员的意志是钢铁！"江姐啊，你用鲜血保护着同志的生命，你用生命捍卫党的机密，你为我们后代幸福的今天,笑将鲜血抛洒。"你是丹娘的化身,你是苏菲亚的精灵,不,你就是你,你是中华儿女革命的典型!"江姐呵,这是昨天难友们对你的赞歌,也是今天,我,我们,千万个后来人心头涌出的赞歌!

走出展览室,绕过阴森漆黑的刑讯洞口,我们进入了高墙。这是座密封起来的"活棺材",铁窗,铁门,铁锁,里面还有铁镣,铁铐。跨进二楼左后方一间不大的囚室,迎面镶着"陈然烈士简介"的镜框。陈然烈士,就是《红岩》中的成岗呵!我崇敬地望着烈士住过的地方,极力想从凹凸不平的楼板上找到那条当年秘密联络的缝隙。敌人以为把缮写、油印《挺进报》的陈然烈士关进牢房,《挺进报》便绝迹了,可是,愚蠢的敌人哪能想到,《挺进报》就在他们的眼皮底下,秘密发行了,它把党的召唤,胜利的捷报,化作滴滴甘露,注入难友们饥渴的心田。无畏的战士呵,你们以对党的事业的无限忠诚,在虎穴里创造了人间奇迹!

从白公馆出来,向后望去,红岩岭傲然屹立。山坡上那片松林在温暖的阳光下摇曳着,经过一场秋雨的洗涤,更显得挺拔苍翠。我们转身顺着干净的石阶路,迎着松柏走去……

俯瞰白公馆,遥望渣滓洞的方向,我默立在松林坡上,倾听松林"呜呜"的涛声。这涛声像在低低追述1949年11月那黎明的前夜,先烈的血洒在身旁,渗入红岩的壮烈情景;这涛声像在细细叙说先烈们一生奋战为人民的不朽业绩,日日夜夜唱赞歌。烈士们慷慨献身,死而无怨,他们为了英特纳雄耐尔,已将毕生贡献;他们确信,在烈火与热血中将得到永生。

永生的烈士,请收下我们献上的心中的歌!你们不朽的英名永垂青史,你们不朽的业绩彪炳千古,你们未竟的事业我们继承。永生的烈士,请收下,收下对你们崇高心灵唱不完的赞歌!

陈安

这篇作文是一首奉献给为缔造新中国而壮烈牺牲的革命烈士的颂歌,充满了对革命烈士的怀念与崇敬。

习作者饱含感情,一落笔就用"镌刻……心间""时时……唱赞歌"表露对烈士的无限仰慕。然而,这仅是初露情意,而且是借托小说《红岩》加以抒发的。

接着,文章由小说引出实地——"歌乐山下",以参观的足迹为线索,触景生情,睹物思人,感情的波涛起伏于字里行间。爱之深,憎之甚,对烈士由衷的敬爱与对美蒋反动派的强烈仇恨交织在一起,表现了缅怀先烈心向党的主题。文章抓住观凶器、观油画、观囚室三个主要情景揭露敌人的残暴,歌颂革命烈士的坚贞,表达对烈士由衷的崇敬。在叙事的过程中,有时感情迸发,用"什么……""什么……""什么……"的排比词组喷射愤怒的火焰,控诉敌人的灭绝人性;有时含蓄深沉,用"极力想从凹凸不平的楼板上找到那条当年秘密联络的缝隙"的细节,蕴藏自己对烈士机智勇敢的深情敬仰。

对江姐的赞颂是全文感情的浪峰。习作者先运用未见画中人先呼画中名的写法,表现自己十分激动的心情。"'江姐!'我在心底呼唤",是情不自禁,是真情流露,简单的语言倾注了对伟大战士的无比爱戴。接着细致地描绘了江姐受刑的场景。面对烈士忠贞不屈的高大形象,怎能不心潮澎湃?感情的潮水怎能不奔涌而出呢?"江姐呵,你用鲜血保护着同志的生命,你用生命捍卫党的机密,你为我们后代幸福的今天,笑将鲜血抛洒。""江姐呵,这是昨天难友们对你的赞歌,也是今天,我,我们,千万个后来人心头涌出的赞歌!"声声呼唤,发自肺腑;句句赞颂,献给英灵,真情实意跃然纸上。

文章为了表达对烈士真挚的感情,不仅直抒胸臆,而且寄情于景,让阵阵松涛在层峦叠嶂中回荡,伴随着人们的心声,日日夜夜为永生的烈士唱赞歌。

文章的浓郁感情不是下笔时硬挤出来的,而是靠平时的培养、陶冶。怎样才能让健康、高尚的感情在胸中激荡呢?平常要多接触多学习美好的事物,明辨生活中的是与非、真与伪、美与丑,孜孜不倦地追求人类宏伟的目标——为解放全人类而斗争。一个人在人生道路上对前途充满信心,对生活满怀热爱,心胸才会开阔,理解才会深刻,情操才会优美。以饱满的革命激情融于笔墨,赞颂美好,鞭笞丑恶,文章就情深意浓,能够感人。愿初学写作的人注意锤炼自己的感情,用饱蘸情感的笔写人、记事、绘景、状物,歌颂我们社会主义新生活。

四、情景交融谈意境

著名作家杨朔同志曾深有体会地说:"好的散文就是一首诗。""我在写每篇文章时,总是拿着当诗一样写。我向来爱诗,特别是那些久经岁月磨炼的古典诗章。这些诗差不多每篇都有自己的意境、思想、情感,耐人寻味,而结构的严密、造词用字的精练,也不容忽视。我就想:写小说散文不能也这样吗?于是就往这方面学,常常在寻求诗的意境。"学生习作当然不能和作家的创作相提并论,然而作家从写作散文的实践中总结出的散文要寻求意境的经验对习作者是很有教益的。

写《献上一支心中的歌》这样的抒情散文,是不是注意意境的创造,其表达效果是大不相同的。"有境界则自成高格",有艺术魅力,耐人咀嚼,给人以强烈的感染;否则,文章缺少内涵,一眼见底,难以动人。什么叫意境呢?它不是玄而又玄的东西,简单地说,就是"意中有景,景中有意",就是写作的人的思想感情和描写对象交融为一。写散文,要善于精细地观察生活,从平常的、人人习见的事物中发现隐藏着的闪光的东西,挖掘其优美的、深刻的意义;要善于精细地观察生活,捕捉人物、景物的特征,寓思想于形象之中,做到内情与外物相融合,意与境相融合。文章情景交融,情境相生,一幅幅动人的图景就会活跃在眼前,使人如临其境,受到教育与感染。下面这篇习作就注意到绘景寓情,用心创造意境。

大海·红日

清晨,天蒙蒙亮我就坐在海边的沙滩上等着看日出。听别人说,旭日初升时的景色是非常壮观的,所以我这天起了个大早,特意来欣赏这大自然的美景。说来凑巧,这天海面上风平浪静,天空中万里无云,是看日出的好机会,来看日出的人很多。

过了一会儿,东方渐渐红润了,越来越红,而且范围渐渐扩大,仿佛是天工用饱蘸红色颜料的神笔往天边的帷幕上一点,红色便向四方渗透,由一点扩大到一团,继而一片。这红光是太阳派遣来的第一批光明使者,它告诉人们:太阳要出来了。果然,天边终于露出了太阳火红的脸蛋。它推开压在头上的黑幕,一点一点地往上钻,一步一步地往上登,整个身躯终于露出了水面。这时整个天边都让它染红了,就连大海也被映照得通红通红。随着波浪的起伏,大海泛着绯红色的动人的光彩,真美啊!

我望着大海一起一伏、闪闪烁烁的样子,心想这可真像一头卧地熟睡的巨狮的背影。眼前初升的太阳好像是我们伟大的党,浩瀚无比的大海好像是我们可爱的中国。大海在沉睡,但是只要红日高照,它就会苏醒,就会沸腾,而这轮灿烂的红日是一定会把它唤醒的。果然,红日一高照,我们的祖国就腾飞,就兴旺起来;屹立于世界之林,为人类增添光彩。拿破仑不是曾经这样说过的吗?"中国是一头沉睡着的雄狮,一旦它醒来就会震撼于世界。"如今,预言变成了现实,一点不假。

红日升得更高了,它向世界撒下了玫瑰色的朝晖,使人振奋,使人欢悦。晨曦照在大海上,使人感到大海的深奥。大海是历史最好的见证人,在它宽广的胸怀中,记载着上下五千年的兴旺与衰败,如果它会说话,它一定会高喊:"社会主义中国好!只有共产党才能救中国!"这话千真万确,我们从一个支离破碎、任人宰割的国家改变成为今日的独立自主、具有国威的新中国,不正是雄辩地说明了这一点吗?近百年来,多少英雄豪杰为了使祖国摆脱帝国主义列强的奴役、压迫,进行了艰苦卓绝的奋斗。从戊戌变法,到洋务运动,以至辛亥革命,他们虽曾竭尽全力,但最终还是失败了,帝国主义还是骑在中国人民头上作威作福,横行霸道。只有中国共产党领导的民族解放运动,才真正推翻了三座大山,才真正宣告帝国主义奴役中国人民的时代一去不复返。我们的祖国终于站立起来了,而且傲然屹立在世界的东方,我热爱祖国,我更热爱今天的社会主义祖国。

红日把火、热、光明送给了人们,多么温暖啊,仿佛慈母用手轻轻地抚摸着自己的子女。我们的党就是太阳,我热爱党,因为在它心中装着十亿人民,它处处为人民着想。

红日升得更高了,大海将要咆哮了……

徐本亮

这篇习作没有写一个"歌"字,然而通篇都是向伟大的党、亲爱的社会主义祖国唱颂歌,主题十分鲜明。文章除纵论历史、直抒胸臆外,注意创造诗的意境,展现画面,意蕴于中,情寓其内。

散文的诗意首先是思想的发光,能够从常见的事物中挖掘出深刻的意义。人们常常以红日喻我们伟大的党,以大海喻胸怀的宽广。这篇习作既采用了人所周知的"红日"作比喻,又增添了自己的新意,以大海喻我们可爱的祖国,并把红日与大海之间的关系通过绚丽的画面生动形象地加以表现。这样,既突出了祖国从沉睡中苏醒,社会主义中国灿烂辉煌,更讴歌了伟大、光荣、正确的中国共产党。

文章的情与意不是脑子里固有的,而是来源于实际的生活。主观臆造,追求所谓"新奇"的不同凡响的比喻,并不能创造合乎情理的意境,当然更谈不上能感人。重要的在于能"即景生情,因情生景"。这篇习作描写的是旭日初升的壮观。目睹"东方渐渐红润","天边终于露出了太阳火红的脸蛋",目睹"整个天边都让它染红了","就连大海也被映照得通红通红"的美景,沉浸在壮美的气氛之中,心里升腾起对祖国的由衷热爱,故而情不自禁地发出赞叹:祖国的风光实在是太美了!望着"大海一起一伏""闪闪烁烁"的景色,又情不自禁地开展想象,出现了"卧地熟睡的巨狮的背影"的形象,从而下笔成喻。习作者没有停留在各喻其物的水平,而是把两个事物联系起来思考,继续开展想象,创造了"红日一高照","大海就会苏醒""沸腾"的境界。这样即景生情,又因情生景,将作者内心的思想感情和外在的客观景物糅合到一起,构成一个意境,再用语言文字表达出来。这种意境,看似意料之外,实际在情理之中,现实生活中确实是"红日一高照,我们的祖国就腾飞,就兴旺起来"。

写这类散文要能做到意境展现,情景交融,有几点很值得注意。一是观察景物时要细致入微,抓住特征,力戒笼统、混沌、大而化之。这篇习作写东方的"红",有层次,有变化,"……仿佛是天工用饱蘸红色颜料的神笔往天边的帷幕上一点,红色便向四方渗透,由一点扩大到一团,继而一片",能给人以具体形象的感觉。二是要在实景的基础上开展丰富的联想、绮丽的想象,由此时此地联想到彼时彼地,由此人此事联想到彼人彼事。也就是要学会在现实的此岸和想象的彼岸之间架起彩虹般的桥梁,展现如画一般的境界,寄寓生活的激情,力戒拘谨、禁锢,思路闭塞。三是要炼字炼句,能把心里已经创造成的意境准确而又生动地表达出来。语言问题下面再谈,这里只提一笔。

清人吴雷发在《说诗菅蒯》中对诗有这样一段精彩的议论:"真中有幻,动中有静,寂处有音,冷处有神,句中有句,味外有味,诗之绝类离群者也。"散文不是诗,但要有诗味。多读古今佳妙诗词,揣摩,体味,可从中获得十分有益的借鉴。

五、巧作安排谈构思

写这样的散文要注意谋篇布局,下笔之前认真地进行构思。古人认为构思是"驭文之首术,谋篇之大端",这是很有道理的。文章主题的确立须精心思索,从接触的种种材料中提炼,而主题确立之后,要很好地加以表现,同样须精心思索。选择哪些材料,先说什么,后说什么;怎样开头,怎样结尾,怎样衔接,怎样过渡;运用哪些手法表现,凡此种种,都要围绕文章中心进行整体设计。"运用之妙,存乎一心",构思贯串于一篇习作的立意、取材、结构、手法运用等各个方面,要能妥善地巧妙地驾驭语言文字,做到"兵随将转",非得专心致志,认真设计不可。

有一种习以为常的错误做法:提起笔来写文章,边写边想,边想边写。写不出就"挤",文章常断断续续不成篇;写得出又常会"滑",想到哪里写到哪里,犹如脚踏西瓜皮,看看好像有内容,但常常偏题、离题。其实,道理很清楚,盖房子总得先有设计图纸,哪能盖到哪儿算哪儿?那会成个什么样子?写文章也是如此,心里得有个谱才行。宋代画家文与可,胸有成竹,挥毫泼墨,竹子就跃然纸上。下笔写文章,事先打腹稿煞是重要,只有把"袖手于前"的运思工作做好,"始能疾书于后",十分流畅地写出好文章。我们以下面一篇习作为例,具体剖析这一问题。

清歌一曲献给党

每年阴历九月二十三日,我家总要举行一次祭祀。我也不知道祭的是谁,为什么祭他,只认为是家乡的风俗。而父亲在祭祀中却严肃恭敬,不时还会落泪。于是,这个祭祀就带上一种神秘的哀感。终于,我忍不住好奇心,问父亲祭的是谁,为什么祭他。

父亲抹去眼角的泪，声音哽咽地说："是你叔公。"我大吃一惊，忙问："这是怎么回事？"父亲顿了顿，说下去："那是1942年，我才五岁，刚懂事。那时日本鬼子占了我们家乡，时常下乡抢东西。有一天人们下工回来，听到村里有人叫救命，你叔公忙和几个小伙子拿着锄头跑去，原来几个下乡抢粮的日本兵在光天化日之下污辱一个姑娘，你叔公和乡亲们实在气愤不过，冲上去用锄头砸死了几个日本兵，只有一个日本兵放了枪，逃走了。"听到这，我不禁大为高兴，而父亲却叹了口气说："可一到晚上，那个日本兵带来一大队鬼子把村子包围起来，把全村老少都赶到谷场上，逐个查认所谓'凶手'。当然你叔公和另外几个乡亲都被认了出来，一个个被日本兵绑在石柱上，开膛破肚，挖出心肝祭他们死去的士兵。"父亲微微仰起头，但泪水还是从脸颊往下淌，双眼看着天花板，缓缓地说："我记得你叔公在死前只向乡亲们说了这样一句话：'我们中国人要爱中国啊！'鬼子兵一撤走，人们就把你叔公和另外几个人埋了。全村为了纪念遇难的人，规定这天，就是阴历九月二十三日为祭日，像祭祖先一样纪念他们。"说完，父亲已泪如泉涌。

听完父亲所说的事，我既骄傲，又悲哀。我叔公见义勇为，不愿做亡国奴的精神难道不值得我骄傲吗？可这事的结果却不由得使我悲哀。叔公知道一个中国人应该爱中国，可那时中国却是个支离破碎的半殖民地的国家，靠一个人或几个人的拼杀是救不了中国的。只有伟大的共产党才能救中国，收拾旧河山。我曾问父亲那件事以后的情况，父亲只讲了几句："没几天，村里的许多青年上山找四明支队了。"啊，他们参加了四明支队，乡亲们也知道只有共产党领导的部队才能打败日本侵略军，拯救自己危难的祖国，为亲人报仇雪恨。

在伟大的党的领导下，中国人民经过十四年艰苦抗战和三年解放战争，打败了日本侵略军，推翻了蒋家王朝。在中华人民共和国的开国大典上，毛主席在天安门上庄严地向全世界宣布："我们的民族将再也不是一个被人侮辱的民族了。中国人民从此站立起来了。"不是吗？在中国的领空，再也没有侵略者的飞机；在中国的大路上，再也没有横冲直撞的侵略者的汽车；在中国的领海，再也没有侵略者的军舰。作为一个中国人，你可以在自己国家的土地上任意漫步，不会有"华人与狗不得入内"的大铁牌，也不会有外国巡警向你举起木棒，你可以在世界的任何地方向别人说："我是一个中国人。"

想过去，看现在，我们怎能不热爱伟大的祖国？怎能不热爱拯救祖国于水火之中的中国共产党呢？千言万语说不尽党的功绩，千歌万曲唱不完党的恩情。我怀着无比崇敬的心情向亲爱的党献上这清歌一曲。

陈剑

这篇习作的中心思想是歌颂党打败日本侵略者、推翻三座大山，拯救人民于水深火热之中的伟大功绩，歌颂党创建中华人民共和国的艰苦业绩，表露对党的无比热爱与崇敬。怎样来表现这个主题呢？习作者不是一下笔就引吭高歌，而是着力于事件的叙述，然后缘事探源，因事抒发感情。

"起手贵突兀"，有崚嶒之势。这篇习作的开头既不紧扣题意赞党的功绩，又不直抒自己的胸臆，偏偏宕开笔来写家祭，而且又描绘父亲在祭祀中"严肃""恭敬""落泪"的神态，给祭祀蒙上一种"神秘的哀感"。这样写颇有异峰突起之感，吸引人往下看，想了解个究竟。

文似看山不喜平。在叙述叔公见义勇为、悲惨遇难的事情时，乍看只是通过对话讲述事件的前因后果，平平实实，细看就知平实之中蕴含曲折。曲折在"我"感情的起伏：听说是叔公而"大吃一惊"，听说叔公等人遇难而"悲哀"。感情的起伏不是凭空制造，而是事件发生、发展、结局的合乎情理的反映。而这种起伏又较为巧妙地放置在父亲浓重的悲哀笼罩之下，从"抹去眼角的泪，声音哽咽"，写到"泪水还是从脸颊往下淌"，进而写到"泪如泉涌"，真是哀思如潮。这样曲直交织，互相映衬，既解开家祭蒙上神秘色彩的谜，又为不愿做亡国奴的死难者唱赞歌，突出了祭祀的意义。

文章要注意"转"，注意过渡。弯转得好，过渡妥帖，就可收到结构严密、文气贯通的效果。这篇习作开篇之后用了相当笔墨叙述往事，怎样把所叙之事与歌颂党的主题结合起来？怎样使所叙之事为表现与突出歌颂党的主题服务呢？除了抓准它们内在的有机联系之外，必须作好必要的过渡。习作者采用了写感受、发议论的方法关联、衔接。前者姑且不说，就以后者来说，转得也较为自然。先以"叔公知道一个中国人应该爱中国"的语句上承所叙事件，接着用"可"一转折，作出在那"支离破碎的半殖民地的国家，靠一个人或几个人的拼杀是救不了中国的"判断，从而自然地引出了"只有伟大的共产党才能救中国"的主题，开启下文的议论。如此搭桥铺路，文章就由前一层意思顺利地转入后一层意思，上下沟通，无脱节的现象。

在叙事的基础上开展议论，也需要认真设计，不能漫无边际。这篇习作在开展议论时没有广泛地论述党的功绩，只是一笔带过。重点阐发的是中国人站立起来，不再被人侮辱。紧扣这一点论述，不仅与上文的事实紧密呼应，而且从一个角度深入，使党解救人民于水火之中的恩情跃然纸上。

"卒章显其志"，文章的结尾往往是点明题旨的重要一笔，同样要精心思考。这篇习作也注意到这一点，用两个反问句倾诉对党的热爱与崇敬，用"清歌一曲"收尾，点了题。当然，如果能意味隽永，发人深思，效果就更好些。

布局谋篇要做到巧妙妥帖绝非一日之功，初学习作的人要多读范文，观摩体会，开启心窍，要勤于思考，勤于实践，注意从得失中总结经验教训,切实提高运思的能力。

六、信手拈来谈取材

有学生说:"我实在想写一篇《献上一支心中的歌》的好作文,写得内容充实,感情充沛,文字优美,可惜我手中没有材料,想了半天也想不出,很是苦恼。"学生的心情是可以理解的。俗语说得好,巧妇难为无米之炊,没有"米",手艺再巧,也"炊"不出任何食品。没有写作材料,提起笔来自然一筹莫展。必须懂得,材料是构成文章的基本要素之一。没有建筑材料,就谈不上盖房子,手中没有素材,任你怎么讲究写作技巧也是枉然,也写不出内容实实在在的文章。

材料从何而来呢? 不是从天上掉下来的,也不是脑子里固有的,而是靠在日常生活中广为采撷,用心搜集。

鲁迅先生说:"留心各样的事情,多看看,不看到一点就写。"就是说,我们要认真地精细地观察生活,观察人,观察景,观察事;要善于使用自己的眼睛,看表面,看本质,看点,看面,看深,看细,看过去,看现在,看将来……总之,要做"有心人",把生活中各种各样的材料用眼睛做摄影机拍摄下来,储存到头脑"仓库"里,切不可视而不见,听而不闻,让生活中许多生动的、有趣的、有价值的材料从眼皮底下滑走。

古人说:"行万里路,读万卷书。"生活丰富,见多识广,材料就积累得多。积累材料除了亲身实践之外,广为涉猎各种书报杂志,从中汲取知识营养也十分重要。"读书破万卷,下笔如有神"就是说的这个道理。书可以打开我们认识的窗户,展现浩瀚的海洋,深邃的宇宙,一个个见所未见的人物,一件件闻所未闻的新奇的事。及时地做摘记,长时间地积累,储备多了,下笔就无搜索枯肠之苦,无捉襟见肘之窘。下面这篇习作就是信手拈来的产物。

九次升起五星红旗

素不爱看《体育之窗》的我,今天却被这小小之窗深深吸引住了。

要知道这期《体育之窗》播放的是我国体操健儿在美国哈特福德举行的国际体操邀请赛中的精彩表演,我作为一个中国人怎能不看?

我首先看到的是李月久在单杠上的表演。就在他"飞行动作"时,嘴突然碰在坚硬的单杠上,牙掉了一颗,嘴上冒出了鲜血。我暗暗地想,这下成绩可要受影响了。谁知运动员坚持把动作做完,赢得了九点六分。九点六分,这是一个多么不寻常的数字啊!它包含了一个运动员惊人的意志和对祖国无比的热爱。

轻伤不下火线。只见李月久把贴在嘴唇伤口上的纱布一揭,精神抖擞地走上比赛场,进行第二项比赛——自由体操。他在地毯上似鹞子腾空跃起,做了一个团身后空翻加转体720度的动作。好个高度的"旋"!优美惊险,令人眼花心跳。这是世界上从来没有人做过的独创的"旋"。紧接着,他又做了一连串新颖、刚健、紧凑、漂亮的动作。"九点九分!"我兴奋地叫了起来。电视上的观众长时间地鼓掌、喝彩,有的举起照相机拍下照片留念。这时播音员介绍道:"体操界的行家们称赞说:'李月久的这套动作,已经超过这次莫斯科奥运会自由体操冠军的水平。'"听了这番话,民族自豪感涌上我的心头。体操健儿,你们为祖国增添了光荣!

在鞍马竞赛中,中国队与日本队比赛,两强相遇,进行了激烈的争夺,最后中国队领先零点八五分。

"中国队以一点五分的优势,战胜了素称'体操王国'的日本队,荣获男子团体冠军。"播音员以洪亮的声音报告了这激动人心的喜讯。

女队也同样取得了好成绩,战胜了拥有世界优秀选手的美国队,夺取了女子团体冠军。李翠玲的表演不时地博得一阵阵掌声,只见她在高低杠上穿梭旋转,在平衡木上跳跃翻腾,动作干净利落,惊险优美,夺得了女子全能冠军。

中国体操健儿取得了优异成绩,五星红旗九次在体育馆里升起,全体观众九次站起来向我国的国旗致敬。作为一个中国人是多么自豪啊!我默默地、一次又一次地念道:九—次—升—起—五—星—红—旗,九—次—升—起—五—星—红—旗……

陆恩铭

这篇习作歌颂的是为祖国赢得荣誉的体操健儿,材料是从身边随手拈来。开头用欲擒先纵的方法把《体育之窗》推到人们面前,吸引人们往下看,然后有重点地描绘几个体操项目的精彩表演,边叙边议,最后点题,表露自己的爱国热情和民族自豪感。

看电视是日常生活中极其普通的事,只要多加留意,许多材料可入文章。当然,绝不是拾到篮子里就是菜。使用材料"贵约","约以用之",就是对自己接触到的种种材料,甚至是比较熟悉的、喜爱的,也要进行严格的取舍,合理的剪裁,不能乱七八糟都塞到文章里。就以这篇习作来说,习作者看《体育之窗》,不只是看到李月久单杠、自由体操的表演和李翠玲高低杠、平衡木的表演,还有其他也很精彩的表演,然而文章只重点描绘了前二人,其他有的一笔带过,有的只字不提。为什么要对材料做如此取舍详略的处理呢?这是因为材料必须为主题服务,凡能表现为祖国荣誉而拼搏的感人材料,哪怕是细节也要用,如"只见李月久把贴在嘴唇伤口上的纱布一掀,精神抖擞地走上比赛场",凡是一般地表现主题的材料就要节省笔墨。有概括叙述,有具体描写,面照顾,点突出,主题就可较为充分地得到表现。

重点描述的材料之所以写得比较细致生动,是由于对事物进行了仔细的观察。看事物要注意力集中,只有全神贯注,才能抓得到细微之处,抓得牢事物的特征。比如写自由体操中的"旋",看不真切,就写不出"在地毯上似鹞子腾空跃起,做了一个团身后空翻加转体720度的动作"的语句。看事物不仅要用"眼",而且要用"心",看什么,怎么看,很有讲究。观察的时候什么是主体,什么是陪衬,哪些是主要的,哪些是次要的,都要边看边想,迅速作出正确的判断。比如习作中写到的观看自由体操表演,既要十分注意体操健儿的表演,又要适当注意观众的反映;既要十分注意高难度的、有特色的动作,又要注意整套动作的连贯性,做到主次分明,不喧宾夺主。在用眼睛观察的同时,还要注意发挥其他感官的作用,耳听、手摸、鼻闻,增强对事物的认识与理解。

搜集材料贵在"博",贵在长期坚持,逐步积累。蜜蜂能酿造出香甜可口的蜜,是因为采集百花不辞辛劳。要想写出内容充实、材料有意义的作文,改变下笔时搜肠刮肚的窘迫状况,就要舍得下功夫做"博采"的工作。《九次升起五星红旗》的习作者早先写作文时深感无材料之苦,由于经常做有心人,点点滴滴坚持积累,脑中"空空如也"的状况明显改变,作文时常常出现新鲜活泼的材料。她是怎样注意积累的呢!用她自己的一篇练笔来说明吧。

我最心爱的东西——《集》

我喜爱书,特别喜爱著名作家撰写的,但是最喜爱的还是我自己编的一本"书"。

这本"书",不同于一般的书,它无一定的页数,厚度随着时间的流逝而增加,内容丰富多彩,形式五花八门,装饰朴素无华。你一定要问:这是本什么"书"呢?告诉你吧,它的名字就叫《集》。

《集》不是中篇小说集,短篇小说集,而是一篇篇文章,一段段话,一首首诗的"集"。这些文章、话、诗都是我从家里订的《青年报》《文汇报》等报章杂志上剪下来的,贴在用过的本子里,所以我就成了这本书的

"编者"。

我喜爱《集》,并不单是因为其中有我的辛勤劳动,更主要的是它给了我知识,提高了我的思想觉悟。

所集的篇目很多。知识性较强的主要有:"我国古代文学之最""文学家的青春火花""最佳年龄一览""漫话植物""游览胜地介绍"。读了这些文章不仅增长知识,而且懂得了许多道理。比如专讲科学家的,读了以后不但知道了科学家的主要发明创造,了解了他们的事迹,而且逐渐悟出了这样一个道理:凡是有所作为的人,在年轻的时候就有创见;他们的科学建树都是勤奋刻苦的结果。哲理性较强的文章、话语主要有:革命烈士的座右铭、科学家的话、教坛漫步、火花集、激情篇、理想篇、断想录、小浪花。读了这些会使人热爱生活,感到学习是多么有意义,它似一股巨大的力量推动我努力向上。有时我在困难面前低头了,理想篇就会开导我:"失败了,不要气馁;挫折了,不要灰心,让失败与挫折成为你的阶梯。来吧,我在向你招手。"我鼓起了勇气向困难进军。有时我在处理集体与个人的问题上犹豫不决时,吕士才烈士的一句话就会在我耳边回响:"我认为品德是人的精华,没有共产主义道德品质,就等于是个废物,整天爬在个人主义泥坑里,自己还闻不到臭味,这样的人决不能做。"这一警钟多次使我端正方向。

我时常贪婪地读着这些寓意深、文字好的文章、话语、诗歌,读着读着,就更喜爱《集》,就更加快编《集》了。

从上面这番话中我们看到了习作者搜集材料的浓厚兴趣,看到了所集材料在增强知识、提高觉悟方面的妙用。自然,这只是极初步的。搜集的面可以更广泛些,古今中外,社会科学、自然科学,只要是有益的读物,皆可涉猎;方法可多样化,除剪贴之外,可在书上圈点批划,可做分类摘记,可制简易卡片,只要能达到储存的目的,能充实知识仓库就行。

保尔·拉法格在回忆马克思知识储备非常丰富的情况时有这样一段十分精彩的话:"无论何时,无论任何问题都可以向马克思提出来,都能够得到你所期望的最详尽的回答,而且总是包含有概括性的哲学见解。他的头脑就像停在军港里升火待发的一艘军舰,准备一接到通知就开向任何思想的海洋。"革命导师储备知识的极大热情和不懈毅力是我们学习的榜样。

七、行云流水谈语言

"工欲善其事,必先利其器。"工匠要把活儿做好,首先要磨砺工具,使工具十分精良。学生要写好文章,必须极其认真地锤炼自己的语言,丰富自己的语汇,学会运用多种句式表达情和意。语言有奇妙的功能,有人曾这样风趣地说:"不是蜜,但是可以粘东西。"在语汇的宝库里,挑选最明晰、最确切的语词妥帖地进行排列,让它们胶合起来,能充分地表现深邃的思想、丰厚的感情。许多杰出的文学家深知语言表情达意的重要作用,锤字炼句的故事广为流传。杜甫的"语不惊人死不休"的名言常被引用,贾岛对于"推敲"二字的斟酌,至今引为美谈。

写文章最忌语言干瘪、晦涩。一是难看,说来说去那几句话,用来用去那几个词,别说荡不起感情的波纹,就连自己的思想也难以较为明确、细致地表达,干枯精瘦。二是难懂,佶屈聱牙,不通顺,不顺口。写文章是给别人看的,正好像说话是给别人听的一样,一定要让别人明白你的意思,如果认为词语堆砌就是语言美,那就往往出现辞藻层叠,意思不明的情况。晦涩这个毛病不仅是追求华丽的辞藻所造成的,思路混乱、不合语法、不合逻辑更是重要的原因。

古人说:"辞,达而已矣"。意思是言辞的功能就在于达意。写文章贵在畅达,文从字顺,如行云流水,把思想感情十分流畅地表达出来。

下面一篇习作篇幅短小,却注意到了语言的运用。

歌唱美丽的心灵

我打开收音机,听到了朱逢博轻快、优美的歌声:"姑娘驾驶清洁车,晨风吹动你的衣裳。"这是已在人群中流行开了的《美丽的心灵》,我和着节拍,轻轻地唱起来,心里感到无限舒畅。我爱《美丽的心灵》这首歌,不仅爱它的旋律优美,歌词流畅,更爱它用诗一般的语言歌颂了普通劳动者清洁工人。

作者诗意地描述了黎明时清洁工人的劳动场面,把他们内在的美丽心灵揭示出来:"你是健康和幸福的天使。"清洁工人的工作是龌龊的,是被某些人瞧不起的,但离开了这些工作,我们的城市将会变成垃圾堆。正是他们——平凡的清洁工人用"双手打扮可爱的城市……洒下滴滴汗珠,描绘祖国锦绣美景",他们不怕脏,不怕臭,用自己的辛勤劳动为人民造福,为建设工作当后勤。"让往来行人舒适地迈步,让建设的车辆快乐地飞奔"是他们辛勤工作的写照,更是他们美丽的心灵、高尚的品质的写照。

当我走在干净的马路上,偶然看见一位年轻的女清洁工开了一辆清洁车认真地工作时,我总怀着尊敬和感激的心情,望着年轻的女清洁工和清洁车后面的一溜整洁的马路,我心底里默默地念道:"高尚的人,感谢你!"但也有人是带着不屑一顾的鄙夷的表情转过头,我想,这些人的脑子是多么需要一把扫帚来打扫啊!

"新一代的清洁工人,我要为你歌唱,歌唱你美丽的心灵。"我要用这首发自肺腑的歌,献给尊敬的清洁工人。

周翔

这篇习作借歌颂人,借《美丽的心灵》这支歌曲献上自己对清洁工人的尊敬与赞美。它在语言上有以下一些特点：

把自己的语言和歌词糅合起来写，增加文章的韵味。好的歌词往往有诗意，习作者借用来表达自己的情意。习作开头以"听"引出了"姑娘驾驶清洁车，晨风吹动你的衣裳"的歌词，点明歌颂的对象，然后借用"你是健康和幸福的天使"这句歌词赞美清洁工人内在的优美的心灵，又借"双手打扮可爱的城市……洒下滴滴汗珠，描绘祖国锦绣美景""让往来行人舒适地迈步，让建设的车辆快乐地飞奔"等歌词描绘清洁工人的辛勤劳动与清洁工作在城市中的重要作用，结尾又借歌词"新一代的清洁工人，我要为你歌唱，歌唱你美丽的心灵"来点明文章的主题。二者细针密缝，糅合自然，既是人们口中唱的歌，又是习作者献上的心中的歌，较为流畅地表达了赞美的思想感情。

用词比较准确。词是语言的建筑材料，一篇文章的语言好不好，准确十分重要。准确是基础，只有在准确的基础上才谈得上鲜明、生动。比如这篇习作中的"轻轻地"这个词就选用得比较准确。因为是和着收音机里播出的节拍，如果用"放声""引吭""高兴""激动"等词修饰，就不合情理，与歌声的"轻快""优美"不协调。用"轻轻地"修饰"唱起来"，显现了歌声旋律的感染力，表露心情的舒畅，给人以柔和的感觉。又如"是被某些人瞧不起的"句子中的"某些人"用得也准确。用"某些"作为"人"的限制，能恰如其分地反映客观情况，因为瞧不起清洁工的人只是一部分，不是全部，如果不用"某些"来限制，就不符合实际情况了。

注意到语言的生动。古人说："言之无文，行而不远。"文章没有辞采，语言不生动形象，再好的思想内容，也会因之而逊色。这篇习作中有的语言比较生动。比如"望着年轻的女清洁工和清洁车后面的一溜整洁的马路"就比"……清洁车后面的一条整洁的马路"生动，"溜"与"条"仅一字之差，但前者能给人以清扫后整洁光滑的感觉。又如"我想，这些人的脑子是多么需要一把扫帚来打扫啊"的语句，生动形象，有点幽默感。

青年学生写作文语言关是不容易过的,这篇习作读起来比较顺口、自然,其实,习作者早先的作文并不如此。常常生造词语,堆砌辞藻,有些话兜着圈子讲,不能清楚地表达自己的意思。由于重视了这个问题,并下了一些功夫,情况有所改变。她在三个方面进行了训练：

加强说话的训练,克服"故作斯文"的毛病。说话与作文有密切关系,不应截然分开。"我手写我口",在一定意义上说,作文就是写话。说话要通俗明快,让人一听就懂；写文章也要朴素平易,明白如话,把话说完整,说通顺,再把嘴里说的老老实实写出来,这样的文章读起来就亲切流畅。怎么训练呢？课上经常提问题,经常回答问题,力求句子完整,用词恰当；坚持口头训练,如讲故事、介绍读物、分析作品、推荐图画。开始讲,语言常疙疙瘩瘩,讲多了,嘴顺了,话就流畅起来。写好作文以后,"以我口"检查"我手",读两遍,修改拗口的、不顺妥的句子,文章的语言就顺畅得多。

重视词语的推敲,经常咬文嚼字。词汇的海洋无限辽阔,要在叙事、状物、表情、达意时精确无误,必须花大气力挑选最恰当的词语来表现。要仔细辨别词义,特别是同义词、近义词在含义上、用法上的细微差别；要仔细辨别词的感情色彩,褒义贬义来不得半点含糊。在读课文的时候经常对词的含义、词的色彩、词的用法咀嚼揣摩,加深理解,下笔写就不会张冠李戴,乱套滥用。比如由于在《人民英雄永垂不朽》等课文中理解了"崇敬""敬仰"的含义,并把它们与"仰慕""爱戴""尊敬""敬重"等进行比较和区别,习作者在写这篇作文时就选择了"尊敬"这个词表达自己对清洁工人的感情与态度,这样表达恰如其分,如果用"崇敬""爱戴"就不妥帖了。

广泛地读、听、看,积累词汇,丰富语言。生活是语言最丰富的源泉,人民群众的语言形象活泼,经常竖起耳朵听别人讲话,把生动的、表现力强的语言记在本子上,储藏到脑子的仓库中,博采口语,语言就会一天天丰富起来。听广播,看电视,看电影,看话剧,都是学习语言的好机会,只要多加留意,突破只听故事情节的局限,是可以吸收不少语言的养料的。"群书万卷常暗诵",多读名篇名著,精彩的段落、语句能熟记背诵,下笔时就会飞来妙语。习作者是"书迷",中外名著,报章杂志不离手,越读兴趣越浓,好的书面语言积累得不少。以上几方面经常训练,久而久之,文章的语言就比较有血有肉了。

散文的语言要求相当高,讲究文笔优美,含蕴丰富,或朴实清新,或绚丽多彩,或警句动人。要能做到这些,绝非一日之功,而要长期地学习、积累、锤炼。把语言放在纸的砧上,用心的锤来锤炼它们,真正下了苦功夫,终究能运用自如,下笔如有神。

必须注意的是:语言训练必须和思想认识的提高紧密结合在一起,"意"为主,"辞"为从,意在笔先,辞随意生,只有对客观事物有正确、全面、深刻的认识,只有思想上十分清晰,语言才会明确、生动、流畅。

八、业精于勤谈信心

有不少青年学生认为写作文是苦事,每次总想写好,可又总写得不理想,因而信心不足,很是苦恼。写作十分困难的学生到底能不能提高呢?先请看下面这篇习作吧。

祖国啊,你快些强大吧!

在辽阔的黄海海面上,硝烟弥漫,炮声隆隆,火光闪闪,水面上时时地激起冲天的水柱,海面上的军舰正在激烈交战。只见一艘冒着浓烟向一旁倾斜的战舰,向敌军旗舰猛冲过去……

这是故事片《甲午风云》中的一幕。这艘战舰名"致远号",在炮弹打完的情况下,管带邓世昌命令战舰向敌舰冲击,撞沉敌旗舰"吉野",准备与敌人同归于尽。这是一幕多么悲壮的情景。那些勇士们为了保卫祖国,保卫哺育自己的母亲,用自己的生命与侵略者做最后的战斗。

翻开历史的书卷,何止只有这一幕?祖国的儿女为了保卫神圣的国土,用鲜血书写了气贯长虹的一页又一页!三元里人民英勇地与英帝国主义者浴血奋战;义和团用原始的武器抗击八国联军,粉碎了帝国主义者瓜分中国的美梦。日本帝国主义者的铁蹄踏进中国的土地,多少优秀儿女为保卫祖国与敌人英勇奋战,纵横决荡在祖国的土地上,有的流尽了最后一滴血。

一个有九百六十多万平方千米土地、几亿人口的国家,竟然被人欺侮,被人侵略,这是为什么?为什么?这是因为封建统治者的腐败无能,蒋家王朝的腐朽,这是因为国家落后,落后就要挨打的。

祖国的优秀儿女们在党的领导下,进行了艰苦卓绝的斗争,推翻压在人民头上的三座大山,建立起社会主义的新中国。中国这个世界的巨人,这个古老的国家开始苏醒,开始站立起来。然而事情并不是那样一帆风顺的,由于我们工作中的错误,由于林彪、"四人帮"的十年浩劫,我们的国家还是没有彻底改变贫穷和落后,还没有赶上世界先进国家,这是多么使人着急啊!不要忘记"落后是要挨打的",千万不能忘记,这是血的教训。

祖国啊,那些浴血保卫过你的儿女,那些不甘于你落后的儿女,为了使你富强,正在奋斗,正在日夜奋斗。中国这个有悠久文明历史的古国,一定会繁荣富强,在不远的将来定会奏出威武雄壮的凯歌。

祖国!你快些强大,为人类做出更大的贡献吧!

陆万新

《献上一支心中的歌》习作巡步

这篇习作从电影《甲午风云》一个特写镜头写起,列举一系列事实,阐述落后就要挨打的观点,充满着民族自尊心、自信心,洋溢着年轻人热爱祖国、急切盼望祖国快些强大的激情,基本上符合这次习作的要求。然而,习作者在一年半以前写作是十分困难的,一篇作文二三百字,不仅字迹潦草,错别字多,病句多,而且常常没有中心,不知所云。这种情况怎样才逐步改变的呢?

首先是树立信心。用习作者的话来说:"我一定能写好,我又不是黄鱼脑袋,不笨。"确实如此,现在的青年学生见多识广,非常聪慧,即使小学里语文基础没打扎实,进中学后只要加倍努力,手中的笔早晚还是能听自己指挥的。"骐骥一跃,不能十步;驽马十驾,功在不舍",习作者懂得了这个道理,决心"锲而不舍"地学习,摆脱写作的困境。

其次是语文课上把"心躁"换为"心一"。原先一篇课文学下来,说不出有什么词句、段落不懂,也说不出掌握了哪些知识,什么是关键,哪些是重点,脑子里模糊、混沌,讲不出道道儿。什么原因呢?用心不专。上课常像猫抓心,一会儿听教师讲几句,一会儿又注意力分散,想到别处;一会儿看几行,一会儿又用钢笔敲敲,本子上画画。这样上课,听的是断断续续不成串,读的是断断续续不成篇,脑子这部机器没有认真运转,虽视而不见,经常接触的字仍会添笔、漏笔、改笔,读错、用错;虽听而没有听进去,没有听懂,最多只停留在大致了解的水平,对遣词造句、谋篇布局的具体特点作不出像样的分析。文情并茂的课文、寓意深刻的课文、语言明白晓畅的课文,是青年学生学习写作的重要借鉴,课堂上必须聚精会神地咀嚼、理解,并进而掌握语言文字的技巧,运用到自己的表达之中。习作者认识到这一点,克服心躁的毛病,上课积极思维,认真朗读,眼看、手写、听课效率大大提高。课文中不少佳词美句储存在脑中,运用到作文里,成为自己文章的有机部分。比如这篇习作中的"纵横决荡"就是从茅盾先生的《白杨礼赞》一文中吸取的营养。其他如"同归于尽""艰苦卓绝""苏醒"

"威武雄壮"等词也都是从课文中学来运用的。

再次是广泛阅读的兴趣。写文章既要有运用文字的技巧,又要有实实在在的内容。视野狭窄,知识贫瘠,是写不出好文章的。习作者小学时不爱读课外书,尤其对文科读物不感兴趣,小说、散文也读得很少。正因为"收入"可怜,表达时要"支出"就窘迫不堪。学习了白居易"昼课赋,夜课书,间又课诗,不遑寝息矣。以至于口舌成疮,手肘成胝"的故事,懂得了"业精于勤荒于嬉"的道理,就抓紧时间读各种书籍,挤出时间读,带着强烈的求知渴望吮吸书中的营养。有人问他写作能力怎么提高的,熟悉他的同学代他回答说:"每个星期天都到街道图书馆看书,一泡半天。"

还有很重要的一点是:燃起了写作的热情。原先看到作文就怕,越怕越写不出,写不出就硬凑,瞎糊弄,结果是文不成文。更有甚者是写不出就不写,不是认真思考,找材料,而是不交卷。功夫是练出来的,任何一个行当要出好成绩都离不开"勤学而多为"。《卖油翁》一文中说的陈尧咨善射,十中八九,离不开多练;卖油的老头不长年累月地练,就不可能有沥油"自钱孔入,而钱不湿"的绝技。文章要写得好,当然要多练。眼勤手也勤,经常地练,多多地练,手熟笔熟脑子敏捷,就能逐步认识、逐步掌握写作的规律,运笔就能自如了。习作者认识到练的重要性,就以很大的热情写观察所得,写阅读体会,写周围的人和事,写目睹的景与物,每周写,写了修改,改了再写,思路打开了,句子通顺起来,文章有了实在的内容。热情来源于写作的信心,信心足,热情高,勤学苦练,写作的效果就比较明显;写作有了进步,尝到了其中的甘甜,习作者写的劲头就更大了。

初学写作文总会碰到这样那样的困难,总写得不理想,不能得心应手,切不可"因不佳而懈其心,懒于做",要边学边写,边写边学,在写作实践中提高运用语言文字的能力,用自己手中的笔饱含深情地为党、为祖国、为社会主义新生活唱赞歌。

序列化和多功能[①]
——习作讲评之我见

在写作教学中传统的做法往往是重批改,轻讲评,而在讲评时又往往是重揭短,轻扬长,重词句上的零敲碎打,轻写作能力的系统培养。这种状况很值得研究。

写作教学从命题到指导,到批改,到讲评,可说是一项系统工程,其中每个环节都有其独特的作用。犹如一根锁链,只要一环薄弱,就有可能断裂,就影响整根锁链作用的发挥。毋庸置疑,批改在提高学生习作中有积极作用,但不能到此止步。为何这样批改,写作要求在某次习作实践中是怎样贯彻、怎样体现的,应该怎样写,不应该怎样写,其中有哪些规律可循……凡此种种,非进行讲评难以落实。纵观写作教学的全过程,习作讲评是必不可少的重要环节,它既是对学生习作成果的综合分析与评价,又是对作文批改和作文批改前的各个环节的串联与深化。讲评的材料来自学生笔底,学生经过笔耕的艰辛,对讲评的内容贴心,对得失的分析易于理解、接受。牢牢地把握这个环节,充分发挥它的实

[①] 本文发表于《中学语文教学》1986年第4期。作文在语文教学中占据半壁江山,其重要性无须多言,但长期以来为无序和低效所困扰。作者从学生写作能力养成的实践角度,总结自己作文教学的经验写成此文,强调了"序列化、多功能"的作文讲评的重要作用,以三年"习作讲评课题表"呈现了具体的实践要领。21世纪以来,这一问题开始引起语文界人士的广泛关注,涌现出了一批论文和专著,其中有的关注文章学知识序列,有的关注学生情感和思维发展序列,等等,但在写作教学实践中难孚众望。作者此文及相关著述,对于构建真正有效的作文教学序列有重要启示意义。

际和理论便于结合的优势,能大大促进学生写作能力的提高。

力求序列化

阅读教学中有一种弊端叫跟着教材转,教材有什么就教什么,琐碎不堪。习作讲评中也有类似情况,即跟着学生习作转,习作中有什么就讲什么。教学要从教材实际出发,讲评要从学生习作实际出发,这是无可非议的,问题在于如何驾驭。教材也好,习作也好,都是实现教学目的的依据,而不是教学目的本身。写作教学与阅读教学一样,应该讲究计划性,应该根据语文教学大纲的要求,在一定的年级重点训练某些方面的表达能力。作文讲评是写作教学的有机组成部分,当然必须有计划,讲评的内容与要求应按照年级训练的实际力求序列化。

下面是一张经过实践的初一年级至初三年级的习作讲评课题表,意图以此为例,说明讲评必须序列化。

初一年级上学期

次 数	作 文 题	讲 评 课 题
1	夏天的夜空	让思想长上翅膀飞翔 ——谈开展联想与想象
2	夜(看图作文)	再谈插翅飞翔
3	记一个最熟悉的人	打开认识的窗户 ——谈用眼看
4	听践耳同志谈音乐	再谈打开认识的窗户 ——谈用耳听
5	秋色图	"着意原资妙选材"
6	童年忆趣	犹如百川归大海
7	榜样	看仔细与写具体
8	杨浦中学导游	先说与后说

初一年级下学期

次 数	作 文 题	讲 评 课 题
1	一颗闪光的心灵	文无"意"不立
2	难忘的一课	再谈文以"意"为主
3	一件小事	平凡之中见深意
4	学语文一得(题目自拟)	学会说点道理
5	运动会一角	捕捉·截取·缝合
6	观画(题目自拟)	力用在刀刃上
7	可爱的小生灵	描形·绘状·摹声
8	一组习作	姿态变化源于熟

初二年级上学期

次 数	作 文 题	讲 评 课 题
1	暑假乐事	生活是写作的源泉
2	我的××	要使人物站立起来
3	记一件心爱的物品	托物叙事见精神
4	××赋	剖析物情,咏物言志
5	故乡游	情中景,景中情
6	竹影赏菊	透彻了解说明的对象
7	故事一则(童话、神话、民间故事)	学会在尺水中兴波 ——谈情节结构
8	谈学习习惯的培养	以事实来说道理

初二年级下学期

次 数	作 文 题	讲 评 课 题
1	观灯展	立足点和观察点
2	让歌声伴随我们奋勇前进——"班班有歌声"比赛大会散记	筛选与胶合
3	语文学习方法介绍	围绕说明的中心选材

续　表

次　数	作　文　题	讲　评　课　题
4	一次××实验	事物本身的条理性和说明的合理顺序
5	课余	要善于截取精彩的横断面
6	当我向少先队告别的时候	激情铸文文味浓 ——谈情动而辞发
7	一件工艺品	精致物品的观察与说明
8	《黄生借书说》读后	感之深者言之切

初三年级上学期

次　数	作　文　题	讲　评　课　题
1	0与32之比	从材料中提炼观点
2	××礼赞	"心神"与"物境"合拍
3	献上一支心中的歌	"目注"与"神驰"
4	永恒的怀念	文章的生命在于真实
5	人物传记	掌握知识宝库的钥匙
6	从记忆中抄出	谈形似神备
7	×地×园游记	细腻与丰满
8	论"金玉其外,败絮其中"	规矩和方圆

初三年级下学期

次　数	作　文　题	讲　评　课　题
1	散文诗(题目自拟)	模仿与脱胎
2	春节剪影	动中取静,变中凝神
3	××小记	秤砣虽小压千斤
4	歌	彩线穿珍珠
5	××小议	析薪·破理

续 表

次 数	作 文 题	讲 评 课 题
6	驳……	针锋相对,以理服人
7	313教室	文章不厌百回改
8	《缺席者的故事》改写	精思细酌重安排
9	景物素描	写景须在人耳目
10	我爱祖国我爱党	感情·意境·构思

初中三年习作训练应遵循循序渐进的原则在总体上进行设计,而习作讲评须与之适应,有总体设想。三年分台阶,每年有重点,讲评的内容由简到繁,由易到难。根据教学大纲要求,初中写作训练的重点是记叙文,因此,三年习作讲评的重点也放在记叙文方面。50个讲评课题中36个就属于此。

学生初进中学,下笔常感无话可说,此时最为重要的是帮助他们开阔思路,活跃思维,激发他们练笔的兴趣。为此,第一学期习作讲评的重点放在观察能力和想象能力的培养上,指导他们如何到生活中用眼睛去寻找记叙的材料,用耳朵去接受外界的信息,如何以眼前的实景为触发点,开展联想与想象。学生写记叙文的思路初步打开之后,就往写作的"规矩"上引,第二学期讲评重点在文章的中心与材料,反复敲打,为写好记叙文打下扎实的基础。初二年级在叙事、记人的基础上有所扩展,讲评的着重点在描写和抒情,在材料的剪裁与缝合。初二年级说明文训练是教学重点之一,习作讲评在这方面也做了安排。第三学期讲评的重点是透彻了解说明的对象,把握事物的特征进行说明;第四学期讲评重点是说明的中心、说明的条理和说明的方法。初三年级在写景、叙事、记人等方面加大难度,讲评重点在多种写作方法的综合运用。第五学期着重讲评文章的真情实感,描写的细腻丰满,逼真传神;第六学期着重讲评剪裁、构思、造境等写作技巧,深化前几学期有关写作知识。

讲评内容的序列基本上是三条线,以记叙文的种种写法为主线,辅之以说明文作法和议论文作法。议论文作法也是由易到较难,从学习说点道理到以事实说道理,由学习从材料中提炼观点到了解议论文的基本"规格",从学习析薪、破理到以理服人地驳斥敌论。初中学生在议论文方面打点基础,便于进入高一级学校进一步学写议论文。

讲评内容适当重复也是安排序列时需要注意的。人认识事物不可能一次完成,任何一点写作知识总要经过多次反复学生才能真正理解,而付之于写作实践,则更需要有目的地进行训练。正因如此,讲评的某些内容在不同的年级须一而再、再而三地出现。当然,出现时不能老面孔、老调子,可转换角度,改变说法,深浅难易有所不同。比如文章的中心这个问题是学生学写作文最关紧要的问题,第一学期讲评课题"犹如百川归大海"是初步接触,第二学期讲评课题"文无'意'不立""再谈文以'意'为主""平凡之中见深意"是重锤敲打,第三学期讲评记物的文章,强调"见精神""言志",也谈文章的"意",第六学期"秤砣虽小压千斤"对此再次进行阐述。

讲评内容根据教学大纲精神安排序列,可使学生在一定的学习阶段对写作上的要求既能有全局性的了解,又能一个台阶一个台阶攀登。如果无序列,讲评只跟着习作的优缺点转,学生脑中就会如被马蹄杂沓,对写作方面有关的知识难以形成清晰的概念,难以系统化,写作上的盲目性也就难以有效地减少。

讲究多功能

长期以来,习作讲评几乎形成了一种固定不变的程式,即"一分为二",讲讲优点,说说不足,而不足又远远多于优点。于是,作文讲评课又往往上成"不应该这样写"的课，这个选材不妥，那个句子不行，越评学生的写作积极性越受影响。其实，讲评课上说一百个不应该怎样写，学生不一定就会写，重要的在于从正面作具体细致的指导。

讲评课不能就文论文，只停留在某篇习作本身。要就文论理，从具体材料上升到写作基本知识的高度来认识，上升到写作规律来认识；要以理量文，以写作的某些基本知识考察某几篇习作，衡量习作的优劣。讲评课重表达能力的推敲，但不能拘泥于文字表达，要注意开拓学生的知识面，发展学生的观察能力、思维能力、想象能力和记忆能力，要注意和阅读课，和有关学科的横向联系，发挥多功能，提高讲评效率。

举例来说，讲评习作"人物传记"时不仅要求学生区别"传记"和"二三事"的写法，而且指导他们如何查阅资料，怎样掌握查检的方法。一开始，请学生回忆学《祖冲之》《哥白尼》时引述的《伟大科学家的生活传记》"导言"中的一段话："阅读别人传记的人，他就度着不只是一个人的，而是很多人的生活。这是由于，通过在自己的生活经验之上添加旁人的经验，他就扩充了自己的生活经验。可以这么说，他是透过很多双眼睛来看世界的。"安排这个环节，不仅能检查学生的记忆力，更能激发学生阅读和写作人物传记的兴趣。接着请学生汇报自己的作文标题，通过交流开阔思路，并由此引出讲评的重点——占有材料问题。

以一位学生自拟题《独辟蹊径的扬州八怪之一郑板桥》习作为例，第一稿就写成"二三事"，于是进一步指导学生作定向查检，并取出八本书要学生排列检查顺序。学生动脑、动手，理出了：要写这个人物，先须了解概况，概况可到《中国人名大辞典》《中国文学家辞典》、《辞海》艺术分册中查阅；在了解概况的基础上要深入一步，可查阅《中国古代画家》《中国绘画史》；要写出郑板桥的"独辟蹊径"，须更进一步查阅资料，如查阅《扬州八怪》《扬州八怪全集》《郑板桥》等书。学生动脑想、动手查阅以后，再进一步开拓，指导如何利用图书馆查资料，如何翻检图书目录。与此同时,顺带介绍德国柏林图书馆大门上的字样:"这里是人类知识的宝库,如果你掌握它的钥匙的话,那么全部知识都是你的。"既增添学生的知识面,又进一步激发学生读书的兴趣。至于如何围绕主题对材料进行比较,如何取舍,如何治繁以简,则通过讨论逐步明确。通过讲评,这位学生查阅了不少资料,写了第二稿,以精当的材料写出了郑板桥的独辟蹊径,文章水平大大提高。

总之,讲评不是单打一,而是应精心设计内容与步骤,充分发挥讲评材料的作用,把知识传授、能力培养和智力发展熔于一炉,使学生思想、情操受到感染,听、读、说、写能力都获得锻炼。

视野·思路·表现力[①]
——写作教学纵横谈

　　写作教学所追求的是：学生能思风发于胸臆，言泉流于笔端，能写出情真意切、文从字顺的文章。要达到此目的，须在读、思、炼、评上下功夫。

　　能否有效地指导学生读有字书与无字书是写作教学成功与否的关键。材料是文章的质地，要学会写文章，学会写好文章，学生脑子里应建立内容丰富的材料库。仓廪充实，下笔就会汩汩流泻，否则，搜索枯肠，也难为无米之炊。怎样才能使仓廪充实起来呢？读有字书，精读博览，广为采撷；读无字书，汲生活之水，开阔视野。

　　读书是吸收，是积累。写得好，首先是读得有效。读书万不能蜻蜓点水，浅尝辄止。对文情并茂的佳作，教师要指导学生精读深思，目注神入，多思考，细咀嚼，力求收"望表而知里"的效果。书要读懂，领略出其中的滋味。"夫千金之珠，必在九重之渊而骊龙颔下。"读，要有深入龙潭取宝的那么一股劲儿，对文章的词句篇章，来龙去脉不弄懂不罢休。读，不能书是书，我是我，而是要根据文中描绘的词句段落，结合自己的知识储存，开展想象，让字面上的景、物、人活起来，动起来，自己步入其中，认识佳境，深入理解语言创造情境的奥秘。读，要善于抓住关

[①] 本文发表于《语文学习》1989 年第 3 期。

键词句拨动自己的心弦,激起高尚思想情操的共鸣,把握文中感情的脉搏,使文章如出自己之口,如出自己之心,深入理解作者炼字炼句构思组材的匠心。一学期扎扎实实精读一定数量的文章,可积累知识,积累语言材料,研究他人的思路与写作技巧,从中获得启发与借鉴。读,不能局限在得法于课内,更要注意得益于课外。如果说,课内的读是"点",那么课外的广泛阅读才能构成一定的知识面。教师要善于从课内延伸到课外,激发学生博览的兴趣,要经常推荐文艺作品、科技读物,对报章杂志上的时文进行评价,举办读书会、读书经验交流会,指导书刊的购买与阅读,做读书摘记和阅读卡。日常实用性的习作,从书面资料中选取材料的情形是常有的,因此,加强这方面的训练很有必要。懂得怎样查阅工具书,怎样搜集与主题、与论题有关的材料,把握材料的实质。博览切忌"滥",平均使用力量,消耗大量精力,就会得不偿失。要慎加选择,有主有次,有重有轻,有的只须翻检,有的只是快速翻阅,了解而已。

读无字书,要紧的是培养学生捕捉生活中材料的自觉性和善于捕捉的能力。生活中的材料像空气中的水珠一样,似乎看不见,但经过雨后斜阳的照射就会显出美丽的彩虹。生活中可入习作的材料比比皆是,无论是自然景物,还是社会上的人和事,只要做有心人,细细观察,处处留意,就可吸取到丰富的养料。在生活中猎取时要学会捕捉生动的形象,形象捕捉得愈具体愈细致,下笔时就愈能用语言把它们呼唤出来,做到纤毫毕露,须眉皆现。照相机能摄像,人的双眼也能摄像,然而人和照相机毕竟不同,双眼是带着感情去选镜头的。因此,感受生活的能力很重要。对周围的事物视而不见、听而不闻固然见不到写作之泉、生活之水,而浮光掠影、乱摄物象同样不足取,要引导学生锻炼认识生活的能力,懂得汲"水"之道,认识它的意义,理解它的实质,感受它的价值,掌握它的特殊点,从材料中开掘出深意。教师有意识地组织课外活动,给学生提供参加社会实践、调查访问的机会,并进行精彩的点拨,可在观察生活、感受理解方面起点睛作用。

指导学生写作要抓好"三思",即思想、思维、思路。文章的光彩在于思想的发光。"人无志不立",文章如没有明晰的思想见解,即使语言还可以,也是站立不起来的。要反复对学生强调,"意"是文章的主心骨,下笔之前要深思熟虑,不可看到生活中一点现象就拿起笔来涂涂抹抹。要指导学生在观察和研究生活现象的基础上独辟蹊径,鼓励学生有所发现,有所创新。思想靠平时的锤炼,临渴掘井难以奏效。读的时候讲究"意",给学生做自上而下的楷模,讲的时候训练探讨事物内部蕴含的幽深细微之处,锻炼认识能力、分析能力。在听、说、读、写各项语文训练中,"意"的锤炼贯串其间。生活是动的,永远不会静止,持之以恒地进行训练,久而久之,学生就能通过思考分析,从阅读和生活中提炼出闪光的东西。写作最忌脑子僵硬,思维不活。因而,写作教学的全过程都要注意对学生的思维进行训练,借助语言进行多角度、多侧面、多层次、多类型的思维训练,低年级尤其要重视联想和想象能力的培养,高年级侧重分析、综合和推理的能力。训练要善于把握学生思维的"触发点","触发点"犹如一团线的头,头拉得好,就会思绪绵绵,让思想插上翅膀。反应的灵敏程度不完全靠天赋,知识覆盖面比较广,注意进行思维敏捷性的训练,学生的眼力就会逐步敏锐起来。写作的思路指导甚为重要。指导得法,脑中积累的写作材料就会如海水激荡,涌起波澜,蓄倾泻之势;如指导不得法,则会框住学生的脑子,犹如步入窄胡同,步履维艰。思路指导宜"放"不宜"收",但又要在"放"中理出头绪,思而有序。文章无定法,首先是打开思路,鼓励学生进行扩散性的思维。不管是命题作文、情境作文,还是材料作文、自由作文,都须先打开思想的闸门。学生自己"打开",教师启发"打开",多方面指点思考问题的途径。在开阔思路的基础上,根据写作要求定向、定点、选材、剪裁。

在谋篇布局方面,最为重要的是引导学生树立"整体"观念。学生由于年龄较小和缺少生活锻炼等原因,写作时考虑不周是常事,最常见的毛病是走线,缺漏,虎头蛇尾。训练思路时整—分—分—整,主干、枝叶,全局在胸。"分"如涓涓细流,依岸行势,曲折有致,凡入文的具体的材料或叙述,或论述,都要归入大海,构成完整的篇章,表现写作意图。思路训练最怕"老三段",开头、结尾,加个中间段,若成为模式,学生的智慧火花就会受到压抑,难以写出气息清新的好文章。

语言是一切事实和思想的外衣。再好的思想,再精湛的见解,缺乏驾驭文字的技巧,文不逮意,同样不能感动人。"言之无文,行而不远",文章的表现力相当程度上在于词句锤炼的功夫。语言文字可贵在表现得恰到好处,严谨而生动,朴素而不干枯,华丽而不浮杂。对学生来说,难度很大。但只要认真训练,也并非难似登天。教育培养总应取法乎上,至于得之乎中乃是常事。眼界高,手下才会高起来。当然,这样做要从学生实际情况出发,掌握分寸。中国语言十分丰富,同义词、近义词在表达情意方面有极细微的差别,平时要求学生多多积累、吸收,写作时或叙事,或状物,或绘景,或写人,或说理,都应在词汇的宝库中细心选择,选择最贴切的加以表现,褒贬分别,轻重得当。人民群众中活的口语更是有惊人的魅力,多彩多姿,平时仔细聆听人民大众活泼的语言,从中吸取养料,可改变自己语言干瘪无味的情况。广采,积累,精选,提炼,把锤字炼句和炼意结合起来,把听和写、读和写结合起来,锲而不舍地进行训练,学生笔下也会生花,出现意想不到的精彩词句。

学生作文是学生读、视、听、思、写的成果,如何展现这些成果的优点与不足,激励学生写作的上进心,调动他们练笔的积极性,讲评是一种很有效的方法。作文讲评在活跃学生思维,培养和提高学生分析能力、鉴赏能力和运用语言文字表情达意的能力方面发挥着独特的作用。它是作文批改的继续,但又不同于教师的批改,而是师生结合的全班性的面批面改，它是作文指导的继续，但又不停留在作文前指导的水平，而是以习作为依据，进行从实践到理论的概括。

讲评是写作教学的有机部分，抓习作的"点"，带习作的"面"，抓学生"点"中的问题，促进学生"面"上的提高。应把每一年级每一学期写作教学的目的要求和学生习作中的情况有机结合，制订切合学生实际的讲评计划，切不可无目的无计划地随着学生习作"飘"。讲评不能只就词句篇章作技术性的处理，要站在育人的高度来评文育人。教师要善于透过习作窥察学生的心灵，在带领学生评文的同时，引导他们明辨是非，区分美丑，褒善贬恶，奋发向上。评应重在正面激励，评出练笔的信心，评出练笔的热情，评得作者心里热乎乎，听者心里很羡慕，师生感情和谐融洽。渲染习作中消极的东西，罗列缺点万弩齐发最不可取。点拨在学生未思、误断之处，把习作佳处挑明、阐发，让学生在反复对照比较中深入探索语言文字的内涵，具体领悟习作优劣的原因，尤其在思想的深度、篇章的运筹和遣词造句的细微之处能说出道道儿。讲评是开发学生智力的极好时机，凭借学生自己的材料培养他们观察、想象、思维、记忆等能力，学生有贴肉之感，效果有时比学范文还强。一篇好作文在其他学生身上可产生连锁反应，无论是思想、态度、观察、想象、立意、谋篇、炼词、造句都会有或大或小的冲击波，时隔一年半载，有时还可透过某学生的习作看到那篇好作文的雪泥鸿爪。

就写论写，捉襟见肘；以读促写，深入生活之中，写作就有源头活水。文章千古事，得失寸心知。教师在整个写作教学中要精心、细心、耐心，要引、启、点、励。

练就写作真本领[1]

　　由于应试教育的严重干扰,学生作文中出现了两种令人担忧的情况:一是背诵作文,背诵"优秀作文选"中的优秀作文,或是背诵同学中经过教师精心修改过的佳作;二是作文模式化,尤其是议论文,怎么搭框架,怎么提论点,摆几个论据,在技法上求熟求稳,不越雷池一步。前者如果套上了作文题,就背上一篇应考,可能得高分;后者套上题,按模式办,争取不失分或少失分。

　　用考试的方法选拔学生,就当今来说,是必要的、也是比较公正的。至于考什么,怎么考,很值得研究。考试原本只是对教与学的质量的测试,若是以考试为中心,为考而教,为考而学,那就违背了培养学生的初衷,阻碍了学科教学目的的实现。

　　中学生为什么要写作文?为的是培养与提高正确运用祖国语言文字表情达意的能力。不管科学技术怎样发达,电脑使用范围多么广泛,作为一名中国人,用中华民族自己的语言文字表达情意、交流思想,是必要的、不可改变的。民族语言文字是民族文化的根,对外是屏障,对内是凝聚的血液。作为中华民族的一员,掌握语言文字正确地进行书面表达是一种义不容辞的责任。要具备书面表达能力,就须扎扎实实进行训练。别人写的佳作可以借鉴,但不能以别人的充自己的,虚假的

---

[1] 本文发表于《作文选读》1997年第1—2期。

害处之一是自己没有锻炼出真本领。用刻板的模式来框,也会挤掉写作人的真情实感。

　　文章是客观事物的反映。写作的人要反映大千世界中纷繁的客观事物,必然在观察、感受、思考的基础上有自己鲜明的态度。或爱,或恨,或悲,或喜,或赞扬,或批评,或同情,或厌恶……把这些用文字真实地表达出来,就是有真情实感的文章。中学生进行写作训练,就要训练写真情实感的文章。白居易说:"根情,苗言,华声,实义。""根情",情是文章的根本,是写文章的基本要求。情要真,虚情假意犹如剪刻的纸花,没有生命的活力。情真意切的文章,才能感动人。

　　唯其真实,才能练就运用语言文字的真本领。叙事、状物、写景、绘人、说理、抒情,均要目光敏锐,观察精细,思考,感受,然后选用恰当的语言、恰当的写作方式加以表达。其中必然会碰到许多困难。如言之无物,内容干巴,那就对事物再观察再认识,从生活中选取活泼泼的写作材料,从阅读中积累,精读,博览。如言之无序,前言不搭后语,那就训练自己逻辑思维的能力,先说什么,再说什么,最后说什么,把事情、事理梳理清楚,下笔就不会乱麻一把。如果确实碰到诸如此类的困难,更说明真练笔的重要。真正磨炼自己的笔力,不是移花接木,不是拆拆装装唬人,困难会由大变小,由难变易,最后甚至会把练笔变成一种乐趣。能不能发生这样的变化,主动权在学生自己,下苦功练写真文章,思想感情就会如汩汩泉水流向笔端。

　　要写好真情实感的文章,需认真学习语言,锤炼语言。清朝著名诗人袁枚说得好:"一切诗文总须字立纸上,不可字卧纸上,人活则立,人死则卧,用笔亦然。"文章的语言须"立"在纸上,那就是说须有活泼泼的生命力。语言是写文章的工具和手段,任何精辟的思想、生动的形象、感人的材料,离开语言都一筹莫展。因此,古今中外的学问家、作家无不十分重视语言的学习与修养。杜甫的"语不惊人死不休",托尔斯泰的"语言艺术家的技巧,就在于寻找唯一需要的词和唯一需要的位置",老舍的"既然搞写作,就必须掌握语言技巧。这并非偏重,而是应当的。一个画家而不会用颜色,一个木匠而不会用刨子,都是不可想象的"。这些都是大量写作实践的经验总结,学习写作的青年学生应从中获取教益,训练语言技巧,提高语言素养。

对中学生来说,清楚、明白地把意思表达出来,是写文章最基本的语言要求。思想、语言须双锤炼。对事物反复观察与思考,认识得清楚透彻,寻求最恰当的词句表达,炼词炼意,词意综合,效果必佳。用词须慎加选择,力求贴切、鲜明、生动。词与物与事相符,事物是怎样的面貌,词语就表达出怎样的面貌;意思十分明白,别人一目了然,不似是而非,含混不清;选用新鲜的、具有形象性的、绘声绘色的词语,给人以如闻其声、如见其形、如历其境的生动感觉。语句须按一定的规律构成,力求准确无误,生动流畅。

中学生练就写作的真本领,一辈子受用不尽。

要重视学生情感思维的开发[①]

作文的质量与题材的开掘息息相关。"无米之炊"往往只能凿空附会，虚有躯壳，而材料充实，入情寓理，就有可能成为妙文，启人深思，给人以智慧。

生活是写作的源泉。观察周围的人、事、景、物，或描绘，或说明，或抒情，或议论，把五光十色的世界通过文字的创造加以再现，这是学生习作的必由之路，而在这条路中又分布着许多采摘题材的有趣的小径，体察事物，开发情感思维就是其中的一条。

《庄子·渔父》中说："不精不诚，不能感人。"意思是只有真实的感情才能感动人。写文章要"辞以情发"就是这个道理。情感思维不仅在"情"这方面有如此的要求，而且在"思"方面也有其独有的特色。思维是智力的核心，也是一种艺术，要求有某种才能、能力倾向或某种智慧。大多数学生都具备能进行有效思维的禀赋，但是，相当数量的学生并不善于利用这种禀赋，因此，在写作教学中注意发展他们的思维能力，引导他们以情促思，思中带情，开发学生的情感思维也就很重要了。

[①] 作者围绕如何开掘作文素材这一具体问题，提出"开发学生情感思维"问题的具体解决路径。"情感思维"的提出，不仅有利于激发学生的作文动机，而且为作文教学中如何对学生观察、感受、思考、提炼的作文全过程进行有效指导，提供了具有可操作性的理论工具，对纠正作文教学中将学生的感性认识与理性思考截然二分的做法具有积极作用。

开发情感思维须重视诱发因素的选择。不诱不发,诱导得好,习作者就会思绪绵绵,言辞滔滔。诱发因素多指客观存在的事物,目之所见,耳之所闻,范围广泛。一书一画,一草一木,一事一物,一声赞叹,一次批评,一个场景,无不是诱发情感思维的因素。要让学生懂得,习作时不能拿到篮里就是菜,至少要把握两点:不是着力于写景状物,描摹事物的本身,而是仅仅以它们为文章的由头,为思绪的触发剂,认清它们在文中的地位和作用;所选择的事物须和自己的心灵有沟通之处,外物和内情碰撞,才可能闪现火花,否则,物与情隔离,思路就阻塞,难以流出新鲜的思想。南京师范大学附属中学文学季刊《树人》中《信》这篇习作在这两个方面把握得恰到好处。文章通篇写由收到的一封信引起的思考和回忆,而在"信"本身着墨不多。文章下笔写"是谁给我来的信呢",把事情端到读者眼前,直截了当;然后在适当的地方交代了写信人和信的内容,"信"伴随着习作者的所思所想,"信"为次,"思"为主,"信"促"思",为思维的发展推波助澜。这封学生的来信之所以能促"思",是由于自己内心深处对同学间的相互通信有惊恐,有担忧,有……正由于外物与心灵深处有相通的地方,故而情感思维的闸门被打开。

开发情感思维不同于就事抒情,借景抒情。后者是在叙事、写景的基础上抒发自己的感情,这种感情由事由景生发而成;在表达上特征明显,往往是先叙事先写景,然后据此而抒情,或者是融情于景。如有学生写离队情景时,先记叙在队旗下欢乐的生活,然后写道:"脑海在翻腾,小天使扇着白翅膀飞走了。我知道童年已经一去不复返了。我悲伤吗?不,一个美好的时代在等着我。我要向前去,迎接这一美好的时代。啊,我的理想,我的抱负,应该崇高;我的学识,我的思想,应该丰富;我的青春,我的生命,应该燃烧。一切都在等待我,去开拓未来,迎接光明。"这种写法是直抒胸臆,以情感人。而情感思维的着重点在

"思",想到这,想到那,想到此时,想到彼时,很少用直抒胸臆的语言,而是情感渗透于思绪之中,把起伏的思绪通过一件件事情的叙述加以表达。

运用情感思维写出来的习作也不同于写一点感想,发一点议论。它把内心活动的轨迹寓于叙事之中,比"一点"丰富、立体。《孟子·告子》中说:"心之官则思,思则得之,不思则不得也。"外界事物诱发自己的情感后,首先要认真体察,抓住对象的特点,力求有自己独特的感受与发现。善于体察事物的人不仅能注意事物的形貌,而且目光有穿透力,能识得事物的神气。体察得周全、细微,思考的深度就有基础,就不会出现浮游无根的状况。认真体察的过程实质上也贯串着"思"的过程,区别主次,辨别真伪,不认真思考不可能取得效果。当然,仅仅体察还不够,十分重要的是由此及彼,由表及里地潜心思索,情感糅合着起伏的思潮,有层次地在题材方面不断开掘。前面说到的习作《信》就是通过开展情感思维不断挖掘题材而写成的。习作中主人公陈晓华收到一封信,见信封上字迹,"一种遥远的熟悉感朦胧地出现了";打开信看到署名,"再也不敢看一眼信的内容",就"用颤抖的手把它装入了口袋",并"失去了主张"。于是,内心展开了频繁的活动:"信应该交给班主任","只要信一交给班主任,她一定会成为整个年级的新闻人物","我不能把信交给班主任,因为这件事而出名太可怕了"……随着这样的思绪,开掘出一个又一个题材——初中时班主任严厉,男女同学互不讲话;高中时,班主任更是"明察秋毫",经常就此进行"宣传教育",并通过"指导"使外校进来的同学"脱胎换骨";和王云鹏从幼儿园到小学到初中同学的事实;王云鹏转学到外市的缘由。这样开掘,材料超越了时间和空间的界限,文章的容量大大增添。

开发情感思维开掘题材,只是使文章内容比较厚实,并不能代替主题的确立。文章质量的高下与主题的深度、广度密切相关。"思"不是想到什么就写什么,散沙一盘,而是要审慎地从材料中提炼主题,由事物的表层进入事物深层的剖析,并在思路引进轨道上恰当地安排一个个材料,把它们有机地组合在一起,表现明确的主题。《信》在这方面是作了周密考虑的。究竟"怎么处理这件事呢?""交"还是"退"? 好奇心驱使她看了这封信,原来写信人是打听一位小学老师的下落,"希望她能助这片纸之劳"。陈晓华觉得"这事好办",准备回信。矛盾眼看可以解决,可文章结尾偏偏又生波澜,写道:"她却迟迟没有下手……不知不觉地她又想到了许多……让班主任知道后该怎么办呢? 说得清吗? 陈晓华又一次陷入了沉思,轻轻地放下手中的笔……"一件极其平凡的生活的小事,通过连迭的、复杂的内心活动的表露,显现一个个与之有关的场景,提出了教育学生工作中的引人深思的问题:教育思想、教育方法、学生实际、是非标准……文章在尺水中掀波,由一封信的表层深入教育思想的探讨,以物引事,以事揭理,抓住了事物的本质。

学生习作时情感思维的道路是否畅通,关键在于他们生活储存和知识储存底子的厚薄,还在于联想能力的强弱。习作的题材固然在下笔之前可寻找,但更为重要的是靠平日积累和储存。教育学生以认真的态度对待学习和生活,充分用感觉器官,多看,多听,多接触;善于运用思维器官,多想,多分析,提高认识生活的能力。这样做,不仅是学生习作的需要,更是做人的需要。对待知识,对待生活,持极其认真的态度,就能视而见,听而闻,积极自觉地吸取生活中的养料以丰富自己,写作时就可做到信手拈来,游刃有余。情感思维道路畅通还得依仗联想能力。仓库里有各种各样的"物",这是题材开掘的良好条件,但是,这些"物"能否发挥应有的作用,还在于提取者的功力。习作者下笔时要善于开展联想,由此及彼,由今而昔而未来,让这些储存的"物"在文中发挥作用。联想的纽带就是情感,情之所至,材料跃然,思想如顺流而下,通畅无阻。

写作教学中重视开发学生的情感思维,引导他们认识自己在这方面的潜在力量,认识自己脑中储藏的丰厚材料,他们会消除搜索枯肠之苦,动起笔来就会如春蚕吐丝,源源不断。

从"画地为牢"说起

有个成语叫"画地为牢",意思是在地上画个圈当作牢狱,比喻严格限制活动范围。在改革开放的今天,为了解放生产力,促进社会的长足发展,画地为牢的情况日益减少。教育领域乘着改革的春风,也打破思想上的禁锢,种种创新、清新的气息为当今的教育注入了勃勃生机。

然而,毕竟在习惯的轨道上运转的时间长久了,教育教学中常会显露出旧有的痕迹。《语文学习》开展的关于指导学生写作的正与误的专题讨论,促使我认真思考这个问题。

没有规矩,不能成方圆。作文教学中指导学生进行写作训练当然要有一定的规矩、一定的要求,扎扎实实,一步一个脚印,使用语言文字表达情意的能力才会有效地提高。学生作文应"主题明,表达巧",这个要求无可非议;要实现这样的要求绝不可能一蹴而就,须恰当地分解,有步骤地实施,反复地加以训练。对学生作文认真修改,使之达到预定的要求,是写作教学系列工程中的重要环节。怎么改?其中大有讲究。

《大乌龟哪里去了》是一篇富于情趣的习作,文中对恶作剧的始末叙述得有声有色。它突出的优点在于真实地反映儿童的思想、儿童的生活、儿童世界的友谊和欢乐。但是,毕竟出于学生之手,有这样那样的小毛病,尤其是文章结尾,草草收兵,给人以言犹未尽的感觉。然而,瑕不掩瑜,仍不失为较好的文章。修改以后的作文,似乎突出了主题,似乎事情的经过、结果说得头头是道。然而,字里行间洋溢的童真童趣消失了，儿童的身体装了成年人的头和脚，多么别扭，多么不协调。修改文章，主观上都是想改好的，客观上有的文章被改糟了。

改学生作文从来应多就少改，一个班级几十名学生有几十个思路，这些思路尽管有的比较幼稚，有的疏漏不严密，但总是活泼泼的，有各自的特点，各自的个性。修改作文要顺势而为，扬长补短，理解学生的心，把握习作的意，切忌用教师的思路框学生的思路，把学生作文套进一个模式里。《大乌龟哪里去了》是有主题的，主题也是明确的，文章标题已有所暗示，成磊抵制，画乌龟事未成功，伙伴各自走散，小作者的写作意图十分清楚。究竟要使文章有怎样的主题呢？硬加，硬拔高，那只能是脱离学生的实际。

世界上不是每一件事都蕴含着多少道理，儿童世界里的事尤其如此。小伙伴之间的趣事、乐事、捣蛋事，只要不牵涉到品德，又有多少是与非，值得在文中一再辨别，又认错，又在梦中胆战心惊呢？孩子毕竟是孩子，不能置儿童年龄特征、心理特征于不顾，用成人的思想言行"规范"他们，牢牢地束缚他们。当教师的要时时处处设身处地为学生着想，经常转换位置，从学生的角度思考，对一些问题的认识就会很不相同。写作指导修改作文也不例外。

主题也好，技巧也好，为何要硬加榫头，硬去拔高呢？长年累月的语文教学强调主题鲜明、主题突出，强调结构技巧、语言技巧等已形成心理定式，教任何一篇课文，即使是十分平实的、明白如话的，也要千方百计往深里开掘，分析得细而又细，碎而又碎，讲出一套套道理。显然，有些道理文章作者写的时候是决然没有想到的。阅读教学长期形成的模式有意无意地迁移到写作教学中，产生对学生的作文提出不恰当的要求的情况。这是原因之一。再说，应试作文如此处理容易"醒目"，容易拿分。文章以意为主，以文传意，学生习作在审题立意上下功夫丝毫不错。"意"当然要积极，要正确，要健康，然而，以什么尺子来衡量，怎样从学生的实际出发,作出正确的判断,这就关系到执教老师的认识。

我历来主张教文育人,通过读写教学实践,培养学生良好的语文素质,个性获得发展。教师不能包办代替,不能用种种固定的模式禁锢他们,约束他们成长。写作训练也是如此。要牢牢树立目中有学生的观念,了解他们,研究他们;学生是学习的主人,要鼓励他们放开手写自己的喜怒哀乐,要肯定他们写自己的真情实感。

指导学生写作的正误与否,关键在教师能否从以一个模式绳规众多各有个性的学生的思想禁锢中解放出来。我们语文教师孜孜矻矻,辛苦万分,改革的春风吹进心扉,教学思想必然大突破。随之,学生习作必将生活气息浓郁,时代活水流淌,生意盎然。

从"倚马可待"说起

常听人说"人生如战场",我不打算在这里评议这句话,但就今天社会上交往愈益繁密、竞争日趋激烈,不少事情须快速定夺而言,倒是有点像的。人们相互交往凭借语言文字,日常生活中交流思想以语言最为常用;而工作上、业务上交往则文字更为重要。在紧要关头,一篇快速出手的周详切要的文件,能不失时机地推动事业前进。

《世说新语·文学》中记载:东晋权臣桓温北征鲜卑,立刻要发一篇露布文(一种紧急文书),命从征的袁虎倚马前操笔,袁虎运笔如风,一气写下七张纸。这就是人们津津乐道的"倚马可待"典故的出处。今天,在繁忙紧张的工作交往中,主事的、办事的在动笔方面多少得有点"倚马可待"的本领,能在信电交往中迅速写成准确无误、明白晓畅的文字以沟通信息,决断问题。由于社会上有这种需要,在语文教学中加强快速作文的训练,切实而有效地培养和提高学生快速作文的能力,就显得十分重要了。

中学作文教学中实际上是有快速作文因素的,如课内作文、课外作文比赛等,就是各类考试中的限时作文,也都是快速作文性质的。但这还不足以适应社会需要,应有意识有计划地进行这方面的训练。

首先,师生要有信心。一口气下笔成文从来受到高度赞赏,只消翻一翻从南朝宋刘义庆的《世说新语》到近代易宗夔的《新世说》等笔记文中"文学""捷悟""夙慧"等门类中的一些记载,就可知道,人们常把下笔成文说成是天才的事,似乎一般人难以高攀。甚至有人说:甭说作文,即使抄书,一笔下去不改一字,也做不到。持有这种想法,首先在心理上打了败仗。其实,树立信心,认真去做,不是不可能。有个小学生,我教他抄写文章,要求不抄错一字,起初他认为这是永远做不到的。于是教他先抄短文,试了几次,做到了,有了信心,后来抄长文,反复训练,也很少有写错的了,这样,就养成了好习惯。我又教他写信,也要求他一笔下去不改一字,并且文字要清通。对他来说,这的确不容易,但他一再以这个要求约束自己努力去做,现在也基本上做到了。由此可见,下笔成文也不是高不可攀,只要有信心,并锲而不舍地反复训练,严格训练,是可以做到的。要学会快速作文,树立信心应为首条。

其次,训练目标要明确,步骤要踏实。开头要求不要高,只要文章中心明确,有要点,有条理即可。可先叙一简单事情,议一简单事情,从一笔写成短文入手。反复练熟以后,由叙、议简单事物到叙、议较复杂的事物,由写短文到写较长的文章。行有余力,则更上一层楼,如果能加上文采,那就锦上添花了。

练快速作文,最好把说和写结合起来训练。我在中学读英语时,课外要求背诵简短的英文名作。《英文背诵选》中有一篇美国总统林肯的《葛底斯堡讲演词》,这篇讲演词真可算是情意深挚,文采斐然,至今我还记得"使我们民有、民治、民享的政府与世永存"的名句。我一向认为这篇讲演词是言、文结合的典范,从中领悟到说、写结合起来训练的重要性。我又从同步翻译中看到快速语言训练的奥妙。翻译人员如果中文、外文两种语言的功力都扎实,勤加训练,就能出口成章。更有启发的是听宋世雄解说球赛。足球比赛千变万化,解说员要说得具体生动,富于吸引力,颇不容易。宋世雄的解说快速、利落,在精彩处还加上几句评语,如把精彩比赛的那段解说录下来,就是一篇生动活泼、夹叙夹议的小品文。从中我又悟出言、文结合训练是训练快速作文有效途径的道理。宋世雄能有这种本领,固然由于他体育知识很丰富,对体育比赛在行,但与他认真练口是分不开的,否则,怎可如此信马悠悠、运用自如地解说？据说,他平时走路见到什么就说什么,一定要把所见的人、事、景、物,快速生动地描绘出来。出口能成章,下笔成文就方便得多了。

快速作文和一般作文一样,最基本的还是要重视对学生的思维进行训练,不过,快速作文尤其要侧重训练思维的敏捷性。思维要借助一定的材料,在生活中学习,对生活中的事物能迅速作出反应,是一个方面的锻炼。对青年学生来说,在阅读和讨论中锻炼思维的敏捷性,不可忽视。阅读是吸收,能储存知识,扩大知识面；讨论多为即席发言,对课题、对别人的讲话要迅速作出反应。有意识地在这些方面进行训练,久而久之,学生见多识广,目光敏锐,思维快速,就能一下子把握住事物的要点和精神。当然,要快速作文,遣词造句、谋篇布局的文字基本功丝毫马虎不得。在教育工作中,一定阶段要完成一定的学习任务。以作文教学而言,一定要培养学生在初中阶段就具备基本的写作能力,能够顺畅地把意思表达清楚,文章有条有理有中心。学生进入高中阶段,思想快速成长,大约进入大学一两年就稍定型。为此,初中阶段使学生具有较好的基本功,日后或升学或进入社会,思想步步成熟,文笔就能驾驭思想,文与思相得益彰。如果基本功不具备,即使反应灵敏,下笔也会捉襟见肘,词不达意。

快速作文与"文不厌改"是否有矛盾呢？没有。文章写好以后,字斟句酌,细琢细磨,以期精益求精,无论如何是好习惯,需要这样做时,必须这样做。然而,文章首先是"写",然后是"改",首先是写好,然后是改精,并非"写"居次,而主要留待于"改"。谈快速作文,是研究"写"的方面,探讨如何适应社会交往的需要,及早培养学生写作既快且好的能力。

有一位颇有名的书画家曾对我说过,成为艺术家之先必有一个勤学苦练的阶段,只有勤学苦练,多方实践,天长日久,方能力到功成,挥洒自如。如唐代大画家吴道子在大同殿壁上作画,一日画成嘉陵江三百里锦绣风光。以彼喻此,以大喻小,具体而微,经过踏实而有效的训练和实践,难道学生快速作文的能力还培养不成?

谈教师的"下水"与"半下水"

常听到有些教师这样说:"教语文最轻松的时候是学生写作文的时候,最苦的时候是改作文的时候。"乍听起来,似乎有点道理,仔细推想,就可明白底里。原来是作文题目一出,教师就了事,只要学生做,自己不动手,当然无丝毫思想负担,果真这样,作文教学就成了"叫"学生作文,而不是"教"学生作文。正因为如此,批改时不仅有数量多之"苦",质量差的"苦"恐怕尤甚。

要教会学生写作文,教师自己就得会作文。这个道理不说自明。比如识字,自己不识字,怎么去教别人识字?作文要比识几个字复杂无数倍,要教学生作文,从思想内容到文字表达,无一不难。文章作法是写作实践的经验总结,确实有指导写作的功能。但是,课堂上搬那么几条,就希冀在学生作文上显奇迹,那是不可能的。重要的在于实践、体验、琢磨、推敲、领悟,最后进入通达的佳境。教师要学生走这条学作文的道路,自己必须先探路,亲尝甘苦,洞悉关隘沟坎,寻觅跨越的良策。不如此,就难以取得指导学生作文的主动权。

为了提高作文教学质量,教师应该练笔,应该亲自握笔"下水"。认识到这一点并不太难,难的是做到,真正做到。影响做到的原因很多,从现象上看,工作繁忙,负担很重是主要原因,其实,种种思想顾虑、缺乏兴趣、无动笔习惯等倒是实质性的障碍。后者不解决,即使有空余时间,也仍然会停留在观看学生"下水"的那一步。我接触到一些青年教师,开始几乎都有提笔"下水"的决心,也动手写了几篇,但由于条条绳索的束缚,中止了,后退了,随动口不动手之波,逐动口不动手之流。其中怕这怕那是一个个关卡。怕写得不好,学生笑话;怕写得不好,在同行面前出洋相;怕别人说你正经,你努力,给别人增添压力;怕别人说你为什么热衷于摇笔杆,你想干什么……有了这些沉重的包袱,小小一支笔就有千钧之重,提不起来。造成这种压力的是一种潜在的习惯势力,认为自古以来就是教师出题学生做,哪有教师先做的道理;认为不写也比学生高明,否则怎么能批改学生的作文;认为要教师"下水"作文,是不是存心与教师过不去,存心制造高低的矛盾。这种种陈旧的看法必须破除,而破除的办法不是就事论事,而是要站在时代的高度、站在事业的高度来认识,来解决。

我们这些语文教师都是传统教育制造出来的"产品",传统教育的特点之一是重知识轻能力,因而"产品"身上也就不可避免地打上这种印记,有了这种印记,不利于教学改革,也影响教学质量的提高。只有采取积极的措施,补上能力的缺陷,才能适应时代的要求。人类社会已经跨越了蒸汽机动力时代、内燃机动力时代,开始进入瞬息万变的信息时代。时代向教师提出新的挑战,要求教师站在"面向现代化,面向世界,面向未来"的高度培育学生,使学生不仅有扎实的知识基础,而且有较强的思维能力、动手操作能力、自学能力,具备开启知识大门,敢于改革创新的本领。书面表达能力是学习和日后工作的基本技能,当然必须着力训练。为能使这种训练取得良好效果,教在点子上,导在关键处,教师"下水"锻炼就势在必行。要把消极的压力转变为奋进的风气,教师一定要去"怕"添"勇",勤于练笔,锲而不舍。至于兴趣,习惯往往受所追求的目标的制约,只要满腔热忱去追求培育时代新人的大目标,决心使自己成为语文教学中的行家里手,习惯可以改变,兴趣也能够培养。

教师"下水"固然重要,而"半下水"也不可小视,有时比写上一两篇作用还大。所谓"半下水",指的是教师出了作文题以后,要积极开动思维器官，根据题目要求打腹稿。要仔细审题，一字一词一推敲；要审慎地选择材料，从教师角度，从程度不等的各类学生的角度思考，考虑学生是否有"米"做炊，"米"的质量如何；要考虑怎样提炼主题，确定中心，根据题意可提炼出哪些不同的主题，确定哪些不同的中心，怎样写是陈词套式，怎样写可见新意，怎样写是浮游无根，怎样写可入室一步，略胜一筹，学生在确定中心、提炼主题时会碰到哪些困难，从哪儿指点，他们就能攻克；材料选择后怎么连缀，怎么安排结构，自己能排列出多少种结构的样式，推测学生可能采用哪几种，怎么进行扩展；还要思考根据题意可选用哪几种开头方法，结尾哪些方法妥帖……总之，要多角度多层次地思考，切不可脑子里荒漠一片。

"半下水"的好处在不拘泥于写一篇，可以在腹中一题多作，可以教师自己作，也可以设身处地为学生作，碰到走不通时可立刻改道，比较灵活；它的好处还在于训练教师思维的深度与广度，把教师储存在脑中的读写知识及其他知识综合起来选择运用，提高知识的利用率，探求并熟谙写作的奥秘。坚持不懈地在腹中作文，备尝立意选材、谋篇布局的甘苦，才思就会敏捷，胸中作文之道学富五车，指导学生写时就能得心应手。从这一点来说，学生作文时教师哪儿来的轻松？教师比学生更为紧张。

"半下水"尽管有不少好处，但与"下水"比，仍然有一步之遥。要把脑中的种种写作设计变成笔下意明辞达的文章，还得花气力飞跃。不过，"半下水"的功夫深，"下水"的难度就大减；"下水"的实践多了，"半下水"时就更能添翅加翼。一"思"一"写"，"思""写"并重，相辅相成，相得益彰。

愿在作文教学中，教师"导游"，师生同游，或浅浮，或深潜，享受搏水之乐，收获驾驭文字表情达意的硕果。

作文命题小议

学生作文训练有多种方式,但概括起来说不外乎两类:一是教师出题目,学生按题意写作;二是学生自由写作。教师出题目又有多种。有的是命题作文;有的是材料作文,教师给学生提供适当的材料,学生按要求写;有的是情境作文,教师设计并提供生活中的具体情境,让学生置身于特定情境中进行写作。学生自由写作可自己命题,发展个性。日记、随笔也属于自由写作。现在有些学生学写诗歌,学写小说,学写散文,当然也在自由写作之列。

命题作文题型多样,侧重点也不同。有的是一个词,如《榜样》《竹》;有的是短语,如《谈团队精神》《可爱的小生灵》;有的是句,如《生命的价值在于奉献》《人间自有真情在》《我渴望拥有草地》等。命题作文有的侧重记叙,有的侧重说明,有的侧重议论,有的侧重抒情,视教学要求而决定侧重点。命题作文所命之题须来源于生活,切合学生的认识水平,有利于开发学生观察、记忆、思维、联想、想象等能力。题意须明确,忌含糊不清,忌有歧义。有时可全命题,题目完整,不缺少任何成分,如《我爱你,故乡》。有时可半命题,题目不完整,需要补足标题,如《看电视剧……》《我的伙伴……》。全命题也好,半命题也好,题意明确极为重要。学生看到题目,能立即领悟到是要求写景、状物、叙事、记人,还是要求说明事物、议论问题。有的题目乍看似乎很难断定是以写什么为主,但一经推敲,仍可把握。如《这是我的责任》,内容宽泛,表达方式也可多样,学生侧重写什么可自己定夺。命题还可让学生用一个题材写多种体裁的文章,引导学生从不同角度思考,用不同表达方式表达。如《菊花展览参观记》(记叙文)、《菊花礼赞》(散文、抒情文)、《菊花简介》(说明文)、《小议菊花精神》(议论文)。适当地一题多作,能活跃学生思维,使学生学习多种表达方法。

提供材料给学生作文是当前作文教学中最常见的一种方式。材料性作文可分为若干类型。一是文字类型。这些材料可以是几句话、一段话、几段话、一篇文章乃至几篇文章。要求学生利用这些材料写作文,有的须根据材料展开联想与想象,有的须"聚焦",从提供的不同材料中提炼出"共同点",有的须自拟题目等。二是图画类型。提供图画,要求根据画意作文。可提供单幅画,也可提供连环画;画可配文字说明,也可不配文字说明。图表也在此列。如根据学校平面图写导游词。三是实物类型。提供实物,要求根据实物写作文。其中一种是实物写生,培养观察能力,用文字把所观察的实物详细地描述出来;一种是把实物作为由头,习作者看到这个实物可以海阔天空展开想象,写自己领悟最深的。如"新概念"作文大奖赛的命题是:桌子上,放着一个被咬过一口的苹果。没有任何文字说明和提示,参赛者限时限刻写出作文。材料性作文中还有给影视材料的、声音材料的等。教师出材料作文的题目,材料一定要反复斟酌,讲究质量。材料本身一定要蕴含深意,经得起咀嚼。文字也好,图画也好,一眼见底,学生就无话可说,更不可能思潮翻滚。材料既要切合学生阅读水平,又能促进学生思维力、想象力、观察力的发展,让学生感受到攀登的兴奋和乐趣。

情境作文是教师提供生活中的具体情境,如值得关注的热点,某件事发展的进程,一个需要解答的问题……要求学生设身处地去听去想去说,最后用文字表达出来。这类作文情境设计要合理,要富于生活气息,不能编造。如果脱离生活实际、学生实际,学生就难以下笔,训练的效果就适得其反。

命题环节看起来主动权在教师手中,但不管以怎样的方式命题,都要从学生的实际出发,从引导他们关心生活、认识社会、认识自然、认识人生出发,提高他们的认识能力、辨别能力、审美能力,提高他们运用语言文字表达自己思想情感的能力。学生积极性高涨,写作也就把握了主动权。

作文指导实例[①]
——怎样写两个思想性格不同的人

【目的要求】

1. 围绕事件的叙述,运用对比的方法,写出两个人不同的思想性格。

2. 体会人称与叙事方法之间的关系。

3. 在刻画人物言行的同时,注意描写人物的内心活动。

【作前指导】

一、启发引导

初一年级,我们在写作课上曾经做过三次写人的训练。它们是《写一个助人为乐的人》《写一个初次相识的人》《写一个意志坚强的人》。这三个题目有一个共同点,那就是都写"一个人"。如果,要求大家写《一个不肯助人的人》《一个熟悉的人》《一个意志软弱的人》,写法基本相似。而这两类思想性格不同的人摆到一起来写,写法就不同了。本次作文的训练要求就是写"两个人",写"两个思想性格不同的人"。

怎么写呢?不是割裂开来先写一个,后写一个,互不相干,而是围

[①] 就作文指导教学而言,这一实例不仅有明确的目标、具体的选题和丰富的材料,是一份拿过来就可以用的现成教案,更重要的是有所呈现的范本价值和范式意义,其中所蕴含的作文教学思想值得深入研究。

绕一件事情的叙述刻画两个人不同的思想性格。鲁迅先生的《一件小事》这篇文章不是给我们以十分具体的启示吗？围绕老妇人摔倒在地上这一件事，写出了"我"和车夫的不同态度，表现车夫思想行为的高尚，"我"的冷漠和自私。

写两个人，一个面孔是不行的，要性格鲜明，各具特征。红花、绿叶，色彩鲜明；粗鲁、细心，性格迥异。采用对比的方法写，明显、突出，不易混淆。要把人物刻画得栩栩如生、有血有肉，必须选取最能反映他们思想性格特征的语言和行动来描绘。语言不在多，在于准确、精湛；行动不在杂，在于个性化，蕴含深意。

为了写好这篇作文，我们先读一些借鉴的材料，揣摩、体会，从中汲取营养。

二、借鉴材料

1. 课文两篇：《一件小事》《愚公移山》。
2. 例文三篇：

许云峰怒斥徐鹏飞

扩音器播出软绵绵的时新歌曲。

徐鹏飞端起酒杯。金发女人赶快把斟得满满的一杯葡萄酒，端放在许云峰面前。金发女人又提起照相机，眯起一只眼睛，准备拍摄策划中的明天头条新闻的照片。

许云峰岿然不动，端坐在宴席上无动于衷，徐鹏飞只好暂时放下酒杯，捡起了筷子。

"请吧，请吧，"沈养斋附和着说，"都是重庆最有名的厨师做的，味道不错咧。"

许云峰看见，在新闻处长和徐鹏飞眼色的指使下，朱介把一份好菜移到他面前，金发女人再次对准了镜头……徐鹏飞马上站起来，满脸含笑，一只手端起酒杯，一只手把另一杯酒送到许云峰手边。只要许云峰伸手来接，他就要乘机和对方碰杯，那时镁光灯一闪，明天的头条新闻就到手了！这样，徐鹏飞就可以用碰杯照片作证，捏造事实，宣称许云峰已经"欣然"与国民党合作，来混淆视听，公开诬蔑共产党和迫使许云峰低头。

许云峰看也不看对方送来的酒杯，不费思索就猜透了对方的阴谋，推开那阴险的照相机，说道："我提出的问题，你们为什么不敢回答？嗯？"

"哪里，哪里，"徐鹏飞慌张起来，"今天是……酒菜不好，这个……我们一定干上一杯！"他还顽固地想再找个侥幸碰杯的机会。

"收拾起你们这一套！"许云峰霍地站起，立刻戳穿了敌人狡诈的阴谋："要我干杯？要我碰杯？要我照相？把你们的武装派来，岂不更有效？！要和共产党员碰杯，你们永远休想！"

许云峰对着满场张皇失措的男女，指了指丰盛的山珍海味，像宣判似的说道："今天的满桌酒席，全是从哪里来的？你们说，是从哪里来的？嗯！？这全是你们搜刮来的人民血汗！告诉你们，共产党人决不像你们国民党这样卑鄙，拿人民的血汗来填灌肮脏的肠胃！要干杯，你们自己去干吧！"

许云峰把椅子一推，正气凛然地站在大厅当中，昂头命令道："送我回监狱！"

"许先生！"一直没有插话的沈养斋，慌忙站了起来，抢步上前，阻住许云峰的去路，威胁的口吻里，泄露出不甘失败的挣扎。"干不干杯由你，留不留客要由我们！请到休息室里坐坐！"

几个彪形大汉，立刻围向前来。

许云峰轻声一笑："黔驴技穷。还是叫你们的后台老板出来吧！"

徐鹏飞连忙插身于剑拔弩张的局势中，挥挥手斥退了鲁莽的部属和沈养斋,高喊一声:"泡茶!"便转脸赔笑着说:"许先生,请到里边休息,休息。"

(摘自《红岩》,标题系编者所加)

黑旋风斗浪里白条

正热闹里,只见一个人从小路里走出来。众人看见,叫道:"主人来了!这黑大汉在此抢鱼,都赶散了渔船!"那人道:"甚么黑大汉,敢如此无礼?"众人把手指道:"那厮兀自在岸边寻人厮打!"那人抢将过去,喝道:"你这厮吃了豹子心、大虫胆,也不敢来搅乱老爷的道路!"李逵看那人时,六尺五六身材,三十二三年纪,三柳掩口黑髯,头上裹顶青纱万字巾,掩映着穿心红一点髻儿,上穿一领白布衫,腰系一条绢搭膊,下面青白枭脚多耳麻鞋,手里提条行秤。那人正来卖鱼,见了李逵在那里横七竖八打人,便把秤递与行贩接了,赶上前来,大喝道:"你这厮要打谁!"李逵不回话,轮过竹篙,却望那人便打。那人抢入去,早夺了竹篙,李逵便一把揪住那人头发。那人便奔他下三面,要跌李逵,怎敌得李逵的牛般气力,直推将开去,不能勾拢身。那人便望肋下躅得几拳,李逵那里着在意里。那人又飞起脚来踢,被李逵直把头按将下去,提起铁锤大小拳头,去那人脊梁上擂鼓也似打。那人怎生挣扎!

李逵正打哩,一个人在背后劈腰抱住,一个人便来帮住手,喝道:"使不得!使不得!"李逵回头看时,却是宋江、戴宗。李逵便放了手,那人略得脱身,一道烟走了。戴宗埋怨李逵道:"我教你休来讨鱼,又在这里和人厮打!倘或一拳打死了人,你不去偿命坐牢!"李逵应道:"你怕我连累你,我自打死了一个,我自去承当!"宋江便道:"兄弟休要论口,坏了义气。拿了布衫,且去吃酒。"李逵向那柳树根头拾起布衫,搭在胳膊上,跟了宋江、戴宗便走。行不得十数步,只听的背后有人叫骂道:"黑杀才!今番要和你见个输赢!"李逵回转头来看时,便是那人脱得赤条条地，匾扎起一条水裈儿，露出一身雪练也似白肉，头上除了巾帻，显出那个穿心一点红俏髻儿来，在江边独自一个，把竹篙撑着一只渔船赶将来，口里大骂道："千刀万剐的黑杀才！老爷怕你的不算好汉，走的不是好汉子！"李逵听了大怒，吼了一声，撇了布衫，抢转身来。那人便把船略拢来凑在岸边，一手把竹篙点定了船，口里大骂着。李逵也骂道："好汉便上岸来。"那人把竹篙去李逵腿上便搠，撩拨得李逵火起，托地跳在船上。说时迟，那时快，那人只要诱得李逵上船，便把竹篙望岸边一点，双脚一蹬，那只渔船一似狂风飘败叶，箭也似投江心里去了。李逵虽然也识得水，却不甚高，当时慌了手脚。那人也不叫骂，撇了竹篙，叫声："你来！今番和你定要见个输赢！"便把李逵胳膊拿住，口里说道："且不和你厮打，先教你吃些水！"两只脚把船只一晃，船底朝天，英雄落水。两个好汉扑通地都翻筋斗撞下江里去。宋江、戴宗急赶至岸边，那只船已翻到江里。两个只在岸上叫苦。江岸边早拥上三五百人在柳阴树下看，都道："这黑大汉今番却着道儿，便挣扎得性命，也吃了一肚皮水！"宋江、戴宗在岸边看时，只见江面开处，那人把李逵提将起来，又淹将下去。两个正在江心里面，清波碧浪中间：一个显浑身黑肉，一个露遍体霜肤。两个打做一团，绞做一块。江岸上那三五百人贪看，没一个不喝采。

当时宋江、戴宗看见李逵被那人在水里揪住，浸得眼白，又提起来，又纳下去，何止淹了数十遭。宋江见李逵吃亏，便叫戴宗央人去救。戴宗问众人道："这白大汉是谁？"有认得的说道："这个好汉便是本处卖鱼主人，唤做张顺。"宋江听得猛省道："莫不是绰号浪里白条的张顺？"众人道："正是，正是。"

（摘自《水浒传》）

黄省三和李石清

黄省三畏缩地走进，惨白的脸没有一丝血色，满脸惭愧和惶恐的神气。他骨瘦如柴,只穿着一条夹裤和一件败色的旧薄棉袍。他是一个胆小而又非常神经质的人,笑起来也是那样凄惨惨的。每说一句话总要鼓起很大的气力,声音很低,说完了,就不自主地咳嗽两声。他是这样谦卑,不自信,甚至于疑心连自己的声音都会使人不耐。他年纪不算大,然而经常的忧虑和劳碌,逼得他几乎像一个衰弱的老人了。

他怯畏地站立在房门口,四面望着。

李石清由左门上。他原是大丰银行一个小职员,凭着狡黠和逢迎的本领现在升为潘月亭的秘书。他极力地仿效他心目中大人物的气魄。其实,他常是偷偷地望着人的颜色,顺从而谄媚地笑着。当他独自一人的时候,我们就会看出额上一条一条的皱纹,蓄满了他在人生所遭受的羞辱、穷困和酸辛。在这许多他所羡慕"既富且贵"的人物里,他是有"自惭形秽"之感的。他恨那些在他上面的人,又不得不逢迎他们。他把愤恨咽在肚里,只有回到家一起发泄在可怜的妻儿身上。他是这么一个讨厌而又可悯的性格。他很瘦,很小,一对老鼠似的小眼睛,十分精神,穿一件褪了颜色的碎花灰绸袍,外面套上一件崭新的黑缎子马褂,咯噔咯噔地走进来。脚下的漆皮鞋,是不用鞋带的那一种,虽然破旧,也刷得很亮,腿上绑着腿带。

(摘自《日出》,标题系编者所加)

三、台阶练习

1. 熟读《一件小事》中"跌倒的是一个女人"至"便正是向那大门走去",在深入思考的基础上,把表现车夫行动和"我"的语言及心理活动的关键词句分别列出来进行对照,体会作者怎样围绕一件事刻画两个人不同的思想性格。

2. 《许云峰怒斥徐鹏飞》歌颂了共产党人的凛然正气,揭露了反动派的阴险狡诈,革命者与反革命泾渭分明,水火不相容。你们说说看,作者是围绕一件什么事情写的,怎样表现许云峰的思想性格的。

3.《黑旋风斗浪里白条》描写了岸上和水里的两场厮打,从这两场厮打中可看出黑旋风李逵和浪里白条张顺各具备怎样的思想性格?后一场厮打写得特别生动,为什么?你们能抓住描写动作的一些关键词句加以剖析吗?

4. 要写两个不同思想性格的人,脑子里必须先有个粗略的轮廓:他们的思想性格有无相同之处和不同之处。曹禺先生对《日出》里黄省三和李石清的介绍,虽笔墨不多,但非常传神。黄省三和李石清各是什么身份?虽同是小职员,但思想性格又有哪些不相同呢?这就告诉我们,经过精心观察,深入思考,才能写出同中之异。

5. 按照下文提供的情景,设想与退休工人王伯伯相反的另一个人的行动和语言,写出另一种思想性格的人。

那是一个暴风雨的夜晚,强风像发狂似的咆哮,豆大的雨点把地面的沙石打得四处飞溅。退休工人王伯伯刚开完会,冒着风雨,踏着泥泞的道路,深一脚,浅一脚地朝家走来。

刚踏上台阶,只觉得眼前一黑,回头一看,弄堂里唯一的那盏灯不知怎的,突然熄灭了。

在这种天气里,灯一刻也熄不得!王伯伯正准备去找工具,屋里的老伴走了出来:"你疯啦,这么大雨,你还往哪儿跑啊?"王伯伯指着路灯问:"你没看见吗?"说着,便消失在茫茫的雨夜里。

王伯伯冒着风雨,找到竹梯,来到路灯下,风势还在加剧,在地上站一会儿都感到困难,要爬上梯子修灯可就更难了。但是王伯伯毫不畏惧,他用雨衣裹紧身体,爬上了直摇晃的竹梯。一步,二步……才不过爬了三四步,一阵狂风吹来,扯开了他的雨衣,鼓起的衣服差点把他从梯子上掀下来。他连忙回到地面,一咬牙,脱掉雨衣,用嘴咬着手电筒,重新爬了上去。

老伴撑着雨伞跑到梯子下,责怪地说:"不能这样,你年纪大了,要注意身体啊!灯等雨住了再叫人修吧。"王伯伯抹了一下脸上的雨水,斩钉截铁地说:"不能等明天,如果今晚不修好,工人同志下中班、上夜班看不清路,就要摔跤的。"这声音似金钟般的洪亮,也随着狂风,传得很远、很远。

爬到梯顶,王伯伯已经精疲力竭了,但他全然不顾,只有一个念头:"一定要把灯修好!"他左手拉紧铁条,用颤抖的身体挡住狂风开始了紧张的工作⋯⋯

经过半个多小时的奋战,一盏明亮的灯终于出现在弄堂中央,王伯伯两眼久久注视着路灯,笑了。

6. 老张和小李两人出差,相约在某日早晨六时在火车站广场中心集合,结伴进站。这时,六时已到,老张早就来了。小李远远地奔跑过来。老张的性格是稳重、沉着。小李的性格是粗心、忙乱。请设想一下,此时他们相见的情形怎样,并写一段文字,通过他们的语言、行动表现出他们各自的性格特征。

【命题提示】

"写两个思想性格不同的人"规定了写作的范围和要求。根据其范围与要求,可命题为《两个思想性格不同的人》,更可以此为副标题另行命题,以求生动活泼。

写时要注意:

1. 事件选准,使两个人的思想性格均有充分展现的条件。

2. 性格刻画可一扬一抑，一褒一贬，也可皆褒皆贬。

3. 用第三人称或第一人称叙事都可以，但须注意人称对叙事方法的制约，注意通过必要的细节描写，写出人物的音容笑貌。

4. 用词要准确，要有一定的表现力；全文的结构要完整。

【评改建议】

1. 批改重点放在人物语言描写和动作描写上，凡能通过语言、动作的描写，揭示出人物的内心活动，刻画出比较明显的性格特征的，都是好的和比较好的。

2. 注意事件叙述的合情合理。如因写两个人不同的思想性格而硬凑情节，或断不成篇，应进行分析，并帮助学生修改。

3. 主题明确、突出，有积极意义，是文章的基本要求。无明确的主题，中心思想无积极意义，须加批指出。

【评改举例】

棋　　战

　　下午放学后，在教室靠窗的一张课桌上，张浩和米佳的一场"军棋战"即将开始。我作为一个旁观者，陪坐在一边。　　　　　　　选择棋战来写，便于展开赛手双方不同的思想性格。

　　很快，"战斗"开始了。身材高高的张浩为了攻破对方的防线，"司令"不幸阵亡。而精悍的米佳却巧妙地将"司令"避开对方的炸弹，进入敌阵，横冲直撞，左右厮杀，大有势不可当之势。眼看张浩这边的情况非常紧急，"师长"又　　　　　初写米佳的锐气。

初写张浩的稳重。先"盯"后"移动",突出勤于思考的特点。	有被歼灭的危险,我很想告诉他,可他稳如泰山,连看都不来看我一眼。他一只手支撑着前额,两条眉毛微微皱在一起,一双并不很大的眼睛<u>一动不动地盯着棋盘</u>。随后,慢吞吞地把一个无关紧要的"小子"移动了一步。我也不管他是什么用意,急得跳了起来,嚷道:"呀!你的师长没啦!"这时,米佳可神气啦,"呼"地
二写米佳,得意神态跃然纸上。	<u>一跃而起</u>,一双乌黑的大眼中,闪射出一种得意的神采,眉飞色舞地嚷道:"哈哈!怎么样啊!吃不消了吧?"
二写张浩稳重,表现其胸有成竹。	我长叹了一口气,带有几分埋怨的神情看着张浩,但是<u>他依旧处之泰然,不动声色</u>。"咳!真不愧是一名久经沙场的老将啊!"我略带讥讽地说了一句。
米佳这一"叫",引出了战局的真相,表现米佳的沉不住气,与张浩的稳重作了鲜明的对比。	"啊呀呀!糟糕!"米佳突然叫了一声。我低头一看,唷!原来张浩用的是"诱敌深入,关门打狗"的战术,米佳的"司令"已成了<u>瓮中之鳖</u>。"唉!完了!"米佳叹了一口气,<u>一屁股跌坐在凳子上</u>。
	我这旁观者打心眼里佩服张浩的这一计,真是好极了!我侧头看了看张浩,嗨!他还是那样,一言不发,那双集中注意力的眼睛<u>依然注视着"战场",有条不紊地调兵遣将</u>,指挥作战。
三写张浩沉着冷静。	忽然,米佳又跳了起来,若有所得地嚷道:"哼!你的"旅长"跑不了啦!"说着,拿起"军

长"就向张浩的"旅长"袭来,然后一个回马枪又吞掉了张浩的"师长",这时的米佳,确是"节节胜利",他乐得手舞足蹈,甚至欣喜若狂地跪坐在凳子上,以挑战的姿态对着张浩说:"认输吧!啊!"我瞟了张浩一眼,见他还是老样子,沉默不语,便大声说:"快把炸弹移过来,否则……"话音未落,张浩却把"军长"移在另一边,我一看,领会了他的用意,情不自禁地叫了一声:"好一个调虎离山计!"我这一叫,米佳恍然大悟,不禁连连叫苦。而张浩呢,举步稳重,不慌不忙地拿起"军长"吃了米佳的"工兵",还没等米佳把"炸弹"调回来,就长驱直入,以迅雷不及掩耳的速度,直向米佳的"大本营"杀来。米佳手下的"旅长""团长"相继丧命,最后又丧失了一名"师长",终于全线崩溃。

　　我笑着对米佳说:"还是你认输吧!"米佳听了,倏地站起,忽闪着一双睫毛修长的眼睛,冲着张浩说:"胜败乃是兵家常事,你有胆,我们再来,看我不打败你!"张浩听了,嘴角微微露出一丝笑意,仍然不说什么话,只是向米佳做了个继续战斗的手势。

　　一个胜而不骄,一个败而不馁,两人又重新开始布局。

情节骤然起波澜,再现米佳的得意心情。语言、动作、神态糅合起来描绘,收到活灵活现的效果。

四写张浩,再次突出沉默不语的特点。

以战局的急转直下生动地刻画张浩这"久经沙场"的"老将"沉着冷静,胜券在握的性格。

一好胜逞强,一稳重沉着,对比鲜明,性格迥异。

结尾给人以想象余地,重新开战的场景必然是两种不同思想性格的重演。

　　总批:语言活泼,场景生动,描写的方法因人物思想性格的不同而各有所侧重。写米佳逞强好胜,机灵活泼,着重运用语言、动作和神态的描写;写张浩善用脑筋,沉着稳重,只写动作、神情,无一句语言描绘。这样处理有助于表现各自的性格特征,比较妥帖。

棋战旁观者"我"在事件的叙述中不仅起穿针引线的作用,而且加深了两种不同思想性格的刻画,是这篇文章不可缺少的人物。在第一人称的运用上,有所前进,有所发展。但也有个别地方的描写不合情理,如"我长叹了一口气,带有几分埋怨的神情看着张浩"。"我"描绘"我"的神情,违背用第一人称描写的规则。

随笔与命题作文[1]

提倡学生多写随笔无疑是很有意义的事。学生兴之所至,信笔悠悠,高唱低吟,描摹感叹,生活流动的河展现笔端,身心沉浸在写作的欢愉之中,其乐无穷。

我无意给随笔下定义。笼统地说,我认为平时觉得有事要记,有话要说,有情要抒,写下来的文章都可称之为随笔。我也无意于从中外文学史上探讨随笔始于何时。我认为我国很早就有随笔,结集成书的很多。唐宋以后著名文人的随笔集比比皆是。直接用随笔作为书名的有宋代洪迈的《容斋随笔》,内容十分广泛,历史、文学、哲学、艺术等均有涉猎,分"随笔""续笔""三笔""四笔""五笔",共五集七十四卷之多。近为清末俞樾的《春在堂随笔》,也很有名。南朝宋人刘义庆的《世说新语》,名为古小说集,实是随笔体裁,其中有多篇曾选入中学语文教材。鲁迅在1918年、1919年写了许多《随感录》,其实鲁迅的杂文中许多也是随笔体裁。

有种误解,认为随笔就是随便写写,"随意性""随便性"很大。因为随意、随便,无拘无束,不仅能下笔千言,而且容易有出彩之处。命题作文拘束太多,不能随意,故而搜索枯肠,下笔维艰。这种看法可能仅停留在表象上,非事物的实质所在。随笔的关键在行笔、运笔的主人。学

---

[1] 本文发表于《中文自修》2002年第10期。

生在学语文的过程中,不可能不参加命题作文的训练。没有规矩,不能成方圆。在一定的学习阶段,进行一定要求的写作训练,能循序渐进地提高写作能力,特别是在基础教育阶段,更要打下扎实的基础。然而,命题作文时,学生的心态往往是被动的,"你老师要我写,我不得不写",内心缺少写的需求,主动性积极性未释放,个性未能张扬,出现思路打不开、笔下枯涩的状况,也就在所难免。写随笔,确实不大一样。客观的人、事、景、物,触动了自己的内心世界,有时达到了不能自已的地步,情动于中,于是言溢于表。这时的抒写,是发自内心的吐露、倾诉,乃至宣泄,是心灵的放飞;这时的抒写,是生命中蕴藏的写作潜能,由于自己的主动积极,探索追求,变成了发展的现实。手中的笔不仅不沉重,而且能走笔如风,超水平发挥。由此可见,写作能力的加强,写作质量的提高,决定的因素不在于写作的形式、体裁,而在于学生自身是写作的主人,写作的主观能动性高。

随笔与命题作文的写作,并非截然对立,把握其中要义,二者可相互渗透,相互促进。随笔写得多,观察世界,品味人生就会视野开阔,思维活跃,写命题作文时有意无意地迁移这些优点,就会打开思路,各种生动的形象,多姿多彩的语言就会奔涌而至。命题作文用心思考,缜密构思,把握框架结构,注意细枝末节,咬文嚼字,体味语言文字表情达意的奥妙,用之于随笔,其内涵就更加深刻,语言和构思就更经得起推敲,也就更能插翅翱翔,气象万千。探索随笔与命题作文的"优势互补",恐怕也正是作文教改的一条途径吧。

写随笔是个性化的行为,千万不能人云亦云。写所见所闻所思所想,是"我"在一定时间一定场合独有的,而不是你的、他的、大家的。"我"要融入写作之中,达到人文合一的境界。要进入这种境界,一是要有活泼泼的思想,二是要练就驾驭文字的功力。"鸢飞戾天,鱼跃于渊",身入生活,心入生活,认识,感受,思考,思想灵动,想象丰富奇特,文章就生活气息浓郁，充满勃勃生机。苏轼写文章"信笔悠悠"，如"风行水上，自然成文"，不要认为他是大天才才能达到这种境界，殊不知在这背后他所花的大功夫。要读书，要多读好书，要感悟，要积累，也要炼字炼句，锤炼出生动、优美、精辟的语言。所以，从某种意义上来说，随笔不"随便"，它是思想的精华、语言的奇葩。

今天怎样教作文[①]

写作教学在语文教学中的重要地位不言而喻。读和写历来要比翼双飞，才能有掌握和运用语言文字的高质量。一翼损伤或薄弱，语文能力强不起来。如何有效地培养与提高学生的书面表达能力，是每位语文教师须认真思考又须寻觅良策扎扎实实解决的问题。

一篇篇文章作法，一本本印刷精美的作文选，昭然于书肆，昭然于形形色色的报刊，教文之道蕴含其中，谈这个问题是否多此一举？其实不然。从初中到高中，从学生的点到学生的面，应该探讨的并进而须加以改进的问题有不少。

令人担忧的写作现状

除了极少数爱好文学的学生，绝大多数学生对写作缺乏兴趣，视作文为不得已的应付，甚至视为累赘，视为畏途。与数理化及外语的课课练、周周练相比，作文动笔很少，多的一学期写六七篇，少的一学期仅写两三篇。笔越是不动，越是少动，写起来就越是千钧重，不听使唤，就越怕写。

[①] 本文发表于《中学语文教学参考》2005年第10期。有感于语文教学重阅读轻写作、学生宿构套作成风的现象，作者不仅阐明了作文教学的重要意义，而且站在育人的高度，从培养兴趣、增强责任、勤练笔、写心声，以及如何批改讲评学生习作等方面，对写作教学存在的问题给予积极回应和具体指导。

毕业班当然要多写几篇了,不过目的非常明确,为了应试而写。毋庸讳言,这样确实有良好的指导,但与此同时,各种乱七八糟的方法也纷纷出笼。择其要而言,有组装法,有广泛拈来法,有自说自话法,等等。何谓"组装"?截取某些文章的精彩段落,抄录下来,强记在心,遇到不同的考题,排列组合一番,组装成若干篇大同小异的文章,起以一当十的作用。何谓"广泛拈来"?写文章时,兴之所至,信手拈来某些佳词美句,以佐证自己的思想观点,表达自己的思想感情。这是一种境界,是一种可得而又刻意难求的境界,因为它是顺乎自然而生,非故意雕琢所成。而今,支离破碎地背诵一些名言名句,装在口袋里备用。你作文不是要讲点文化含量吗?讲点人文气息吗?于是,沾到一点边的,就左引用,右引用,从文章开头到文章结尾,一以贯之,少则两三句,多则五六句、七八句,甚至整段整段。乍看,简直是中外古今名人会聚,满纸锦绣,但习作者自己的思想、语言竟少得可怜。广泛无边地引用、套用,喧宾夺主,把作者自己的情和意淹没了。何谓"自说自话"?是从广泛地引用延伸而来。写作时,想引用一些名人名言佐证自己的观点,加重文章的分量,但搜索枯肠,苦于一时找不出合适的名句,于是就"造",造个名人,造个名句。造的时候,当然外国名字是首选,比如什么柏拉图克拉怎么怎么说,人类学家古道尔这样这样说,阅卷的教师看到这些,不敢乱下判断,只能愧叹自己才疏学浅、孤陋寡闻。这倒使我联想起苏东坡应试的事。

北宋仁宗嘉祐二年(1057),朝廷举行考进士的考试。皇帝任命当代大文豪欧阳修做主试官。经欧阳修推荐,其他主试官赞同,著名学者、诗人梅尧臣为参详官,又名小试官。梅尧臣阅卷时看到一篇佳作《刑赏忠厚之至论》,十分精彩。文章主旨是:奖赏宁可失之过宽,惩罚则应慎重,免得枉杀无辜。文中有这么一段:"当尧之时,皋陶为士。将杀人,皋陶曰'杀之'三,尧曰'宥之'三。故天下畏皋陶执法之坚,而乐尧用刑之宽。"用典用到圣君尧的身上,非同小可。文章送到欧阳修手里,他也大为欣赏。他们都不知道这一典故出在什么地方,写得这么郑重其事,想必大有来头。但不管怎样,文章确实好,录取第二名。作者就是22岁的苏轼。发榜后,苏轼拜见欧阳修,欧阳修问起这几句话的出处,苏轼引用孔融的话回答说:"想当然耳。"真相大白,原来是杜撰,把大文豪也蒙住了。这一历史掌故虽然成为美谈,但写文章总得讲究真实,不能自说自话,胡乱编造。此风若任其蔓延,真假难辨,文章还有什么质地可言?

此外,还有背诵法等,选各类佳作背诵,以备应试时套用。由于食而不化,不能掌握佳作的精髓所在,套用时张冠李戴,驴唇不对马嘴,也就在所难免了。

学生作文中错别字连篇,并不是特别难写的或生僻的字,而是常用字,其中相当数量是语文教材中多次出现过的字。词语贫乏,语言干瘪无味。文章中用语高度一致,缺少个性化语言,几乎成了当前中学生作文的一个通病。"痛,并快乐着""将……进行到底""一道亮丽的风景线"等语言的泛滥,几乎成了文章用语的一种新模式。

比赛作文的模式与应试作文的模式简直有异曲同工之妙。比如:散文,散文,还是散文;夹叙夹议,还是夹叙夹议;夹点抒情,来点警句,装饰头尾;辞藻华丽,来几分虚无缥缈;修辞手法,尤其是引用,架床叠屋;看似历尽沧桑,愤世嫉俗,夹带着几分忧愁……学生作文中的意气风发,慷慨激昂,几乎不见了;叙事流畅,娓娓道来,差不多久违了;议论风生,言近旨远,难得见了;真情可掬,感人肺腑,更是稀罕又稀罕了……教师阅读与批改学生作文时,尤其是批改高中生作文时的那种激动,那种震撼,那种启迪,那种享受,也似乎是销声匿迹了。

摆出学生作文中种种令人不能满意的现象,无丝毫要责备学生的意思。学生是无辜的。母语教学未受到应有的重视,甚至地位每况愈下,有社会的原因,也有我们教育内部的原因。语文水平的提高,语文素养的形成与提高,不能急功近利、立竿见影,不能毕其功于一役,许多人不认可,甚至贬低,搁置在一旁,也就不足为怪了。学校语文水平的高低与社会的语文水平、家庭的语文水平,有千丝万缕的联系。不规范的语言,粗俗的文化,电视媒体、网络语言中的错别字乃至不健康的东西,对学生产生着潜移默化的影响。文化和语言一样,无时不在,无处不在,对人有极强的浸染作用。犹如一张薄纸投入水中,不知不觉就被浸湿。作文追求什么,倾向什么,比赛得奖的导向,应试高分的导向,报刊发表的导向,都会影响学生的追求、学生的模仿、学生的辨别能力。电视语言、广告语言、港台语言、网络语言,等等,对学生的认识水平、语言水平的影响之大前所未有。

学生成长中有一个不争的事实,那就是学好的,坚持积极向上,十分不易;而受不良影响,却不知不觉,舒舒服服。缘由很简单,积极向上要有追求,要有自控力,要有毅力,要有基本的辨别是非美丑的能力;而随时尚,随大流,享受耳目之乐,则比较轻松。

如此说来,学校就没有责任,语文教师就没有责任了吗?绝非这样。人总是有所为,有所不为。语文教师教学生掌握母语,使他们能运用祖国的语言文字正确而流畅地表达情意,写出内容充实、思想健康、感情真挚、文从字顺的文章,是自己应尽的天职。面对写作教学中出现的种种新情况新问题,确实要坚守语文阵地,沉着应对,排除干扰,提高质量,让广大学生得到优质的写作教育,受益终生。许多学校、许多语文教师十几年乃至数十年扎扎实实抓写作教学,学生一步一个脚印往前迈,就是榜样。在那儿,浮躁,追捧时尚,花里胡哨,是没有市场的。

兴趣和责任

要教学生写好作文,既要注意激发学生的写作兴趣,又要激励他们加强写好作文的责任感,二者相互促进,缺一不可。

古人说,"启其蒙而引其趣"。要让学生首先感到写作是一件有趣的事。客观世界,包括自然的、社会的,各种各样新奇的、有趣的人、事、景、物,会深深地吸引你,你把这些有趣的事,带着生活露水的事,用文字写下来,清楚明白,曲折有致,岂不是趣上加趣?从"身外有"到"意中有"到"笔下有",是跳跃,是创造,是用笔书写的本领。有趣定向发展就形成兴趣。兴趣靠引导逐渐形成。

兴趣是学生探求知识、认识事物的推动力,是拈笔伸纸、一吐为快的不竭的动力。对写作有兴趣,有浓厚的兴趣,就会全神贯注,就会入迷,就会有钻劲,学得深,用得活,提高得显著;反之,思想涣散,心猿意马,提笔忘字,写出来的所谓作文必言不及义,杂乱无章。

写作教学中,我们对学生写什么、怎么写,确实十分重视,乃至用尽心力,而对学生对写作持什么态度,有多少热情,有没有兴趣,则研究得不够,对其左右学生学习的质量和写作水平缺乏深刻的认识。这些非智力因素的培养,不仅影响今日学生的学习、成长、培养的有效性,对他们一辈子的求知、工作、做人均能起积极的促进作用。孔子说:"知之者不如好之者,好之者不如乐之者。"学生对写作产生兴趣,产生爱好,并且以写作为乐,有不吐不快的心情,我们的写作教学就成功了一大半。

学生的写作兴趣、写作热情、写作态度,绝不是靠教师的几次动员、苍白无力的说教就能形成,而是要用生动、具体的事例,精湛、睿智的语言,繁简奇正、各尽其态的文章,细水长流地对学生进行点拨、指导,唤醒他们的写作意识,让语言文字表达情意的美妙,点点滴滴渗入他们的心头。

在阅读教学、写作教学中可结合诗文实例,讲述文人用笔的逸事,给学生以激励。如教苏轼作品时,插说:"某生平无快意事,惟作文章。意之所到,则笔力曲折。无不尽意。自谓世间乐事,无逾此者。"苏轼说自己生平没有痛快、高兴的事,只有写文章,想到什么,笔下就能曲曲折折充分地加以表达,自己认为人世间快乐的事,再也没有超过写文章的了。这种炽热的写作热情、写作冲动,可说是到了登峰造极的地步。正因为苏轼把写诗作文升华到人生欢乐的境界,把人生欢乐融化于写诗作文之中,因而他的作品气势恢宏,畅达淋漓,挥洒自如。与此同时,也可插说一点情况迥然有异的事例,同样可激发学生深思。苏轼的同乡唐庚也是宋代著名诗人,苏轼写作欢天喜地,他写作愁眉苦脸。他说:"诗最难事也!吾……作诗甚苦,悲吟累日,然后成篇……明日取读,瑕疵百出,辄复悲吟累日,返复改正……复数日取出读之,病复出,凡如此数四。"真是"诗歌千古事,得失寸心知"。写首诗要痛苦地口吟好些天,发现毛病百出,要反反复复修改,这种写作上极端认真的态度、执着追求的精神,同样是至宝,是当今学生提高写作能力必须具备的。当前,语文课程改革对学生进行三个维度的教育,其中一个维度就是情感态度与价值观。在语文教学中,注意培养学生热爱写作的感情,培养他们认真求实的写作态度,这不是外加的东西,而是应有之义。

语言文字的表现力、生命力,在阅读教学中随时可拈来激发学生的学习兴趣,从锤炼词句到篇章结构,从教材的选择、剪裁到构思的匠心,有意识地以读带写,以读促写,能大大增添学生对写作的感情。例子举不胜举。激发学生写作兴趣尤其不能忽视学生作文中的鲜活材料,它们对同龄人的榜样作用、借鉴作用及激励作用有时远远超过佳作本身的价值。运用学生的材料,可整篇,可片段,也可是某些语句,甚至是哪个词用得特别准确、特别得体、特别精彩,也郑重推荐,真心表扬。要用精细的目光去发现学生作文中些微的变化、不显眼的进步,增强他们写作的信心。春风化雨,持之以恒地滴灌,必有成效。

与此同时,要把培养学生用母语写好作文的责任心贯串于写作教学的全过程。何谓"责任"?就是应该做的事,应尽的职责。每一名中学生和母语应该有不解的情结。母语蕴含的民族精神、民族文化、民族思维方式、民族智慧,对成长中的中学生是精神财富、精神养料。认认真真学习,能用母语具体明确、文从字顺地表述自己的意思,能根据日常生活需要,运用常见的表达方式写作,是责任,是应该努力完成的事。到了高中,更应进一步提高记叙、说明、描写、议论、抒情等基本表达能力,并努力学习综合运用多种表达方式。能调动自己的语言积累,推敲与锤炼语言,表达力求准确、鲜明、生动。最近,报载一则消息令人忧虑:2005年高考,广东考生在作文中得到50分的不足7%;一些学生照抄某些流行歌曲的歌词或作文说明中的文字了事。显然,这不完全是作文水平不高或低下的问题,更严重的是态度问题。这些考生对作文不重视、不负责、不严肃对待,视作文为儿戏。积极的人生态度是以求实的科学态度、认真的学习态度为基础的。教文就得育人,在责任心的培养上下点功夫,让学生养成良好的写作习惯,严肃认真地对待每一次写作,就会积累一点写作方面的经验教训,悟到一点作文之道。能体会到写作中的苦与乐,写的兴趣和热情就会高涨。我们不可能要求每个学生对写作满腔热忱,但要千方百计引导他们热爱与自己血肉相连、呼吸与共的母语,有写的愿望,有非写不可、非写好不可的迫切性和责任感。当然,其中为数不多的人有旺盛的写作热情,有一吐为快的冲动感,思想和情感伴随着文字在笔端汩汩流淌,这更要鼓励,因势利导。

数量和质量

　　众所周知,写作是对自然、对社会观察与思考的结果,是对人生感悟与体验的沉思,是对阅读与见闻的提炼,是对经历与情感的升华,是对知识积淀与才情见解的外化,是对语言文字魅力的深刻领悟与实践。

学生作文没有达到这么高的层面，也不要求达到这么高的层面，它只要求掌握常用的表达方法，把自己的所见、所闻、所感明白晓畅地用文字表达出来，可自赏，可交流。然而，要实现此目的，也绝非易事。前者具体而微之处即是后者，要进步，要提高，既要炼思想，又要炼文字。语言是思想的外衣，没有一定的对事物的认识水平、判断能力、独特见解、真挚感情，文字就美不起来，生动不起来，深刻不起来；对遣词造句的能力、谋篇布局的能力不能驾驭，知识积淀、思想结晶也不可能得心应手地加以表达。

要文从字顺，文质兼美，须坚持不懈地进行写作实践。刘勰在《文心雕龙·知音》中早就指出，"凡操千曲而后晓声，观千剑而后识器"，意思是会演奏上千个曲子而后才懂得音乐，观察了上千把剑而后才会识别宝器。作文是综合性很强的语文实践，不经过一定数量的训练，写作的要点、关键、窍门何在，确实难以把握，甚至一无所知。一学期写两三篇作文，怎么可能提高写作能力？数量确实不等于质量，但没有一定的数量，又怎可能出得了质量？实践出真知，不断进行写作实践，和语言文字亲近了、亲密了，什么样的事物用什么样的词语表达最恰当，怎样的心情用怎样的字句描写最精确，等等，就会有自己深切的体会，而不会人云亦云，说空话，说套话。

语言文字是表达情意的工具，它本身就装载着情和意，从宏观框架到细枝末节，都需要认真理解，具体体验，而实践是最有成效的锻炼。《卖油翁》中卖油的老头，以钱币覆盖葫芦口，油从钱孔沥入而钱不湿，他的经验之谈是四个字：惟手熟尔。只不过手熟罢了。写文章手熟十分重要。手熟，文字就流淌而出，十分顺畅，否则，疙疙瘩瘩，满纸障碍，写作兴趣就荡然无存。怎样才能手熟？当然要靠一定数量的训练与实践。当年我教语文，对学生的"写"是绝对不放松的，一学期八篇大作文、八篇小作文、周周练笔、写短文成为寻常事，不仅不以为苦为累，有些学生认为把自己想的、要说的吐露出来，是一种快乐，是一种痛快。而今，学生课业负担重，周周写确实不易,但写片段,写随见随闻随想,还是可以做到的。

写,就要讲究质量。虽做不到篇篇有进展,但实践了一个阶段,总得有明显的进步。教育是有计划有目的的活动,写作也是如此,不是随便画画,放羊式的。有些喜欢笔耕、喜欢创作的是另一回事,对绝大多数学生而言,还是要一步一个脚印,脚踏实地地提高书面表达能力。在这方面有两点特别需要花力气。

第一是写作基本功的落实到位。不少学生的字写得潦草,笔画不清,胡子连着辫子。写得美观、悦目,要求可能高了,但整齐、端正、正确,应是基本要求。一篇短文,错别字七八个,甚至高考一等卷的作文,错别字也不少。其中有认识上的问题,认为写字是雕虫小技,无伤大雅;有习惯的问题,马虎了事,对吃不准的字词没有推敲、没有查字典的习惯;有具体操作的问题,对书写、错别字无严格要求,不订正,不辨析,乃至错别字连圈都未圈出来。在经济发达地区,字的书写问题更为严重,什么东西都用电脑打,键盘按得多,用得熟,一些常用的字怎么写已印象淡薄。这不能不说是一种悲哀。文字的发明是人类的大文明,"昔者仓颉作书,而天雨粟,鬼夜哭"。人类发明了文字,才彻底脱离野蛮人的生活方式,启动人类的文明创造,记录下古今人类无数的思想、感情、智慧,从而成就一个人文的美好世界。电脑自有其作用与功能,但无法代替汉字的神韵和意境。正确地书写汉字,使用汉字,除交际功能外,还能发展思维,发展想象,丰富情感,让人受益终生。

写夹叙夹议的文章本没有什么不可以,但不能千篇一律。记叙、说明、描写、议论是最基本的表达方式,学生这方面的基本功比较欠缺。叙事不清,丢头落尾,详叙略叙把握不住;说明却说不明白,事物的个性特征、说明的前后顺序、简单的对象写得只有几根筋,稍微复杂一点就语无伦次;如果描写,那时尚的语言、港台的语言、手机与网络的语言充斥,有的让人看不懂,必须要上下文连起来猜读;议论,颠来倒去那几句话,空泛得很。这些写作的基本功不扎实,如果不循序渐进地进行训练,学生怎么可能形成能力？这些基本的表达方式,将来做什么工作都有用。学生真正掌握这些也不是十分困难,只要重视,阅读教学中相机点拨,口头训练时相机促进,有计划分阶段由简到繁地进行写作实践,或片段,或整篇文章,或随笔,或大作文,要求明确,持之以恒,必有成效。当然,要训练这些表达方式,离不开观察生活、思考生活的指导,离不开选材、剪裁的指导,离不开确立主题、谋篇布局的指导。

第二是作文主旋律的问题。中学生作文应该情真、意真、理真、事真,力求做到"情深而不诡""义直而不回""事信而不诞"。真实是文章的生命。但从不少作文中看不到朝气蓬勃的青少年学生的身影,那种好奇、求知、敢说、敢玩、美丽的憧憬、豪爽的气概几乎见不到了。常常见到的是小人说大人话、空话、套话、大话,看不到生活的露水,闻不到思想的芳香。有些会动笔的封闭在小我之中,自怨自艾,自悲自叹,透露出来似乎是看破红尘、历尽沧桑。学生还未进入社会,怎么看破红尘呢？青少年应该是不识愁滋味,文章哪来那么多绵绵哀愁,这是不大正常的。究其原因,不少学生是往社会上举办的获奖作文模式中钻,辞藻堆砌,幻想林立,无病呻吟,误认为这就是作文,这就是佳作。文章丢失了真的灵魂,还有什么质量可言？指导学生写作文,要在健康上着力,要弘扬积极向上的主旋律。当前我们社会多元经济并存,多元文化并存,西方文化更是无孔不入,泥沙俱下,鱼龙混杂。要培养学生的表达能力,就须指导他们如何观察生活,认识生活,判别是非,要学会两只眼睛看世界、看社会。社会上既有真善美,又有假恶丑,应崇尚前者,鄙弃和拒绝后者,绝不是"一锅端",自我封闭。看破红尘就不可能热爱生活,一个不热爱生活的人,写作领域就越来越小,走的路越来越窄,就会逐步远离积极向上的主旋律。比如说,鲁迅生活的年代是一个老百姓处在水深火热的年代,他看透了社会的污浊,人民的苦难,真是鞭辟入里、入木三分,但他激情犹存,他的作品都是在倾诉、呐喊、赞扬、谴责、唤醒。我们生活在火热的伟大年代,社会转型时期会有各种各样的新矛盾新问题,但作为青少年学生学写作,应该身入生活,心入生活,学会观察,学会体验,学会感悟,择善而从,追求健康、高尚,抒写自己的真情实感。社会上文化的低俗化、粗鄙化对学生会有耳濡目染的影响,因而,写作教学坚持健康向上更为重要。它不仅是写文的问题,也是育人的问题,其中融合了情感、态度、价值观的教育。几年前我曾提出"中学生作文要加点钙",其实,不做大气的人,怎么可能写得出有骨力的有棱有角的大气的文章?

交代与期盼

学生写作文,老师阅看,同学交流,总应有个交代。学生写得越多,教师负担越重,要阅看,要批改,要讲评。究竟该怎么处理?我曾经见到一位女教师,至今还在认真地批改学生的每一篇作文、每一篇随笔,不仅修改欠通顺的语句,改错别字,加眉批,而且总批不仅点评文章,还交流思想,交流看法。看到教师如此敬业,如此悉心地指导学生,我胸中油然而生敬意。这些学生有福分,在篇篇习作有交代中,写作能力提高了,人也成长了。

现在教学工作繁杂,要求教师做的事太多,有的班级学生人数膨胀,真是按规矩进行写作实践,对学生每篇作文精批细改,教师确实不堪重负。然而,学生写了,就必须有交代,要让他们明白本应达到怎样的要求,哪些做到了,哪些还有距离,原因何在,该怎样努力。一步一个脚印,那个脚印得弄清楚弄明白。写了就算了,含含糊糊,什么都靠学生自己"悟"行吗?他不"悟"呢?"悟"不出来呢?怎能提高?自主学习,自主写作,不等于不要教师的指导与点拨。点在关键处,拨在要害上,学生顿悟,豁然开朗,有什么不好呢?教师毕竟不是摆设,一名负责任的教师在学生的成长中起至关重要的作用。

高中三年下来,如果有一名学生的作文从未被教师精批细改过一次,他一定会说,这是他终生的遗憾。学生这样说,表达了期盼的心情。期盼教师对他的练笔成果有正确的评价,有真情的鼓励,有具体的指导,有改进的方向。学生这种期盼应理解,应尊重,更要想方设法化为他学好语文写好作文的动力。

面对学生的习作,能否在总体浏览的基础上,选不同层面的作文重点批改几篇,和学生在文字上对话,在心灵中对话、交流。一学期每个学生轮到两至三次,学生就会有精神上的满足。而教师既有面上的了解,又有点上的掌握,指导时能从学生的实际出发,有的放矢。学生互批互改也是可以的,切磋琢磨,有利于提高。但总体来说,大部分学生,尤其是初中生,难以居高临下,提不出切中肯綮的意见,有时流于形式,教师还是要指导。

对学生习作进行讲评是写作教学中的重要环节。习作是学生读、视、听、思、写的成果,如何展现这些成果的优点与不足,激励他们写作的上进心,调动他们练笔的积极性,讲评是一种很有效的方法。

讲评是抓习作的"点",带习作的"面",抓学生中"点"的问题,促进学生"面"上的提高。应把每学期写作教学目的要求和学生习作中的情况有机结合,制订讲评计划,而不是无目的地随着习作"飘"。要站在育人的高度评文育人。带领学生评文的同时,引导他们明辨是非,区分美丑,褒善贬恶,奋发向上。要重在正面激励,评出练笔的信心,评出练笔的热情,评得作者心里热乎乎、听者心里很羡慕,师生感情和谐融洽。渲染习作中消极的东西,罗列缺点,万弩齐发,最不可取。点拨在学生未思、误断之处,把习作佳处挑明、阐发,让学生在反复对比中深入探索语言文字的内涵,具体领悟习作优劣原因,尤其在思想的深度、篇章的运筹和遣词造句的细微处说出道道儿。讲评是开发学生智力的很好时机,凭借学生自己的材料培养他们观察、想象、思维、记忆等能力,学生有贴肤之感,十分亲近,效果有时比学范文还强。

"文章千古事,得失寸心知。"教师在整个写作教学中要精心、细心、耐心,来不得半点马虎。

点燃写作教学的希望之火[①]

一

没想到"恒源祥文学之星"中国中学生作文大赛上海赛区"易思教育·新知杯"作文竞赛中涌现出为数不少的初中学生作文佳作。作为阅读者的我不仅喜悦之情难以言表,更感受到这样的竞赛,这样的佳作为初中写作教学的困境与迷茫点燃了希望之火。

善于捕捉是写好作文的基本功。有人说,写好作文靠一支笔。笔的灵动性从何而来?从眼睛,从耳朵,从感觉器官来。观察的本领强,笔下就有汩汩溪水流淌。此次以《永恒的瞬间》《和谐》为题的作文中,不少学生在生活这一关上认真下功夫,关心,了解,发现,寻觅,捕捉,描述了动人的、带着生活露水的细节,给人以清新的气息。车厢嘈杂,空气压抑,心情烦躁,突然一个"急刹车让我向前倾了倾。就在那一瞬间,我不经意看到爸爸伸出一只手挡住了向前倾的妈妈,妈妈会心地笑了,爸爸脱口说道:'小心!'"。又一个场景:"'给我递把剪刀。'爸爸边忙活边焦急地要剪刀。我随手抄起茶几上的剪刀,边看报纸边递去剪刀,同时,我又感觉到另一只手也递出了剪刀——是妈妈。和我不同的是,妈妈有心握着剪刀的尖端,将剪刀柄对着爸爸,生怕爸爸一不小心伤着;

[①] 本文三部分分别发表于《中国中学生报·文萃周刊》2008年3月17日、3月26日、4月2日。

而我，却那样心不在焉……"一个个细小的情节让小作者捕捉到了生活中平淡但不平凡的幸福："爸妈的爱是心灵的无声交流，频繁，真实，瞬间具有永恒的意义，因而，一种家庭恩爱的幸福感油然而生。"

每个学生都生活在"生活"之中，但从生活中获得的认识与感受却大相径庭。关键在于是否"有心人"。身在生活，心在游离，再有特点的事物，再有价值的细节，都会从眼皮底下溜走。即使用眼睛看，也不过是浮光掠影，只有模模糊糊的印象，当然也就不可能在极其普通极其平凡的事物中发现一般人所看不到的新鲜、生机蓬勃、意味深长的东西。法国大作家福楼拜要求初学写作的莫泊桑，"首先要练练你的眼睛"，要把眼睛练得明亮，耳朵练得敏锐。俄国小说家契诃夫说："作家务必要把自己锻炼成一个目光敏锐、永不罢休的观察者。"无数成功的作家都把观察看作写作头等重要的基本功。学生不是作家，但要写好作文，写出佳品，也必须培养浓厚的观察兴趣，学会观察方法，借鉴作家成功的经验，接触社会，接触各类人物，从中获得更多更有价值的写作材料。

乐于追求是写好作文的主心骨。有一种误解，认为作文只是文字技巧的问题，只要懂得语句的排列组合，摘引一点名家名言，组装起来就行。殊不知文章不是无情物，它是生命的倾诉、心灵的表述。文章质地的高下与心灵追求的程度紧密相连。崇尚真善美，摒弃假恶丑，文章就能站立起来，给人以启迪，以惊喜，以感染，以鼓舞。如果只有辞藻的堆砌，没有正确而明晰的写作意图，没有心灵美好的追求，文章就没有骨力，浮游，飘忽，对写作者而言，无益于认识的提升，感情的锤炼，文字表情达意的提高；对阅读者而言，则是垃圾一堆。

二

此次以《从一个微笑开始》《播种》《在鲜花盛开的地方》《心中的桃花源》等为题的作文中，不少学生通过叙事、描写、议论表达了自己的心灵对美好思想情操的追求,而且以此为乐,洋溢着积极向上的志趣。

实习护士输液注射失败,遭到冷落、鄙夷、厌恶,惶恐无所措时,来医院吊点滴的"我"微笑地望着她,说:"不要怕,我相信你。"成功了,一股殷红的鲜血涌进了输液管,她释然地笑了,又继续忙碌起来。从一件小事中追求宽容。宽容是一种人生的态度,是一种胸怀,心中有别人,对别人能理解、能同情,能换位思考,能积极帮助别人排忧解难。有了这点追求,文章站立起来,写作者享受到气度宽容的快乐。

播种亲情,播种友情,播种社会的关爱,在当今时代尤为重要。情感世界是人独有的,亲情、友情、乡情、赤子情都是人类美好的情感,然而,金钱至上的喧嚣,个人私利的膨胀,使不少人的情感世界已经变成"盐碱地",青年学生要立志冲刷,追求情感世界的美好,做到血是热的,情是浓的、高尚的。父亲车祸住院,家里一片黑暗,幼儿的"我"学着外婆播种,把自己仅有的一颗太妃糖种到门前地里,浇水,想让它变成很多粒,等父亲出院比赛吃糖。令人意外的是一个月后竟然挖出了十几颗太妃糖,种的糖结果了。谜底揭晓:是外婆偷偷埋进去的。现在才明白是对父亲的爱,外婆对"我"的爱,"这爱一直伴随着我,呵护着我,对我播种"。幼稚的题材唱出的是亲情的赞歌,懂得爱的人,会促成心地的善良。

生活从来不是平坦大道,总会有磕磕碰碰。生活在破损家庭的青少年学会自我调节,心中也有桃花源。"我学着照顾自己","我不再刻意压抑自己的情绪,可能我根本不知道要怎么去压抑","最初那个家的全家福,我们三人依然笑得很开心"。自强者胜,在任何艰难的情况下,都要追求心态的坦然,追求用心情创造美好。"我的桃花源里没有泼墨山水画,也无百花争艳图,只有一段段我舍不得丢的记忆",美好镌刻心中,就会勇气倍增。心灵的乐于追求与阅读名著佳作紧密相连。"书中的世界无奇不有,从书中我认识了外面的大千世界","一行行语段变成了一幅幅逼真的画面","戎马生涯,聪明才智,鞠躬尽瘁,远大抱负……从古到今,由远到近,这种责任感就为滚滚洪流,贯串炎黄数千年的历史"。由此可见,阅读能打开认识的窗户,与作家作品进行心灵交流,与高尚的人交友,从中吮吸智慧,吮吸精神养料,滋润和丰富自己的心灵。乐于追求,文章立意高远,就能指挥语言的运用,出现画龙点睛之笔。

三

敏于思辨是写好作文的支撑。在日常学习、工作、生活中,人们要明是非,辨曲直,比较异同,发表主张,阐述事物的道理。写作文也是如此,要阐述对客观事物的观点,发表自己的主张和见解,就要说理论辩,以理服人。为此要敏于思辨,对所要阐述的事物要思考、思考、再思考,辨别、辨别、再辨别。深入思考,多角度思考;纵向辨别,横向辨别,同类辨别,异类辨别——目的在弄清事物真面目,把握实质与要领。这样论辩时就能探幽发微,破薪析理。见解正确、深刻,逻辑力量强,论辩就有威力。对中学生,尤其是初中生而言,这一点是有难度的,但它是好文章的支撑。思辨的能力强,文章的质量高,需注意培养,注意锻炼,经常敏于思,敏于辨,形成习惯,思维就流畅,就锐利,就周密。此次《像愚公那样思考》《走近李白》《永恒的瞬间》《生命·自然·美》《假如取消了高考》等作文中,小作者学着思考辨别,学着洋洋洒洒、谈笑风生中歌颂、抨击。如《像愚公那样思考》,起笔就不同凡响:"当今这时代,我们离思考似乎越来越远了。'80后'的我们太忙了,忙得晕头转向。生在蜜罐里,长在鸟笼中,活在战场上,我们的世界里没有细嚼慢咽,只能大口快吃,没有思考的余地。"题点得漂亮、利落,"忙得晕头转向",哪有时间"思考"? 紧接着揭示"思考"的内涵,它是"一方最好的土壤,它沉淀着生活的营养,孕育着人生的智慧"。然后顺流而下,剖析愚公的理论与实干中所闪烁的思考的力量和智慧的光芒。边叙边议,旁及达·芬奇、贝多芬、托马斯·杰斐逊,论证在挣扎和痛苦中锤炼出不屈不挠的灵魂,开启生命的大门,用以增添论辩的力量。宕开一笔以后收住笔锋,满怀感情地阐明愚公对今日我们的启示,带给我们美与思考的力量。最后以两句话收煞全文:"一个愚公移山的故事,一段大智若愚的人生,一份沁人心脾的力量。他就这样静心地坐着,宛如一座雕像。"全文层层推进,在颂扬中辨是非,抨弊病,明方向。文末加上特写镜头,收令人难忘之效。小作者平时如果没有思辨的习惯,不探求事物的本质所在,就不可能写出这样的文章。要写好作文,功夫在文外。

《走近李白》这篇佳作也是类似情况。写人,绝对不是材料的拼凑,写名人,更不是把摘录的一些名言警句编织起来,好像服装表演,一件又一件,令人眼花缭乱。要在"融"上下功夫。小作者不故作高深,而是脚踏实地把小学与初中语文课上学过的李白的诗融合起来,阐述他的伟大的灵魂与悲剧的人生,表达自己的见解:"李白的不幸却是后人大幸。""山水有幸,李白的诗化作景观,他的诗魂与山水同在,生生不灭化作永恒;文学有幸,他的人生悲剧造就了诗歌奇迹,从此照亮了中国文学的长河;中国有幸,少了一个随波逐流的政客,却多了一个誉满全球的诗人。"不思考就不可能"融",找不到关键所在;不辨别,就不可能对诗的评论聚焦在一个"醉"字上,凸显这个人物的特征。敏于思辨,靠的是敏锐的目光、阅读的积累和对生活浓厚的兴趣。

不过,参赛作文中不足之处也清晰可见:知识匮乏,遣词造句的基本功薄弱,生活积累少,思考能力欠缺。参赛的学生如果能从此次佳作中获得一些启发,观察生活,关注人生,乐于追求,敏于思考,认真锤炼文字的理解与运用,提高写作能力的愿望就能一步步实现。

希望之火点燃,功夫不负苦心人。

感激·感动[①]

感谢全社会的支持！我做了一辈子的教师，一辈子在教学第一线跌打滚爬。整个大赛期间，所有专家、老师为了中学生的健康成长，花了很多心血。因此，作为第一线的老师，我真是满怀感激之情。办这个中国中学生的作文大赛，正如刚才林清霞同学所讲的，是社会各界对我们中国中学生、中国青少年健康成长的爱护。因此我满怀感激之情。

参赛学生全国3 000万，上海40万，这是我们的希望。

我非常感动，我已经79岁了，但是我每次阅读我们学生的参赛作文的时候，我仍然觉得像我十七八岁、二十几岁做学生、做青年教师时候的心情，我经常受学生的青春活力的感染。因此，看到这些学生能够专心致志地写作文，表露自己内心的真情实感的时候，我就非常感动。看起来我们站在台上获奖的是170位同学，但是我们参赛的同学是3 000万，我们上海参赛的同学是40万。40万，这是个什么概念啊！3 000万，又是个什么概念啊！因此，这样一支浩浩荡荡的充满青春活力的队伍，我觉得这个是我们的希望！我们的未来！因此，我看的不仅仅是作文，更看到一个个活泼的生命站在我的眼前。他们的文字是从纸上站起来，和我做心灵的交流的。因此，我非常感动。

[①] 本文发表于《中国中学生报·文萃周刊》2008年6月4日，根据2007—2008全国中学生作文大赛颁奖典礼上的演讲整理而成。

这次看作文,让我深深地体会到:写作文就是写生活,写作文就是写自己的生命。为什么这么说呢?我举个例子。譬如说,我看到一篇非常有趣的文章,叫《新娘的嫁妆》。(新娘)打开一个箱子一看,里头是"微笑"。微笑,微笑就是向自己的亲友微笑,要感恩啊!(新娘)打开第二个箱子一看,仍然是"微笑",是对与自己有隔阂的人微笑,对跟自己有矛盾的人微笑。我们中国人是非常讲宽容的,一个人宽容了,就能用微笑来对待,用微笑来化解。第三个箱子打开了,里面仍然是"微笑",一个人在生活的路途上总会有很多挫折,那是对人生中的一切不如意的微笑。这样一个新娘的嫁妆,是向社会上流行的金钱至上的(观念的)挑战。以微笑来对待人生,她写的是生活中的事情,但是她提升了。有的(学生)写自己的作文,他(她)是用生命在歌唱,"为祖国喝彩,为和谐歌唱"。我们人与人之间是讲和睦的,家庭要和睦,社会所有层面都应该是和谐的。

　　学生综合素质提高了,在写作文的时候,是在说明你自己的思想,回忆你过去的生命历程。用我们祖国非常可爱、非常了不起的文字建设人的精神世界。什么是教育?从古希腊的圣贤柏拉图就开始讲"教育就是把人的灵魂从洞穴里牵引出来",我们的大学、中学都是求学,求学的道路在于攀登光明的顶点。教人求真,学做真人。

　　我想,写作不仅仅是技巧的问题,更是育人的大计。在应试教育惯性的推动下,有一种说法,叫"求学不读书,要分不要德"。教育应该要培养人。我看了一些学生的文章,里头有很多是我们中华文化的结晶,我非常赞同。作为炎黄子孙,他(她)的根是在中华优秀传统文化。因此,求学就要读书,这件事情是刻骨铭心、矢志不渝的。

　　这不仅是获奖的起点,而且是人生之路良好的起点。再次感谢为这次作文大赛尽心尽力的命题者、组织者、支持者和所有的老师!

点燃写作的热情[①]

"我不会写……我恨死作文了……"

真吓了一跳,教了那么多年的语文,我从未听到有哪位高中学生说"恨死作文",即使写作上有不少困难的学生,也不会如是说。那一年,由于培养青年教师的需要,我被安排去教初中,接初一年级第二学期的课。初中毕竟是初中,少年还是娃娃,写的作文与高中生距离很大,简单,稚嫩,语病很多,有的还不能成篇。班上总有几名学生是写作的特别困难户,而这位小郑是其中的困难户之最。

找他谈,我并无半点责备之意,不过想了解一下他对作文的想法。我心中十分明白:如果学生写作能力都很强,要我教师干什么?教师的职责不就是引领学生从知之甚少到知之较多,从不会到会,从不能到能吗?在我心目中,学生从来是"变数",只要引导得法,学生学习能力就会由弱变强,持续进步,乃至发展迅速,令人刮目相看。基于这样的认识,师生谈话心平气和,气氛融洽。谁知谈着谈着,他激动起来,边哭边倾倒出心中大概已经压抑很久的话。

我边安慰边鼓励,约定携起手来共克难关。他破涕为笑了。那时,正在学课文《荔枝蜜》,我告诉他学了这篇范文,要学写一篇作文——《可爱的小生灵》。小郑特顽皮,喜欢摸鱼捉虾,学校荷花池、校侧小河

[①] 本文发表于《语文学习》2009年第1期。

浜,他是光顾的常客,裤脚管常卷到膝盖之上,运动鞋上泥迹斑斑,脸上也常常乌汗淌黑汗流。一听到"小生灵",他眼睛发亮了。我趁势说:"你可要仔细看啊,你把你选择的小生灵可爱的地方看出来,就算本领大了;如果你能把你看到的可爱之处写出来,那本领就更大了。本领大,你开心,我更开心。我们试试看,行吗?"他点头笑允。

这一来,我办公室里的脸盆热闹起来了,今天来放几只龙虾,明天带来一只小乌龟,还捎带几根水草。他告诉我,家里也养着这些,放到学校脸盆里是给我看的。我当然向他表示谢意。放学以后,他总要到办公室来和我嘟囔几句,少不得还要站在脸盆旁对在水里游玩的小家伙指指点点说一番。

班级的作文交上来了,我还没来得及批改,小郑就来找我,羞涩地问我:"老师,我的作文你看了吗?"那么关心,说明心中"恨"的情绪已大减。我立即放下手中的事,把他的作文本挑出来,"我们一起看,一起改,好吗?"他坐在我办公桌旁,定下心来。我征求他的意见:"先让我看一遍,行吗?"他点点头。我迅速看了一下,告诉他:"没想到,大有进步,还有好句子呢。""真的?""当然是真的!我们一起看。"

三百字左右的文章,错别字一堆,不是缺胳膊少腿,就是字的零部件张冠李戴,话说半句,词语乱搭配,也不少见。句子一句一句理顺,错字别字一个个纠正,告诉他错在哪里,怎么把这些毛病治好。我一边分析一边笑,他也忍不住跟着笑。他一本正经地对我说:"我妈妈说我的字像螃蟹爬,别人不认识,写的文章看不懂。我妈妈说,我考进你们学校是额头戳破天花板,不知哪来的好运。"我抬起头看着办公室的天花板,说:"好好的,没被戳破嘛!"他笑了,说:"这是比方,哪是真的?不过,我真是靠运气,数学考得好,语文一塌糊涂。"学生真可爱,那么天真,那么实在。

作文修改好,我要他读一遍,要读通顺,并且说一说哪些句子写得有趣。"这时,这只大龙虾大发雷霆,卷起尾巴不停地拍水,水花四溅。有时又把身子一缩,然后,反身一弹,一屁股撞在碗壁上,大概是想离开吧。忽然,它身体一翻,好!肚子朝上动不了了。我看它难过的样子,就把手伸下去,岂料这家伙蛮性未改,反而钳住我的手指,疼得我'嗷嗷'直叫。最后,被我一拉终于放了下来。"我把这些句子再读了读,说:"写得多生动,多有趣,老师就写不出来。你怎么写出来的呢?讲讲看。""是老师改的,那么多错字,有的句子也不通。""老师改有点作用,但这生动、有趣的底子是你创造的啊,你再想想看,其中有什么道理。"他想了想,说:"不知对不对?龙虾我喜欢,我经常看它,还用手撩它,看得很仔细很仔细。""这就对了。熟悉的东西写起来不困难,重要的是平时要关心周围的人、事、物,多看看,用心看,还要用心想。不会写的字查字典。这次作文讲评,老师也把你的作文印出来,好不好?""我的?真的?""当然是真的!"走出办公室时他高兴得手舞足蹈。

作文讲评课上,我总要印几篇有精彩处的习作作为讲评的材料,被印到讲评材料的习作者总有几分得意与自豪。讲评习作《可爱的小生灵》,我与往常一样,印了一组有特点的习作,讲述如何对可爱的小生灵描形、绘状、摹声,把记物的文章写生动。在评析习作的过程中,培养学生健康的生活情趣,关心小生灵、小动物,热爱大自然。与此同时,推荐学生阅读鲁迅的《鸭的喜剧》、郭沫若的《菩提树下》、杨振声的《报复》和张歧的《麦黄蟹肥》等文的片段,供他们学习,对照,借鉴,从中获得教益。材料一发下去,有些学生惊讶了,有些调皮的学生回过头去做鬼脸。我只当没看见,课照常一步步推进,不仅赞扬逼真传神的语言与写法,更赞扬观察的细致入微,对小生灵的爱护。课结束时,请小郑谈一点写这篇习作的体会,他结结巴巴说了几句,很不好意思。

只要喜欢,只要用心,只要努力,就能提高。不少怕写作文的学生从小郑身上悟到了一点道理。此后,小郑常来找我,问语文,问作文,看来,这方面有点开窍了。一个星期六下午,我组织班级学生去鲁迅公园看灯展,准备写一篇有关立足点与观察点的作文。傍晚,学生陆续离园返家,小郑突然走到我面前,说:"我还没有看仔细,灯太多了,明天我再来看,可以吗?我要写篇比原来好得多的作文。""好啊,你不恨它了?"他摇摇头,哈哈大笑。果真,交来的《迎春灯展》习作大有进步。后来,他进了高中,考取大学,回学校看我,提起养龙虾、观灯展往事,师生开怀大笑,乐不可支。

岁月如梭,一晃二十年已逝。但今日忆起,仍鲜活如在眼前。作文教学不能只见文,不见人。只见文,就会以"文"论高低,见到不顺眼的,就会埋怨、责备,甚至不屑一顾,放置不管。见到"人",就会有爱惜之心,就会有千方百计教好的智慧与责任。

知心才能教心。小郑之所以写作能力不断提高,关键在他对写作的感情发生了根本性的变化,化"恨"为"爱"。这种变化的促成,基础在教师对学生的深入了解。了解不能停留在学业水平上,兴趣爱好、性格特点、家庭状况等均要有所知晓。找准教育的切入点,就能取得比较好的效果。比如小郑喜欢小动物,我就以此为切入口,把兴趣爱好由生活方面迁移到写作中。具体指导,一次又一次,不断鼓励,不断加温,他的心就热起来,对写作有了感情。对作文有了感情,作文教学也就成功了一半。

作文教学应少一点功利,多一点师生之间的真情。教师培养学生正确使用祖国语言文字表情达意的能力,目的是使他们终生受益。教师在指导学生学写作文的过程中,引领他们认识社会,体悟人生,增长见识,提升思想。要担当起如此重要而艰难的任务,必须对学生丹心一片,有耐心,有韧劲,肯下水磨的功夫。师生亲,情意真,作文教学就不会是枯燥无味的条条框框,而是灵动的,有趣的,充满生命活力的。

篇篇作文同胞情
——获奖作文综合评述

在上海优赛教育、《扬·读写》杂志社与台湾《联合报》联合举办的第三届"优赛·联合杯"海峡两岸中学生大赛总决赛中，一批优秀作文脱颖而出，令人欣慰。

作为一名语文教师，读学生的优秀作文真是人生的一大乐事。在顺畅、生动、优美的语言文字中流淌出来的灵动的思想、真挚的感情，对理想的追求、对假恶丑的审判，心灵会受到撞击，会感受到学生是多么可爱，这些年轻的生命充满了希望。这次一等奖获得者的作文就给了我如此幸福的享受。

这些优秀作文呈现出的第一个特点是"真"，是写"真我"，是写我的所思所想、我的发现、我的衡量。唯其真实，所以感人。同样的题目，从内容、结构到语言表达，毫无雷同之处，各具特色，各有风格，一扫"千文一面"的时弊，摆脱了"被作文"的困境。第二个特点是"活"，思维活跃，既撒得开，又收得拢。写作文最忌像机械操练中的答题，呆板的、平面的、非此即彼的。它需要鲜活的思想、开阔的思维。笔端如游龙般写古今中外，源于思维的发散。然而，又不能如断了线的风筝随风飘荡，漫无边际，须善于收拢，聚意点睛。小作者似乎深谙其中道理，掌控得比较适度，文章活而有序，活而有致，能站立起来。第三个特点是"厚"，内容有一定的厚度。文章内容的质地是文章的生命。一小时的现场作文能写出内容比较充实的文章,反映了这些小作者平时重视阅读与积累。写得好首先是读得好,读有兴趣,读有心得,读有积累,提笔时,那些精彩的人、事、物就会奔涌而至,供你驱使,在笔下汩汩滔滔。

这些获奖作文写得优秀除小作者自身的语文能力外,与作文命题也密切相关。五个题目均为开放性的,参赛者有话可说,有事可叙,有情可抒,无审题障碍,思绪的大门迅速开启。命题做到了三贴近,贴近年龄段,贴近学生的学习实际,贴近学生的生活实际,坡度清晰。"提示"有启发性,既考查参赛者多种写作方式灵活运用,又促进理解力、思维力、想象力的发展。

海峡两岸学生同时同题作文竞赛的意义不仅在于涌现了许多篇优秀作文,令人欣喜,更在于搭建了这样的交流平台,能增强两岸中学生血浓于水的炎黄子孙的亲情,增强对中华文化之根的语言文字的由衷热爱。篇篇作文同胞情,意义非凡。祝愿这种竞赛不断发展,枝繁叶茂。

关键在追求怎样的目标[①]

《东方教育时报》编辑部组织"今天怎样教作文"问题的大讨论,并在调研的基础上梳理出七个小问题,邀请教师、作家、家长、中学生展开研讨,意图集思广益,逐步形成共识,破解语文教学中的一大难题。这是明智之举,敢于直面现状,勇于迎接挑战,通过理性思考,探寻破解难题的途径和方法,值得称赞。

有些有责任担当的教师很希望学生有一支灵动的笔,这些学生能思风发于胸臆,言泉流于笔端,写出情真意切、文从字顺的文章。然而,由于教学生态环境的不理想,梦想常成泡影,做法难以坚持,不知不觉陷入世俗的追求考分的泥淖。在应试思维、应试做法千奇百怪几乎全覆盖的情况下,执教老师没有一点定力,没有一点深层思考,很难坚持作文教学的正道。一位小学生家长是护士,我去医院看病,她见到我着急地说:"我这孩子句子都写不下来,将来怎么考大学?怎么考大学?"她的孩子才一年级,那种焦虑的心情令人心酸。有个阶段特别流行以

[①] 本文发表于《东方教育时报》2015 年 11 月 4 日。作文教学历来是语文教学的"老大难"问题;而随着经济社会的发展,以功利为核心的市场思维对教育的侵蚀日著,"万般皆下品,唯有分数高",作文教学尤难幸免,违背教学规律的作文乱象丛生,套作宿构几成风气。在由《东方教育时报》策划组织的"今天怎样教作文"专题讨论会上,作者发表了以本文为内容的讲话,引导家长和社会从教育目标和语文本质出发,认识作文教学对于学生成长的重要价值,强调要指导学生写好作文,必须引导学生用心读书,做生活的有心人。在作文教学受到来自教育内部和社会外部多重困扰的情况下,此文不仅有助于廓清人们的认识,也从根本上为作文教学指明了方向。

一两篇典型作文打天下,反复修改、润饰,去套各种各样的考题,美其名曰:以低成本获取高收获。作文教学中也玩起市场效应。于是,背作文成风,小学背,初中背,有些高中也变着法子背。有的小学还规定背诵一个字都不能错,包括标点符号。在功利思想横行的情况下,学术是没有尊严的,教学也可以待价而沽。这种种做法最大的弊病是"人"没有了,追逐的是应试的高分。可教育的本质是培育人,立德树人是教师应肩挑的刚性责任。要冲破这个怪圈,认识先要走出误区。

首先要想清楚语文教育是什么。语文教育是母语教育,母语教育在促使学生成为"社会人"的过程中,发挥着特殊的功能,它与其他学科最重要的区别在于,它始终是指向人的,是与人的思维、情感、品质、能力密切相关的。可以说,语文就是人生,它伴随人一辈子。语文能力的高下,语文素养的高低,对人的影响是长期的。就以书面表达而言,从小不打下坚实的基础,不能自如掌握,日后受制约之处比比皆是。其次要想清楚"考"与"教"的关系。选拔考对教学有影响,但绝不是丢弃教学规律,放弃教学阵地,不仅以考定教,而且推波助澜。把责任都推向考试,考试有不能承受之重。作文教学有作文教学的规律,不同学段有不同的内容与要求,落实到学生身上,学生有了表情达意的真本领,不见得考不出好成绩。背作文应考,背作文模式应考,也许能获得一点分数,但学生成长过程中鲜活的思想、内心的诉求,学写文章过程中的冲动、顿悟、快乐受到相当程度的抑制,甚至学写作文的权利也受到损伤。这种做法等于告诉学生,真本领无所谓,为了功利可以取巧。

教学生写作文必须扎扎实实,循序渐进,一步一个脚印。能否有效地指导学生读有字书与无字书是作文教学成效高低的关键。材料是文章的质地,要学会写文章,学会写好文章,学生脑子里应建立丰富的材料库。仓廪充实,下笔就会汩汩流淌;否则,搜索枯肠,也难为无米之炊。读有字书,精读博览,广为采撷;读无字书,汲生活之水,开阔视野。

求学不读书,以"刷题"为生涯,是成长中的极大悲哀。要指导学生认认真真读几本经典与佳作,磨磨脑子,思想爬坡,不是蜻蜓点水,浅尝辄止,更不是碎片化,寻章摘记,为应考所用。读书切不可书是书,我是我,须目注神入,思考,对照,步入其中,深入理解语言文字创造情景的奥秘,作者炼字炼句构思组材的匠心。阅读精品、佳品,是学生精神成长、提升表达能力的必需,不是一般号召就能奏效,教师须示范,须引导,选择适合学生年龄段特点的佳品,一起阅读、交流,读出味道,读出价值,读出欲罢不能的兴趣,学生作文的源头就有了活水。博览,也应慎加选择,要翻阅比较好的报刊书籍,增长知识。如果沉湎于低俗化乃至粗鄙化的网络信息,在无意识中,自己也低俗化了。

读无字书,要着力培养学生捕捉生活中材料的自觉性和捕捉生动的细节的能力。尽管学生受种种学习负担的困扰,但总会接触一些自然景物,接触家庭、学校、社会上的人和事,只要做有心人,细细观察,处处留意,就可吸取到丰富的养料。要引导学生身在生活,心入生活,锻炼认识生活的能力,感受其中意义与价值,从材料中开掘其深意。文章要言之有物、言之有情、言之有理,必须在阅读佳品、阅读生活上肯下积累的功夫。

文章无定法,首先是打开思路,鼓励学生进行发散性的思维。无论是哪类作文,都须打开思想的闸门,学生自己"打开",教师启发"打开",多方面指点思考问题的途径。指导得法,学生脑中积累的写作材料就会如海水激荡,涌起波澜,蓄倾泻之势;指导如不得法,清规戒律就会框住学生的脑子,犹如步入窄胡同,步履维艰。

文章千古事,得失寸心知。要教学生写好文章,教师自己就应反复实践,潜心体会,摸索写作规律,拥有一支灵动的笔。

和中学生谈写作

功夫贵在自幼硬

京剧舞台上的老艺术家,有些已七八十岁高龄,但是,唱、做、念、打仍然气宇轩昂,引人入胜,一举手一投足,矫健灵活,干净利落。艺术青春如此常驻,简直令人难以置信。这是什么缘故呢?有一个十分重要的原因就是幼功好。从小练就的功夫,刻骨铭心,终生受用。

学习语文不也是如此吗?一定要趁青春年少的时候,扎扎实实打好基础。幼功切不可小视。小时候学的知识往往熟记在心,储存在自己的头脑仓库里,一旦需要,会立即显现,脱口而出;小时候练的技能犹如自己身体的有机部分,得心应手,运用自如。

要理解和掌握祖国的语言文字,具备出口成章、下笔成文的本领,从小就必须在听、读、说、写上下功夫。听与读是吸收,说与写是表达。从小就要练好既会合理吸收,又能准确表达的基本功。

也许有学生说:"听"还不容易吗?我已经听了好几年的课,天天听人讲话,还不会"听"?其实不然。"听"里大有学问。它与讲的内容有关,与讲者表达有关,与自己的思维能力和具备的知识有关。要有意识地训练自己的听力,使自己会听。比如听课,就要学会抓中心,抓要点,什么是纲,什么是目,在脑里立刻梳理清楚。关键之处竖起耳朵听,无关紧要的善于剔除,使自己的脑子成为"分离器",把通过听觉接受进来的东西,有用的储存,无用的扬弃。经常注意训练"听"的能力,耳朵就会聪敏起来,有效地帮助你吸收知识,改变糊里糊涂、主次不分的状况。

"读"是学好语文的关键环节。"读"的能力的强弱,影响到知识能否充分吸收,影响到表达水平的高下。我们年轻人读书很容易浮光掠影,自以为读懂。有些字,不是认真地查查字典,考究一下字音、字形、字义,而是在"障碍赛跑"的过程中,绕道走过去。因此,即使与这个字见过几次面,还是叫不出名儿,说不出含义。有些词也是囫囵吞枣,只知其一,不知其二。至于立意构思、谋篇布局更不必说了。这样的"读"能收到多少效果呢?读要讲究速度,但更要讲究质量,在"懂"上下功夫。读一篇文章、一部小说,有几个问题应该开动脑筋弄清楚:作者写什么?怎么写的?为什么这样写?通过对语言文字的理解,探知作者的写作意图,进而推敲遣词造句的奥妙。佳词美句、精彩段落应该反复读几遍,心领神会,印在自己的脑海里,随时备用。古人说"读书百遍,其义自见",这当然有一定的道理。然而,读书只要用心,多思考,不马虎,目注神入,读几遍,也可以收到"望表而知里"的效果。"读"还得讲究数量,年轻时记忆力较强,背诵几十首名诗、几十篇名文,作为珍贵的精神养料,琢磨借鉴,受用无穷。

"说"的能力同样要从小训练。有的学生怕开口,或者课外话多,课内请他发表意见就"金口难开"。如果不得已要说,也往往断断续续,词不达意,或者声音憋在喉咙里,不用扩大器别人就听不清,失去了语言交流思想的作用。那么,他们在课外说话的能力是不是就强呢?语言就规范呢?也不。常常是满口方言、破句、口头禅,甚至夹杂一些粗野的话。"说",是将自己的思想转换为有声的语言。除了哑巴,人人要说话,"说"在学习、工作、生活中必不可少。怎么才能使自己说得好,正确地表达情意呢?从小就要在口齿、音响、语调、条理等方面进行锻炼。话要一句一句说清楚,说完整,不能胡子连着辫子,糊里糊涂一大串;声音要响亮,能送到别人的耳里;语调有抑扬,语势能流畅,能准确生动地表达自己的情感。"说"是"写"的基础,口头语言通顺、规范,就为"写"提供了良好的条件。"说"又能促进思维的条理化、清晰化。有些问题在脑子里似乎已清楚,但说不出来,这说明并不是真正的清楚;说出来了,有条有理,那才是真明白了。

"写"是语言文字的综合运用。小时候文章写不通顺的人几乎一辈子都写不好,笔捏在手里有千斤重,不听指挥。"写"的幼功尤为重要。要能写出内容好、文从字顺的文章,须在以下几个方面注意训练:不断使用自己的眼睛,关心、注视周围的人和事,把许多活生生的形象摄入自己的眼帘;不断训练自己的思维,把见到的、听到的、读到的东西,加以比较、分析、辨别、提炼,使认识逐渐丰富,思想渐趋深刻;不断提笔写,选择恰当的词句、恰当的写作方法,表达自己的认识、见解与感情。青年学生往往有一种错觉,以为辞藻华丽就是文章写得好,殊不知思想是灵魂,文字是躯壳,离开了正确的思想、精辟的见解,文字再漂亮,也是空洞无物,"站"不起来的。要训练"写"的能力,就得双管齐下,既练思想,又练文字技巧。

上述四种语文基本功必须在小学阶段、中学阶段打好,才算得上有扎扎实实的幼功。比如写文章,初中还写不通顺,到了高中、大学,思想长足发展,这时笔就休想驾驭和表达自己的思想,写出来的文章往往意思纠缠,表达混乱。幼功打得好,随着年龄的增长,视野开阔,学识丰富,表达起来文笔、情思并茂,相得益彰。

功夫贵在自幼硬。幼功好,后劲就足,就大有学出高水平的希望。有些戏曲演员、歌唱演员怯场,艺术上总上不去,幼时功底薄也是一个重要原因。

1982 年

妙笔记叙流光彩

一般地说，中学生有叙事、记人、写景、状物的初步能力，能写一些内容比较具体、文字较为通顺的记叙文。然而，要把记叙文写得有光彩，引人入胜，启人深思，那就非常不容易了。怎样才能把记叙文写得有光彩，在作文比赛中超群出众，甚至能独占鳌头呢？其中学问很多，功力也非一朝一夕所能形成。即使如此，在以下几个方面多进行锻炼，还是可以收到明显效果的。

文章的光彩首先在于思想的发光。俗话说："人无志不立。"人没有理想、志向，就干不出一番事业。文章呢？没有鲜明、正确的主题，即使语言还可以，也是站立不起来的。一篇感人的记叙文在思想见解上总有过人之处，也就是"意"立得特别好。"意"是全文的统帅，下笔之前要深思熟虑，不可看到生活中一点现象就拿起笔来涂涂抹抹。如果事情虽然写了一大片，却拎不出主心骨，说不出个道道儿，文章就是"瘫"的，没有分量。好的记叙文总有新意，不是蹈袭前人的看法，不是人云亦云，弹老调子，而是在观察和研究生活现象的基础上独辟蹊径，有自己独特的感受和发现。意不仅要新，还要力求深刻。浮光掠影的东西难以给人留下深刻的印象。要学会透过事物表面深入看到事物实质的本领，洞察幽深细微之处。高尔基曾称赞契诃夫的眼睛像钻头，能钻入生活的深处。生活是动的，永远不会静止，写文章的人要善于捕捉，善于思考分析，从中提炼出闪光的东西。

文章中有没有闪光的思想，其意义与价值大不一样。就以古人写岳阳楼来说吧，写诗作赋描绘与歌颂该处胜景的大有人在，而唯独范仲淹的《岳阳楼记》成为千古绝唱。究其原因，重要的一条就在于文章的"意"既新又深，跳出了一般人通常所能达到的"以物喜，以己悲"的藩篱，道出了"先天下之忧而忧，后天下之乐而乐"的积极思想。由于见解过人，文章就生出光辉。又比如我们提笔写学雷锋、送温暖的好人好事，只停留在事情的一般记叙，当然不会动人；如果剖析到人的心灵，反映出时代的精神，涂抹上未来的灿烂色彩，文章的深度、广度就大不相同了。

　　文章的光彩还在于情真意切。记叙文叙事、记人切不可干巴巴的几条筋；要血肉丰满，感情激荡。当然，这种感情绝不是虚假的，装模作样造作出来的，而是真正对生活中的人、事、景、物有具体深切的感受。生活中美好的事物作用于自己的视觉、听觉、触觉，拨动了自己的心弦，自己真正为之感动了，这时涌出来的感情才是真挚的、感人的。纸花再好看，毕竟是假的、无生命的；带着生活露水的鲜花才美丽动人。写记叙文须懂得这个道理，用真挚的感情浇灌文章的花朵，寄情于人，寄情于物，寄情于景。写人，活灵生动；绘景，如在眼前；叙事，娓娓动听，情趣盎然。还必须懂得，文章情深意浓，绝不是乱用感叹号，也不是凭空地抒情。那样做，只会破坏写文章的意图，完全不可取。比如《一面》是阿累同志写的悼念鲁迅先生的一篇记叙文，文中没有用什么"赞颂您啊""崇敬您啊""爱戴您啊"等词句架空地抒发感情，而是用饱蘸深情的笔触绘外貌，记语言，传精神，奉献给"站在前进行列最前面的我们的同志、朋友、父亲和师傅"的鲁迅先生一片赤诚，读来感人肺腑。要使笔端能自然而流畅地表露出健康、丰富的感情，平时就要以极其严肃认真的态度对待生活，极其热忱地热爱生活，仔细地观察周围的人和事，在思想感情上激浊扬清，培养高尚的情操。

记叙文中材料的组织与安排也至为重要,安排得妥帖巧妙,可以增添文章的光彩,"文似看山不喜平",再好的题材,如若平铺直叙,像报流水账一样,读起来就会索然无味,很难吸引人。为此,下笔之前,定要精心构思,下一番运筹的功夫。先把自己占有的材料排排队,进行一次认真的检阅;再根据与所要表现主题的关系亲疏决定取舍、详略;然后思考材料安排的最佳方案。先说什么,后说什么;怎样入笔,怎样收尾;怎样前交代,怎样后照应,都要反复思考、推敲、比较,努力做到叙事有波澜,首尾能呼应,文气能贯通。古人讲画竹子的经验是:先有成竹在胸,然后才能挥毫落纸,一气呵成。其道理就在于此。写文章全局在胸,再找到适当的入手处,主干挺拔,枝叶扶疏,洋洋洒洒地写来,就可收到好效果。如彭荆风同志的《驿路梨花》一文,叙述的是老老小小学雷锋的事,歌颂的是为人民服务不辞辛劳的闪光心灵。由于组材别具匠心,情节曲折,起伏跌宕,不仅主题思想得到鲜明、突出的表现,而且十分引人入胜。

语言是一切事实和思想的外衣,它不是蜜,但是可以粘东西。记叙文要写得有光彩,一定要为正确的主题思想、浓厚的感情寻找合适的"外衣"。中国语言十分丰富,同义词、近义词在表情达意方面有极细微的差别,叙事、状物、绘景、写人时要在词汇的宝库中细心选择,选择最贴切的加以表现,褒贬分别,轻重得当。人民群众中活的口语更是有着惊人的魅力,多彩多姿。平时仔细聆听人民大众活泼的语言,从中吸取养料,可改变自己语言干瘪无味的情况。语言优美,文章生辉,字字珠玑,赏心悦目,给人以美的享受。学写记叙文必须在语言上下苦功,平时广采花蜜,锲而不舍地积累储存,下笔时字斟句酌,精选、提炼,熟练地运用。唐代大诗人杜甫曾这样说:"为人性僻耽佳句,语不惊人死不休。"古今语言大师使用语言认真刻苦的态度,是我们青年学生学习的楷模。

思风发于胸臆,言泉流于笔端。愿同学们握好手中彩笔,努力描绘我们的新生活,歌颂我们的新时代。

1983 年

议论文写作小议

　　人们常常认为写议论文是高中生的事，初中生知识浅薄，无能为力。相当数量的初中生自己也是这样认识的。其实，这是一种误解。议论的能力果真就那样高不可攀吗？并非如此。只要静下心来稍加思考，就可发现无人不会议论，无事没有人议论，就连刚会说话的幼童也会发表自己的看法。幼儿园的小朋友看了一部电影后，会说谁是好人、谁是坏人，还会说出几点为什么好和为什么坏的理由。初中生无论听的、看的、想的、做的，都比幼儿园的小朋友丰富得多，高明得多，判断是非、判断正误的能力当然强得多，对客观事物，尤其是周围的人和事，都有自己的看法和见解。对某件事某种人的看法加以条理化：怎样提出问题，如何分析解剖，下怎样的结论；把这些井然有序地用文字写下来，就是一篇议论文。初中生完全有能力写议论文，有能力写好简短的议论文。只要思想上去掉"怕"字，树立自信心，就可逐步做到。

　　写议论文和写记叙文一样，必须有具体的内容，千万不能空话连篇，言之无物。有些学生认为写议论文就是板起面孔来说大道理，这又是一种误解。对某件事某种人有怎样的看法，就直截了当、清楚明白地提出来，做到观点既正确又鲜明。然后就摆事实、讲道理，说明自己为什么有这样的看法，这样的看法为什么是正确的。谈的内容越具体，越有说服力，道理越说得充足，越能使人信服。当然，这儿所要求的"具体"，不是把鸡毛蒜皮的事罗列一大堆，或凭空唱几句高调，喊几句口号,在概念上兜圈子,而是应该举出有代表性的典型事例,足以对文中的观点起证明作用、支柱作用。应该对所阐述的问题进行具体地分析,严密地推理,比如从现象入手剖析到问题的实质,从人的行为剖析到人的思想,从问题的出现剖析到产生的原因,再进而论述解决问题的途径与方法等。总之,要像庖丁解牛一样,在"解"上下功夫,一笔一笔"分",一层一层"析",不能笼笼统统,含糊其词,要像证明代数题、几何题那样拿出切实可靠的根据,实实在在,不能游谈无根。要写好议论文,须去掉"空"的毛病,讲究一个"实"字。

有了具体、丰富的材料,怎么说,怎么用,其中也有不少学问。材料再好,七拼八凑,就不可能言之成理。要做到言之成理,就要注意说理的方法。就如盖房子一样,打地基,砌砖墙,开门窗,盖屋顶……有一套施工的规矩,不能胡来。即使是砌墙,砖与砖之间三合土怎么用,也不可掉以轻心。违反了施工的规矩,房子盖不成,即使盖起来,质量极差,随时有倒塌的危险。写说理性的文章也是如此,一定要注意"施工"的"规矩",不能东一榔头西一棒子。论述某一个问题可以先从正面阐述,再从反面论述,正反对照起来分析;可以一层深一层、一层进一层地进行推理;可以先总述,再分述,或先分述,后总述。总之,百川归大海,文中摆的任何一个事实,阐说的任何一个道理都要与中心论点有机地紧密地挂钩,而结论正是这些事实与道理围绕中心论点逻辑推理的必然结果。要做到言之成理,说话就要注意分寸,讲一点辩证法,不搞片面性。比如说成绩,"一点""一些""较多""很大""卓越"等要仔细区别,实事求是,用词必须准确无误,不夸大,不缩小。不能说"好",就天上有,地上无,无半点瑕疵;说"不好",就一无是处,百病丛生。写议论文力戒杂乱,要学会全面地看事物,克服片面性,作出符合客观实际的论述。

议论文比较能反映一个人的思想水平、知识水平和运用语言文字的能力,初中生学写一点议论文是大有好处的。初中生写议论文要能做到不"怕"、不"空"、不"乱",基本上没有片面性,平时就必须关心周围事物,关心各种思想动向,勤于学习思考,勤于分析研究,努力培养与提高认识事物、认识生活、认识社会的能力。

1984 年

析薪·破理

作家陈残云在《偶感二则》中说:"下棋易学难精,画画易学难精,作诗易学难精,世界上许多事情都易学难精。"确实如此,下棋、画画、作诗,学起来不难,要学好、学精,真正学像样,就十分不容易了。写议论文又何尝不是如此?就一件事发点议论,谈一点自己的看法,每个学生几乎都可以做到;然而,要观点鲜明,说理透彻,令人信服,给人以启迪,就得探讨研究,认真进行习作实践,备尝其中甘苦。

杰出文艺理论家刘勰在《文心雕龙·论说》中提出:"论如析薪,贵能破理。"意思是论说问题犹如劈柴,可贵在于能剖析理路。显然,要写好议论文,必须具备就事析理的能力。"析"是关键所在,不会"析",就议不到点子上,论不到要害处。"析"也正是学生写议论文的困难所在,在这方面有所突破,思绪就会如潮水一般滚滚而来,理明意深,纵横开阖,更上一层楼。

就事说理的议论文究竟怎样才能写得得心应手呢?

首先,要在识事、选事上下功夫。

议论文要紧的是"议",是析理。当然,就事说理的议论文也是如此。然而如若认为这一体裁的议论文的"事"无关紧要,那就错了。如果写一篇就事说理的文章,"事"的底里识不清,辨不明,选不准,"议"又从何谈起呢?若是生搬硬套或故作姿态硬议一番,这样的文章又有什么可取呢?由此可见,识事、选事也十分重要。

现实生活中，我们每天接触到许多事物，其中不乏发人深省值得评议一番的东西。问题在于有没有眼力，若具有心灵的眼睛，遇事不熟视无睹，就不会让有价值有意义的"事"轻易从眼皮底下溜走。比如《读书与成才》一文开头是这样几句话："走进北京西四新华书店门口，'祝你成才'四个大字列在橱窗里，引人注目，自然使我思考着读书与人才和社会进步的关系，于是想说几句话。"文章开头多清楚！作者由看而思，进而想说几句话，于是议论一番。怎么才会"思"，才会"想说"的呢？是由新华书店橱窗内布置的"祝你成才"四个字引起的。所有新华书店的橱窗里都会有布置，这是司空见惯的事。关心周围事物的人，善于用自己的眼睛去捕捉，去寻找能生发议论的材料。那橱窗里布置的估计不只是"祝你成才"四个字，少不得陈列了这样那样的书，可能辅之以彩纸、宣传画之类物品。要写就事说理的文章，能不能把自己进出书店所见兼收并蓄，无边无际地议论一番？显然不能。而是要认真地加以筛选，既不能对蕴含深意的事视而不见，又要大胆舍弃，不让不相干的东西干扰视线。目光要敏锐，要有透视力，能小中见大，浅中见深，于平凡中看出不寻常的意义。如上所说，书店橱窗里放置的"祝你成才"四个字，进书店时看到了，这确实是小事一桩。目光无透视力的人往往只看到字面，只觉得是一般祝语，向人们表示美好的愿望而已；而有透视力的人却不这么看，他们可以看到书店橱窗陈设这几个字的意义，看到成才的条件、成才的因素、成才的关键，看到读书与成才的关系，与社会进步、事业发展的关系。这样就小中见大，能进一步据此事阐发出许多道理来。

一件事又要反复看，多角度看，认识其多方面的意义。"横看成岭侧成峰"，意味无穷。比如下面说的徐悲鸿谈学画这件事，就可以从不同的角度探讨，认识得全面些、深入些。

1931年，一位青年怀揣欧阳予倩的介绍信拜见徐悲鸿，要求跟先生学绘画。徐悲鸿对那位青年说："绘画虽是小技,但可以显至美,造大奇,非锲而不舍,勤奋苦学不易为功……还要有殉道式的牺牲精神,必要时要把全部生命扑上去。"听先生这样说,那青年愕然了,不久便悄然离去。对此,徐悲鸿感慨,在画家的一生中,有许多艰难险阻来自社会、经济和艺术内部等各个方面,需要勇气和毅力去克服它。没有决心,没有与困难作战到底的勇气,休想登上艺术的殿堂。

　　这件事从欧阳予倩角度看,是关心好学青年;从要求跟先生学绘画的青年角度看,一是对绘画全然不知,二是知难而退,没有与困难作战到底的勇气,三是学画的目的不明确,故而态度不端正;从徐悲鸿先生角度看,一是教育青年十分诚挚,具有高度负责的精神,二是对绘画艺术的精辟见解——小技可显至美,造大奇,三是画家要登艺术殿堂,须有非凡的勇气和锲而不舍的毅力,须有殉道式的牺牲精神。综合起来看,这件事蕴含着求学之道、为师之道,蕴含着艺术上攀登的必由之路,有恒才能成功的含义。除此以外,还可以说一些。总之,多角度看,能打开思路,主次、深浅乃至正误,反复想几遍,就能捕捉住事物的全面,弄清含义,认清现象背后的实质,选准议论的话题。

　　就事说理须把握时代的脉搏,具有时代的气息,因此,选事时也应注意这一点。不能总在人所熟知的事情上兜圈子,即使是旧事,也要看出新意。要开放感官,关心周围、关心社会上不断涌现的或可褒或须贬的种种事,不能把自己囿于教室,束缚在课本之中;要利用课余走向社会,接触实际,要多阅读报纸杂志上的时文,了解信息,开拓视野。从现实生活中选择具有时代色彩的事情进行议论,针对性强,能豁人耳目。比如得奖作文《国宝与电脑》中选的"事"就很有新意。文中作了如下的叙述:"不久前,从某刊物上看到一则耐人寻味的消息:驰名中外的中国景德镇瓷器在巴黎被人们遗忘于商店的角落,历史上默默无闻的意大利瓷器却畅销国际市场。"为什么昔日风靡全球的国宝如今却成了滞销品,岂非怪事?这里一定存在问题,人们没有接触过,甚至极少想到;习作者看到了,想了解缘由,弄清问题的症结所在。抓住这样的"事"进行分析议论,就能给人以新鲜感,就能摆脱陈旧与呆板的羁绊,不落窠臼。至于所议之"事"能否选择得"新",那就要看目光是否敏锐,对新鲜事物是否敏感。

总而言之,就事说理文章的写作,乍一看,"事"似乎不怎么重要,写来以篇幅言,也许在文中只有短短的几行字,然而细思,就能明白它是阐发道理的基础,发表议论的依据。试想,如果写文章连"薪"都拿不准,怎么可能把理析得清、析得深?因此,放出眼光细心观察,从种种事情中慎加选择,是写好这类文章必不可少的第一步。

其次,针对选准的"事",旗帜鲜明地确立和亮出自己的观点。

"事"选出了,下面的议论就要对得准,议得深,并力求议出新意来。其实,写所有的议论文,这都是基本要求。

文章总是要表达人的思想观点的,议论文的思想观点无疑在文中起帅旗的作用,有着举足轻重的地位。就事说理时,当然必须确立观点,把"意"——文章的主旨和中心,放在首要位置来考虑。请看《国宝与电脑》一文是怎样毫不含糊地表明习作者的观点的。习作者在文章开篇处三言两语介绍了景德镇瓷器在巴黎滞销的事实,然后写道:

大家都知道,我国景德镇瓷器堪称国宝,几百年来,一直受到世界各国人士的称誉,收藏家们都以拥有一套景德镇瓷器为荣;到了20世纪五六十年代,则更是风靡全球。然而,昔日风靡全球的国宝,如今却成了滞销品,这不能不引起我们深思。

据有关行家说,造成景德镇瓷器目前这种状况的主要原因有两个:一是制作效率太低,二是国宝本身缺乏时代风格。确实,景德镇瓷器虽然质地和包装是顶呱呱的,但制作速度、效率却远比意大利的差;造型、花色等几乎历年来一成不变。在推崇、赞叹这一民族瑰宝的同时,竟没有顾虑有可能会落伍!因为人类业已进入"原子时代""电子时代"乃至"信息爆炸时代",而景德镇瓷器却依然故我,其后果当然可想而知。从这一意义上说,这个国宝只能象征历史,不能象征今天,更不能象征将来!

那么,要使国宝具有永久性的象征意义,又该怎么办呢,请记住两个字:求新。

文中的议论对得准,观点十分明确,那就是:要使景德镇瓷器具有永久性象征意义必须求新。作者从眼前的事写起,再简笔回顾昔日景德镇瓷器风靡全球的事实,然后剖析造成目前这种状况的主要原因。在今昔对照、分析缘由的基础上,用设问的方法摆出自己的观点。这样如歌行起步,高唱而入,显现文章的主旨。

就事阐发道理,观点一定要鲜明,在立意方面力求有独到之处。有人说,作者对事情的看法、主张、见解,赞成什么,反对什么,都凝聚在论点中加以表露。因而,论点是议论文的"纲",纲举得高,才有助于"目"张。这话有道理。就事说理,文章的论点必须:

一是正确。不能错误,不能歪。对议论的问题所持的主张和见解应该是符合客观实际的,符合辩证唯物主义和历史唯物主义的,能有助于解决实际问题的。不能讲歪理,歪理站不住脚。意歪全文倒,人家读了不是反感,就是受骗上当。

二是深刻。不能浮泛,只擦到一层皮。浮皮蹭痒,说不到问题的实质,就难以震聋发聩,使人受到启示,这样的文章旗帜举不高。如果《国宝与电脑》一文的观点只停留在"要提高景德镇瓷器的质量""要增加新品种""要扩大宣传"等泛泛议论的水平,就事论事,不深入一步,那就接触不到事物的本质。

三是新颖。不能人云亦云,老生常谈。议论文论述的应多是现实生活中的问题,对新事物、新风尚、新道德应热情支持,鸣锣呐喊,对有害的种种丑恶须揭露、抨击。陈旧观点的文章难有活力,难以引起别人阅读的兴趣。要在正确思想指导下,想他人之未想,写他人之未写,或者翻新他人之已想,深化他人之已写,敢于创新,赋事物以新意。

文章有针对性,论点正确、深刻、新颖,就能成为一篇好的就事说理的议论文。这类文章观点怎样亮出来,论点怎样提出来,也要讲究方法,讲究艺术。

议论文亮观点最常见的方法是开门见山,一开头就直截了当地提出论点,不模棱两可,不含糊其词,读者一目了然。然而就事议论的文章开门见山又自有其特点。这种文章往往不是一下笔就摆看法,少不得三言两语先述"事"。事情概括叙述之后,才立即提出文章的论点。如习作《为有源头活水来》的开头就采用这种方法。文章起手写道:

我们有的同学写文章,经常感到无话可说,因而只得东拼西凑,说一些空话、套话,甚至编造一些材料,这种情况似乎很盛行。是什么原因呢?我认为是这些同学不懂得这样一个道理:文章的材料必须从生活中来,丰富的生活就是文章的活源头。

这样安排,读者能一眼看清习作者就什么事发议论,对这件事作者的看法怎样。

论点也可安排在文章中间出现。前面所举《国宝与电脑》一文就是在对事实稍加分析的基础上提出论点,然后再层层开拓、深入剖析的。这样提出论点似乎不像前一种一目了然,然而也自有其优点。对事实作了一定的分析,立论的基石奠定,论点的提出牢靠,更易为人接受。

论点也可以放在结尾处展现。《论雷峰塔的倒掉》就是如此安排的。从一则社会新闻谈起,经过边叙边议,层层剖析,得到了这样的结论:雷峰塔倒掉,法海该受罪,妄图剥夺人们自由镇压人们反抗的,到头来自己反而失去自由遭到镇压。论点就是在这样的结论中呈现的,其特点是没用一两句话加以概括而显露出来,而是把意思隐寓其中,让读者去体会,去思考,自己把它拣出来。

总之,不管怎样亮观点,都应该把论点放在醒目的地方,不戴帽子,不兜圈子,不能隐晦不明。梁启超说过:"文章最要令人一望而知其宗旨之所在,才易于动人。"俄国文艺理论家别林斯基也说过:"假如第一行落笔太远,那么这篇论文一定是废话连篇,离题千里;假如第一行就接触事件,那么这篇论文就是好文章。"经常思考这些名言,就会注意文章的"意"、文章的"旨",下笔时论点显豁,中心突出。

最后,要有理有据,分析入微。

"分析好,大有益。"就事议论,"析"是主体工程,"析"得不深不细,观点再正确再新颖,也站不起来,缺乏说服力。中学生写这类文章,最困难之处就在"析"。常见的毛病是:

围绕论点空泛地说几句,笼笼统统,不痛不痒,表面上看是在说理,实际上道理未说清楚,不明不白。此其一。

事列举了一件又一件,堆砌重叠,这件与那件雷同,这件与那件又缺少纽带,事与理之间又脱针漏线,乌合之众,部伍杂沓,没有灵魂。此其二。

犹如移步换景,在"析"的过程中,论点"移步",说到哪里是哪里,前说后忘,甚或前后矛盾,不成篇章。此其三。

好就是绝对好,坏就是绝对坏,只看一面,不看另一面,抓住一点不及其余,不能辩证地分析问题,把问题说死说僵。此其四。

还可以举一些,主要的有以上几种。怎样来认识这些问题,在分析上有所突破,提高说理的能力呢?

第一，分出层次，写出层次。"析"，就是分。要能就事说理，须学会一层一层地剖析，好像剥笋、抽丝一样，由外到内，由表及里，一层一层剥，一层一层抽，越向纵深开掘，越能接触到事物的本质，越能揭示其中的规律。分析道理不能停留在一个平面上，无深无浅，表里不分，就会浑沌一片，说不清，讲不透。习作《有感于法国总统的"惊呼"》，就事说理很有层次。

"法国总统为何如此惊呼，这是不是危言耸听？"这个疑问句使文章进入了说理分析，而说理又是紧扣宏观存在的事实而来。文章一下笔就引述事实："报载：法国总统得知他们国家中的不少中、小学生竟不知拿破仑何许人也，甚至连阿尔萨斯、洛林、滑铁卢战役也知之甚少时，这位总统惊呼：'这是法国民族的危险！'"

习作者怎样来就事说理的呢？一条线索从时间划分层次，从古代到近代到现代，一条线索从国别划分层次，由法国讲到中国，纵线和横线交错穿插，层层剖析，步步开拓，事中所寓之理就得到比较充分的阐述。习作者先说法国，再说中国，而说法国青少年忘却民族荣辱存亡的历史目的在于提醒我们切勿忽视历史教育。文章是这样写的：

学过世界史的人都知道，拿破仑的名字与法兰西第一帝国写在一起；阿尔萨斯等割让则更关系到法国民族的荣辱存亡。然而，法国的青少年居然忘却了这些，可见他们对自己祖国的历史的了解近乎空白！这也无怪乎他们的总统要惊呼了——"忘记过去就意味着背叛"啊！

显然，法国资本主义制度本身带来的金钱拜物的社会风气，是导致青少年一代对祖国历史"健忘"的主要因素。但是，在我们社会主义的国度里，曾几何时，也有过忽视历史教育的失误。这就更令人思虑了。所幸的是，现在的历史教育已得到应有的重视。

习作者就事说理的第二个层次着重阐述中华民族要"以史为镜",激发爱国的热情,确立建国、保国的信心。阐述时又分了许多小层次:从无数华夏英杰光照汗青、灿烂的古代文化艺术可资借鉴,剖析到近年来突出学习近代史的意义,再进而剖析现在居安思危的重要。这样步步深入,热爱祖国历史,热爱伟大祖国的主旨就能具体地得到阐发。如果不能把从法国总统惊呼这件事中引出的道理分析出若干层次,那么,即使满纸是爱国的字样,也因言之不着边际,难以使人信服。

第二,精选事实,为说理服务。"理"要析得有说服力,离不开真实可靠的事例。写就事说理的文章,也要善于举出一些事例来生动具体地论证文章中就事所生发出来的道理。有人说,议论文中摆事实和讲道理两个方面,仿佛一只鸟的两只翅膀,两只翅膀都丰满有力,鸟就可以凌云。这话很有道理。仍以《有感于法国总统的"惊呼"》为例,其中有一段文字颇能说明这个问题。这段文字是:

近年来,历史学习引起了愈来愈广泛的关注。一些中央领导同志曾强调:全国人民都要学习祖国的历史,尤其是要学习一些近代史。为什么突出近代史的学习呢?

我们知道,法国国歌仍旧是《马赛曲》,而我国也把《义勇军进行曲》正式定为国歌。这种做法的意义何在?居安思危、居存思亡——这是建设祖国的重要动力啊!唐太宗正因为念念不忘"亡隋"的历史教训而悉心治国,才导演出了封建社会威武的史剧——"贞观之治"。

为了论说以史为镜的必要,这一段文字里一连用了四个事例。这些例证有如下几个特点:(1)典型,有代表性。法国的《马赛曲》、我国的《义勇军进行曲》都是体现爱国主义精神的典范,"贞观之治"是不忘历史教训、励精图治的范例,这些众所周知。(2)各件事之间不是孤立的,其中有纽带联结,缝合得比较紧密。先引中央领导同志强调全国人民要学习历史尤其是学习近代史的事实,然后分析为何要突出学习近代史的原因,分析时又以法国国歌与我国国歌两个事例为证,阐说"居安思危、居存思亡"的必要,最后又以"贞观之治"的事例证明居安思危、居存思亡是建设祖国的重要动力。环环紧扣,一气呵成,事例都为说理服务。(3)叙事简明,有一定的浓缩度,不冗长,不添枝加叶。总之,运用事例不能堆砌,"事"要穿在"理"上,为说理而摆事实;在摆事实时又应抓住要领,简明扼要,力戒叙事烦琐,涂脂抹粉。

第三,讲究"聚焦",撒得开,收得拢。就事说理的文章主次目标一定要明确,笔力要集中。昆虫学家法布尔曾对兴趣广泛、学习不专的一位青年说:"把你的精力集中到一个焦点上试试,就像这块透镜一样。"法布尔所指的透镜是凸透镜,凸透镜的作用在于"聚焦"。写就事说理的文章也应遵循这一点。笔力要集中在就事生发出的"理"上,集中在论点的阐述上,不能散漫无际,想到哪里写到哪里,以致把核心论点都转移了。《有感于法国总统的"惊呼"》把以史为镜,激爱国之情,立建国之志,作为全文的聚焦点,文中所引事实、所讲道理犹如百川归海都聚到它的怀抱,为透彻地阐明这个主旨服务。即使是一个段落的说理,也不能忽视"聚焦"。例如:

历史长河既已流过,我们为何对其掀起过的巨澜,乃至泛起过的水花不能忘怀呢?"以史为镜,可以知兴替"与"前事不忘,后事之师"即是很好的回答。尤其是我们中华民族,有数千年的文明史,我们了解这些,最主要的作用是激发爱国的热情,确立建国、保国的信心。中国历史源远流长,有无数华夏英杰照汗青,也有灿烂的古代文化艺术可资继取和借鉴。郁达夫在《悼鲁迅》一文中说过:"没有伟大人物的民族是世界上可怜的生物之群;有了伟大人物而不知拥护、爱戴与崇仰的国家是毫无希望的奴隶之邦。"中华民族绝非"可怜的生物之群",可是否沦为"奴隶之邦"则要看对待历史伟人的重视程度了——这是必须学习祖国历史的原因之一。另一方面,正如毛泽东同志所说,"灿烂的古代文化"是"提高民族自信心的必要条件"。从发达的古代文化艺术中,我们能寻找到民族自信心的源泉,能悟出鲁迅先生所称道的"民魂"之所在——这又是学习祖国历史的一个重要缘故。

　　这段论述从设问开始,提出不能忘记历史的问题,进而就学习中华民族数千年文明史的作用开展分析。一会儿引用郁达夫在《悼鲁迅》一文中关于"生物之群"和"奴隶之邦"的名言,一会儿又引述了毛泽东同志关于灿烂的古代文化在提高民族自信心方面的重要作用,一会儿又提出鲁迅先生所称道的"民魂",看来撒得很开,其实都紧扣住"以史为镜",激发爱国之情来论述的。撒开来,思想纵横,说理就比较充分、透彻;撒开以后要注意"收",收到主旨上集中,观点就更为鲜明突出。这段文字用两个破折号来"收",从两个方面收到主旨上集中,学习祖国历史,领悟民族精神增强民族自信力的观点就分外清晰。

　　第四,力求说得全面些,不绝对化,不把问题说死。就事析理,须做到"圆通",所谓"圆通",就是事理通达。这就要求我们看事物时须全面,既看到事物的这方面,又看到事物的那方面;既看到有利的一面,又看到不利的一面;既看到主要因素,又看到非主要因素,不能一叶遮目,不能只说一点,丢掉其余,犯片面性的毛病。上面评析的《有感于法国总统的"惊呼"》从总体上说,就事说理比较有层次、有条理,但在个别地方也存在说理欠全面、欠周到的缺点。如分析法国青少年忘记法国历史缘由时说:"显然,法国资本主义制度本身带来的金钱拜物的社会风气,是导致青少年一代对祖国历史'健忘'的主要因素。"应该说法国青少年忘却历史的原因多种多样,不能把复杂的社会因素归结为简单的一点,挂一漏万,就会影响文章的说服力。

总之,如何就事说理,看起来好像只是写作方法问题,实质上主要是个认识水平问题。认识事物不仅要懂得事物蕴含的共同道理,还要懂得你所分析的那个事物蕴含的具体道理。

最后,谈一点就事说理议论文的语言问题。有一种错觉,认为议论文应是绷着面孔说大道理,其实不然。沈德潜在《说诗晬语》中说过:"议论须带情韵以行,勿近伧父面目耳。"如果就事说理时语言干瘪,情味寡然,"理"再正确,也不易打动人;如果笔端带情,议论生风,情理交融,就会感人肺腑。《几度兴衰话东林》作文中有这样一段:

这以后,东林书院又几经劫难,几度兴衰,特别在抗战期间,东林书院再次被毁于日寇的铁蹄下,中华民族的精英之地成了日寇的兵营。但是,东林书院却像一棵百年苍松,尽管刀砍火烧,依然顽强地生存着,深深扎根于民族的土壤,搏击着历史的风暴。

话只两句,既写了东林书院的被毁,又写了东林书院的生存。写毁,语言概括;写存,运用比喻手法使之形象化,议中寓赞颂之情,赞颂了扎根于民族土壤的不畏强暴、坚强不屈的精神。

写就事说理的文章,语言上最为重要的是准确、严密,不可生词造语,不可大词小用,不可以词害意,疙疙瘩瘩,否则就谈不准、说不清问题。上文所引的《有感于法国总统的"惊呼"》中有些词语显然用得不妥帖。如"灿烂的古代文化艺术可资继取和借鉴"中的"继取"就生硬。又如"才导演出了封建社会威武的史剧——'贞观之治'"不恰当,把"威武的史剧"改成"太平盛世",对贞观之治而言就确切得多。运用语言时,要学会体会、寻觅,找到"语"与意之间最精微最亲密的关系,把对事物的认识准确地表达出来。

议论文的类型很多,主要有社论、评论、公告、序言、杂文等。这里着重讲的只是写就事说理的议论文。青年学生学写议论文,可以先写就事议论的文章,最好从写一事一议的文章入手。一事一议,对象明确具体,就一事进行分析,不至于找不到议论的入口处。"事"要善于选择,对各种各样的事必须有所了解,努力扩大自己的知识面。并且要从多方面练习析理、表达,使理论水平与写作水平得以不断提高。一事一议、就事议论的文章写熟手了,可以为今后写难度较大的议论文打下坚实的基础。

1985 年

一以当十　左右逢源[1]

阅读议论文,注意力往往容易集中在文章的框架结构,集中在探讨论点是否正确、鲜明,论据是否确凿、充分。这当然无可非议,但仅止于此,易失于肤浅,品尝不到其中的甘醇,难于从中有效地汲取养料。令人折服的议论文佳作,有的思想深邃,见解独到;有的依据确凿,说理透辟;有的语言锐利,气势澎湃,等等。阅读各具特色的佳作,需整体感知,认真琢磨,力求领悟其中的无限风光。

《毛估比不估好》是物理化学家卢嘉锡院士长期从事科学研究工作的经验之谈。文短意深,说理充分,所用论据具有代表性,能一以当十,论证时左右逢源,因而极具说服力。下面是这篇短文:

科学家不是"算命先生",不能"预言"自己的研究结果;但漫无目标地"寻寻觅觅"也是科学工作者的大忌。进行科学研究时,我一向比较重视对最终结果的预测,以便从总体上更好地把握研究方向。我习惯于把这种预测叫作"毛估",而且时常这样告诫自己的学生和科研人员说:"毛估比不估好!"

我之所以特别强调"毛估",说起来和我做学生时出过的一次差错有关。记得念大学三年级时(1933年),教物理化学的区嘉炜老师挺喜

---

[1] 本文发表于《中学生阅读》(高中版)1996年第11期。

欢考学生。有一回他出了几道考题,其中有个题目特别难,全班就我一个人基本上做出来。可是等改好的卷子发下来,我发现那道题目老师只给了1/4的分数,感到很委屈,因为我只是把答案的小数点点错了地方。

老师注意到我思想上有些想不通,就耐心地开导我说:"假如设计一座桥梁,小数点点错一位可就要出大问题,犯大错误了。今天我扣你3/4的分数,就是扣你把小数点点错了地方……"

我理解了老师重扣分的一片苦心,继而就想:如何才能避免诸如把小数点点错地方之类的不应有的错误呢?当我静下心来检查出错的原因时,我发现问题不仅仅在一时的疏忽上,因为我的计算结果在数量级上明显的不合理;如果解题的时候能够认真对照分析一下题目所给的条件,那错误是完全可以及时发现和纠正过来的。而我之所以出了"岔子",根本的原因就在于自己心中对解题的目标没个"谱"。

从那次以后,不论是考试还是做习题,我总是千方百计地根据题意提出简单而又合理的物理模型,也就是毛估一下答案的大致数量级,如果计算的结果超出这个范围,就赶快检查一下计算过程……这种做法,使我有效地克服了因偶然疏忽引起的差错。

1939年秋,我在英国获得理学(国外通常称为"哲学")博士学位,旋即到了美国加州理工学院,跟随后来两度荣获诺贝尔奖(1954年化学奖和1963年和平奖)的鲍林教授学习和从事结构化学研究。我注意到并十分钦佩这位导师所具有的那种独特的化学直观能力:只要给出某种物质的化学式,鲍林往往就能大体上想象出这种物质的分子构型。这无形中"催化"了我那朴素的毛估思维,我常常揣摩导师的治学与研究的思维方法,探究他那非凡想象力的根基与奥秘。我发现那是善于把握事物本质的能力与毛估性判断的结果,这一发现引发我更重视毛估方法的训练和提高。

这是我长期从事科学研究工作积累起来的一点体会,我想寄语青年一代科学工作者:当你捕捉到一个有价值的研究课题却在工作开展后把握不住方向时,当你在探索真理的汪洋大海中感到茫然不知所措时,当你下狠心攻克某个科学难关而又难于攻下时,请回头探讨一下你的"目标模型",问问自己是否已经建立起一个相当合理的模型。

最后,我想与大家共勉的还是那句老话:"毛估比不估好!"

论点十分明确,"毛估比不估好"。为了证明论点的正确性,摆了两个典型事例进行论证,最后寄语青年一代科学工作者,并以"毛估比不估好"共勉。通读以后有这样的认识仅仅是大体上的了解,要进一步体会佳妙,需精读细思,仔细琢磨。

文章开宗明义提出论点。论点的提出非泛泛而谈,而是紧紧扣住职业特点,实实在在,针对性强。针对科学研究工作者思想上容易产生的误解,指出科学家既不能"预言"研究结果,又不能漫无目标地"寻寻觅觅",而应该重视最终结果的"预测"。在议论中提出观点后,立刻强化这种认识。强化方法为二:一是"时常这样告诫自己的学生和科研人员",可见其重要性,简直成了座右铭;二是浓缩成简明的语言,"毛估比不估好",易懂易记。

为了使这个观点有说服力,文中运用了两个事例,一中一外,一个是自己的,一个是导师的。这两个事例之所以能一以当十,以少胜多,在于牢牢抓住一个"比"字。第一个事例叙述解答题目小数点点错,极容易归咎于粗心、疏忽。如果认识只囿于这一点,这种事例车载斗量,司空见惯,无甚价值,本文深入一层,检查出错的原因更在于数量级上的明显不合理,心中无"谱",没有"预测",没有"毛估"。这就生动地说明差错出自"不估"。如果事例只举到这儿,只能证明"不估不好",仍没有把问题说清楚,仍不能有效地论证论点。本文不是如此,而是继续深入，阐明毛估的有效性。"不论是考试还是做习题，我总是千方百计地根据题意提出简单而又合理的物理模型"，不是一次两次，而是每一次。前后比较，"毛估比不估好"的观点正确无疑。

第二个事例叙述得十分概括，赞扬导师非凡的化学直观能力和毛估性判断能力。导师两度获得诺贝尔奖，他的学术上的成就与他把握事物本质的能力和毛估性判断密切关联。因而这个事例同样有价值，有典型意义。无可辩驳的事实本身就具有极强的说服力。

文章的佳妙还在于两个事例的内在联系，导师学术上的杰出成就与研究的独特风格是自己朴素的毛估思维的"催化剂"，因而更重视毛估方法的训练与提高。如此论证，有正与误的对照，有内因的驱使，有外因的激励，左右逢源，浑然一体。

论据在证明论点时要能一以当十，剪裁必须精当，比如导师鲍林教授可叙述的事很多，在本文中只要紧扣论点的需要选用就行。也可这样理解：前一个事例是主要论据，后一个起补充、强化作用。赘述必然拖沓，反而淡化论据的作用。

文章是针对青年一代科学工作者写的，因而结尾处反复强调，苦口婆心。作者是大学者，但谦虚好学的品德渗透在字里行间，很值得我们学习。

构思奇峭　讽刺辛辣[1]

刘勰在《文心雕龙·神思》一篇中指出构思是"驭文之首术，谋篇之大端"，他认为构思是写文章头等重要的事。事实确是如此，一篇文章构思奇峭，必然深入生活的深层，令人拍案叫绝。所谓构思，顾名思义，是指在思想上的构造。任何名篇佳作，绝非边想边写而成，而是对文章的方方面面通盘考虑，力求周到绵密所致。所谓周到绵密，是指从确立写作意图，到材料的选择与剪裁；从主题的开掘，到表达方式、表现技巧的选定；从篇章结构的安排，到词句的遣造；从标题的确立，到标点符号的选用，等等，均经过周密的思考，反复的酝酿。

鲁迅的讽刺小品《狗的驳诘》就是一篇构思极其奇妙的精品，阅读以后可从中获得众多的启发。原文是：

我梦见自己在隘巷中行走，衣履破碎，像乞食者。

一条狗在背后叫起来了。

我傲慢地回顾，叱咤说：

"呔！住口！你这势利的狗！"

"嘻嘻！"他笑了，还接着说，"不敢，愧不如人呢。"

---

[1] 本文发表于《中学生阅读》（高中版）1997年第1期。1996—1998年，受杂志社之邀，作者在《中学生阅读》开设专栏，先后发表了近十篇文章，通过对名篇佳作的细致解读和赏析，帮助高中生体会立意、构思和表达的奥妙，提升阅读和写作水平，深受广大中学生喜爱。

"什么!?"我气愤了,觉得这是一个极端的侮辱。

"我惭愧:我终于还不知道分别铜和银;还不知道分别布和绸;还不知道分别官和民;还不知道分别主和奴;还不知道……"

我逃走了。

"且慢! 我们再谈谈……"他在后面大声挽留。

我一径逃走,尽力地走,直到逃出梦境,躺在自己的床上。

这篇小品写于1925年4月23日,收入散文诗集《野草》中。在现实生活中,尤其是在世风日下的情况下,比势利的狗还势利的人确实屡见不鲜,令人憎恶。把这件事说开了,也不过是泄气愤,泄不平。但在大家的笔下,经过奇峭的构思,如利刃破腐疮,锋利,辛辣,讽世警世的作用迥然不同。

《狗的驳诘》仅短短二百多字,却有情节,有形象。奇峭在人与狗的对话。地点在隘巷,狭窄的小巷。先刻画狗的势利,看到衣衫破碎的人就狂吠,继而描绘狗对人叱咤的反驳责问,其中最为核心的是五个"还不知道"。与势利的人比较起来,狗的本领远远不及。狗虽势利,但对事物的贵与贱,品质的优与劣,地位的尊与卑、高与下无分辨能力。势利的人工于心计,善于变脸,在不同事物不同人物面前采取判若两人的态度。从这一点来说,狗的势利比人的势利逊色多了。四个排比句加上一个"还不知道"的悬念,把"愧不如人"刻画得淋漓尽致。这就从反面揭露了人的势利比狗更为严重,更为卑劣,既辛辣,又入木三分。

狗与人的形象均十分鲜明。开始是"我"斥责势利的狗,态度"傲慢",语言严厉,"呔! 住口",并直接斥责"你这势利的狗";结尾是"我"逃走,一连两个"逃",以败北而告终,由主动而被动。狗则相反,先嬉皮笑脸,接着提出反驳的论点,摆出充足的理由,最终以"大声挽留"表现得胜者的洋洋得意。情节完整,形象鲜明,栩栩如在眼前。

奇峭还在于巧设梦境。人与狗无法对话,用梦境表现,障碍全无,任何奇特的想象均可流入笔端。若不精心构思,难以收如此佳妙的效果。

标题发人深省。"驳诘"有千钧之重,预示文章的灵魂所在。标点符号用得十分精彩,对刻画形象、表现画外音起传神作用。

这篇小品与《野草》中的另一篇讽刺小品《立论》有异曲同工之妙。构思奇特,寓意深邃,具有广泛而深刻的社会意义,是学习的典范。

从活处看　体验独特[①]

　　耐人寻味的文章往往是从活处看的得意之作。从活处看,就是从生活中看出道理来,而不是一般化地讲道理,人云亦云。生活丰富多彩,各人的生活体验不可能一个模式,不可能如出一辙,应有独特之处,把握住这个"独特",文章就闪现光彩。如《诗·大雅·旱麓》有"鸢飞戾天,鱼跃于渊"的名句,就是从活处看的产物。社会要培养人才,如果空说道理,就流于肤浅。结合生活体验,说看到大自然中的鹰在天空飞翔,鱼在深潭中跳跃,一派生动活泼的景象乃出于自然,无丝毫矫揉之处,从而体会到培养人才也要生动活泼,出于自然。由于体会独特,这个句子千古流传。

　　阅读文章要能品尝出味儿,从中汲取养料,需探讨作者是怎样从活处看,有怎样的独特体验,认识得越具体,越深入,收效越大。下面是刘雪玑的《太阳》,看作者是怎样从生活中看出道理,写出新意的。

　　我不崇拜太阳,可我爱太阳,因为——

　　太阳便是爱!太阳是那种不辨前因、不问后果的痴迷,是那种永远年轻、永远无悔的执着,是那种让人眩目、让人战栗的癫狂,太阳更是那种烈烈轰轰、彻里彻外的生命的自我完全燃烧。

[①] 本文发表于《中学生阅读》(高中版)1997年第4期。

一缕阳光便是一抹心迹,一颗黑子便是一朵伤痕。于是,太阳会醉,太阳更会痛;于是,太阳会笑,太阳会哭泣,你不见彩虹,你不见太阳雨吗?

别轻看太阳的无言,日出日落总是她爱的心跳;别误会太阳的色彩单调,尘世爱的调色板,怎跳得出她的天然光谱?

人们总称太阳是骄阳。其实,太阳是谦和的,月光和星辉原是她的谦和。太阳更常是脉脉含羞的,所以,人们才有了白天和黑夜。

有人埋怨冬天的太阳过于疏远,有人害怕夏日的太阳过于炽热。如果说,生命总需一个过程孕育,那么,太阳也自有她爱的呼吸。

仿佛天经地义,谁都以为太阳坚强无比,因此,历来总将"阳"字与"刚"字联结,又怎知太阳她也最易受伤。

跃跃欲试的鸟儿向着太阳飞了一圈,回巢了;肉眼凡胎的人儿迎着太阳凝视了几秒,俯首合眼了。怯懦的心负载不起太阳的热情,瞻前顾后、畏首畏尾的爱又怎能承受太阳之吻?!

太阳病了。人们不无心痛地仰望日的半休与日的全休,好心的人儿还打起锣鼓、敲起脸盆赶走"天狗"。

太阳最受不了的是宠爱!太阳陶然了,天光万斛就是那太阳的深情万种,白夜出现了!太阳翩翩起舞,极光便是她的裙裾拂动,轻轻的一个转身便是悠悠一个大年。

太阳真快活,她连连舞着,浩浩荡荡地普照着芸芸众人,不论是有意赏日还是无意赏日的,无论是精于赏日还是不会赏日的。

但也有人担心太阳之怒。其实,那不更是一种爱的宣泄吗?太阳之爱绝不类同炼丹的文火:与其半阴半阳,何如归于永恒的寂灭。何况,烈日炎炎也确可算作爱的咒语,恨的对立。

看来,"日心说"足可改称"爱心说",因而,切莫在太阳底下轻言"爱"字,太阳可是永远地高高在上啊。

起笔突兀,"我不崇拜太阳",一下子抓住读者的心。众所周知,万物生长靠太阳,人们对太阳往往有敬畏、崇拜的感情,因为没有太阳,世界将一片黑暗。为什么作者"不崇拜"呢？当你来不及思考时,作者笔锋陡转,"可我爱太阳,因为——"

于是,如江河倾泻,抒写自己独特的感受。以"太阳便是爱"总起,与"我爱太阳"呼应,接着以四个"那种"的排比句直书自己的认识与体验。"痴迷""执着""癫狂""燃烧"是太阳的爱深刻而丰厚的内涵,这种爱的刻画是人间生活的体验。迷也好,狂也好,执着追求也好,自我燃烧也好,生活中洒向人间都是爱的活生生的形象,跃然纸上,既触摸可及,又撼人心灵。因为从生活中来,太阳爱就十分具体,无半丝凌空。

爱不是孤零零的,要精当而深入地刻画出太阳的爱,需赋予太阳以人的生命。它会醉,会痛,会笑,会哭泣,有活泼泼的生命,有自己的喜怒哀乐。用拟人化的手法定格,然后从不同的角度进行铺写,写爱的心跳,爱的呼吸,爱的宣泄,爱的咒语。在铺写爱的种种表现时,无不植根于对生活中司空见惯的景物的领悟,如日出日落,冬日疏远,夏日炽热,稀淡平常,由于有个人独特的体验,就刻画出了别人视而不见的东西。

铺写爱的表现时,不着痕迹地分笔刻画太阳的性格。采用辨析的方法描绘,去"骄阳"误称,还"谦和"本色,去"坚强无比"的片面认识,补"也最易受伤"的不足。这样抒写,使太阳更有血有肉,形象更为丰满。这种颇具独到见解的刻画,同样植根于生活中的领悟。

这篇短文更为生色的是太阳与人之间的交流。爱不是单向的,太阳普照芸芸众生,给人以欢乐；太阳病时,人们真心回报,以至于打起锣鼓,敲起脸盆赶"天狗"。爱是有选择的,怯懦、瞻前顾后、畏首畏尾的人难以承受太阳的恩泽；爱撒播给怎样的人,尽在不言中。

文末以"日心说"足可改称"爱心说"来收煞,非同凡响。"日心说"是宇宙运行的客观规律,是大家认可的真理。而今,经过既精雕细刻,又洋洋洒洒的抒写，竟然可改称为"爱心说"，可见其中的信心与气势。这样收煞，与开头呼应，使"太阳便是爱"这个判断掷地有声。

文章至此，本可戛然而止，作者偏偏又宕开一笔，使主题更为深化。"切莫在太阳底下轻言'爱'字，太阳可是永远地高高在上啊。"进一步强调太阳爱的本质、个性、质量，激励人们追求对事业的痴迷、执着、癫狂，追求生命的真正价值。

巧妙地托物言志，以太阳为高标，爱洒人间。

寓情于景　倾诉心怀[①]

情动于中而言溢于外。文章不是无情物,任何一篇佳作都是作者情动于中的产物。然而,表达感情的方式可各不相同,可直接倾吐,也可间接抒发。后者是作者不直接吐露感情,而是有所假借,把要表达的感情依附于景、物、人、事,曲折含蓄地加以抒发。

茅盾的《雾》,就是把内心的感情通过眼前景物抒发的佳作。胸中有动情之景,笔下就有动情之文。

雾遮没了正对着后窗的一带山峰。

我还不知道这些山峰叫什么名儿。我来此的第一夜就看见那最高的一座山的顶巅像钻石装成的宝冕似的灯火。那时我的房里还没有电灯,每晚上在暗中默坐,凝望这半空的一片光明,使我记起了儿时所读的童话。实在的呢,这排列得很整齐的依稀分为三层的火球,衬着黑魆魆的山峰的背景,无论如何,是会引起非人间的缥缈的思想的。

但在白天看来,却就平凡得很。并排的五六个山峰,差不多高低,就只最西的一峰戴着一簇房子,其余的仅只有树;中间最大的一峰竟还有濯濯的一大块,像是癞子头上的疮疤。

现在那照例的晨雾把什么都遮没了,就是稍远的电线杆也躲得毫

[①] 本文发表于《中学生阅读》(高中版)1997 年第 5 期。

无影踪。

渐渐地,太阳光从浓雾中钻出来了。那也是可怜的太阳呢!光是那样的淡弱。随后它也躲开,让白茫茫的浓雾吞噬了一切,包围了大地。

我诅咒这抹煞一切的雾!

我自然也讨厌寒风和冰雪。但和雾比较起来,我是宁愿后者呵!寒风和冰雪的天气能够杀人,但也刺激人们活动起来奋斗。雾,雾呀,只使你苦闷,使你颓唐阑珊,像陷在烂泥淖中,满心想挣扎,可是无从着力呢!

傍午的时候,雾变成了牛毛雨,像帘子似的老是挂在窗前。两三丈以外,便只见一片烟云——依然遮抹一切,只不是雾样的罢了。没有风。门前池中的残荷梗时时忽然急剧地动摇起来,接着便有红鲤鱼的活泼泼的跳跃划破了死一样平静的水面。

我不知道红鲤鱼的轨外行动是不是为了不堪沉闷的压迫?而我呢?既然没有昊昊的太阳,便宁愿有疾风大雨,很不耐这愁雾的后身的牛毛雨老是像帘子一样挂在窗前。

这篇短文是作者1928年流亡日本时所作,发表在1929年2月10日出版的《小说月报》第20卷第2号。当时正处于大革命失败后革命的低潮期。作者内心惆怅,向往光明,呼唤革命的暴风雨,于是假托眼前景来表述自己的胸怀。

清人施补华在《岘佣说诗》中指出:"写景须曲肖此景。"意思是描绘景物须逼真入微,绘山像山,绘水像水。这篇短文通篇描写雾。对这无形状少色彩的雾怎样才能描绘得逼真入微呢?一是用以物衬物的方法。清人刘熙载《艺概·诗概》中说:"山之精神写不出,以烟霞写之;春之精神写不出,以草树写之。"以"烟霞"写"山",以"草树"写"春",用侧面衬托的方法写出描写对象的精神。写雾即如此,下笔写"正对着后窗一带山峰",意在刻画把山峰"遮没了"的"雾"。写"稍远的电线杆""可怜的太阳""大地",意图均在刻画把它们遮没了的"雾"。无边无垠,遮没一切是它的特征。二是用对比的方法深入一步刻画。把雾和寒风、冰雪进行对比,从人的感受的角度,深一层地刻画它的特征——使人"苦闷",使人"颓唐阑珊"。三是用动态描写的方法。晨雾"白茫茫",傍午,雾变成了遮抹一切的"牛毛雨"。早晨,太阳光从浓雾中钻出来,随后"淡弱"的光"躲开",白茫茫的浓雾"吞噬了一切"。

绘景贵寓深意,正如王夫之在《夕堂永日绪论内编》中所说:"烟云泉石,花鸟苔林,金铺锦帐,寓意则灵。"为写景而写景,往往苍白乏力;寄托情思,描写对象就活动起来。雾,在作者笔下刻画得逼真入微,所寄托的情思就具体实在。作者以象征的手法表达自己的爱憎与期望,诅咒"遮没一切""吞噬一切""抹煞一切"、使人苦闷消沉的"雾",以此来抨击革命低潮期沉闷的社会,表达自己不堪沉闷的压迫的感情。

文章基调是低沉的,然而,低沉并未令人窒息,原因在文章的各个部分都精心地透露出一丝光亮。文章开头描写童话般美丽的夜景,以峰巅像钻石装成的宝冕似的灯火,表达作者在黑暗中对光明的向往;中间部分宁愿要寒风与冰雪,憎恨使人"像陷在烂泥淖中"的雾,是抒发追求奋发战斗的激情;文末描写红鲤鱼在池中活泼泼地跳跃,更是对不安于死寂沉闷的"轨外行动"的热情赞颂;最后期望、呼唤"疾风大雨"势在必行。绘景时做如此精心的安排,全文的抒情格调就由苦闷低沉而转向振奋昂扬。

阅读这类作品,一忌粗疏,二忌见景不见人。粗疏,就会忽略细微之处,而细微之处往往是作者精心考虑,曲曲折折表达心态的笔墨;见景不见人,就难以领悟文章的真谛。

体物为妙　功在密附[1]

刘勰在《文心雕龙·物色》中谈写景状物诗文的鉴赏时有一段很精彩的话:"文贵形似,窥情风景之上,钻貌草木之中。吟咏所发,志惟深远,体物为妙;功在密附。故巧言切状,如印之印泥,不加雕削,而曲写毫芥。故能瞻言而见貌,即字而知时也。"意思是:作品描写重在逼真,从风景里观察它的情态,从草树里钻研它的形状。歌诗的创作,情志只求深远,对事物描绘得好,功效只在于贴切。所以巧妙的语言贴合事物的形状,像在封泥上盖印,不需要雕琢,却能详尽地把极细微处都刻画出来。因此,看到这些语言如同见到景物,从这些文字便知道时节的变化。阅读郭沫若的《白鹭》这首散文诗,用"体物为妙,功在密附"八个字形容是最恰当不过的了。

白鹭是一首精巧的诗。

色素的配合,身段的大小,一切都很适宜。

白鹤太大而嫌生硬,即如粉红的朱鹭或灰色的苍鹭,也觉得大了一些,而且太不寻常了。

然而白鹭却因为它的常见,而被人忘却了它的美。

那雪白的蓑毛,那全身的流线型结构,那铁色的长喙,那青色的脚,

---

[1] 本文发表于《中学生阅读》(高中版)1997年第6期。

增之一分则嫌长,减之一分则嫌短,素之一忽则嫌白,黛之一忽则嫌黑。

在清水田里时有一只两只站着钓鱼,整个的田便成了一幅嵌在玻璃框里的画面。田的大小好像是有心人为白鹭设计出的镜匣。

晴天的清晨每每看见它孤独地站立在小树的绝顶,看来像是不安稳,而它却很悠然。这是别的鸟很难表现的一种嗜好。人们说它在望哨,可它真是在望哨吗?

黄昏的空中偶见白鹭的低飞,更是乡居生活中的一种恩惠。那是清澄的形象化,而且具有了生命了。

或许有人会感着美中的不足,白鹭不会唱歌。但是白鹭的本身不就是一首很优美的歌吗?——不,歌未免太铿锵了。

白鹭实在是一首诗,一首韵在骨子里的散文诗。

这首诗用优美、贴切的语言把白鹭刻画得形神毕现,使人赏心悦目,陶醉于美景之中。

"精巧"是诗的眼睛,紧扣这个关键词绘白鹭的形。绘形从两个角度展开,一色彩,二身段。"白"是白鹭这个形象的主体色。为了突出白色的纯净、鲜亮,先用白鹭自身的部分"铁色的长喙""青色的脚"映衬,再放置在"清水田"的环境里,以背景烘托,不仅构图清雅,描写对象突出,而且亮度陡增,以光托色,白色更为鲜亮。绘身段时,以白鹤与同类的朱鹭、苍鹭比较,突出白鹭的和谐美、柔和美,突出它的美寓于寻常之中。在分写的基础上,把色彩与身段糅合起来描绘,用"增之""减之""素之""黛之"四句刻画,白鹭的整体美就活灵活现。作者在这儿套用了宋玉在《登徒子好色赋》中描写美人的句子:"增之一分则太长,减之一分则太短;著粉则太白,施朱则太赤。"不过,描绘得更为细致。"一分""一忽","忽"是古代极小的单位名,十忽为一丝,十丝为一毫,十毫为一厘,十厘为一分,以"忽"来计,说明白鹭身上的素白、黛黑的色彩美得不能再美了。

白鹭这样一个诗意的形象,如果只停留在"精巧"的描绘、形似上,那就失之于肤浅,因而笔锋要继续深入,把作者的感触、作者的思想感情写进去,使描绘对象的"神"能活跃纸上。白鹭清晨伫立小树绝顶和黄昏在空中低飞的两幅画面,不仅描写它的静态与动态,刻画它静中有动、动中又注入静的美姿,更在于表现它内在的气质,沉静、清澄,给乡居生活的人们创造美,创造恩惠。田园风光没有白鹭这样的诗意形象点缀,确实是一种缺陷。

诗的结尾处以贬托褒,看似贬白鹭不会唱歌,实质赞赏它用歌来形容还不匹配,它就是一首韵在骨子里的楚楚动人的诗。"歌未免太铿锵了"与"全身的流线型结构","增之"等四句遥相呼应,又是"悠然""清澄"的深化,柔美、和谐、清纯、沉静、淡雅均寄寓其中。

郭沫若曾说:"语言除掉意义外,应该要追求它的色彩、声调、感触。"读这首诗,可从中领略一二。用贴切的富于色彩的语言绘形绘态,刻画自己独特的感受,恰如在封泥上盖印,自然成诗,剔透玲珑。

悲愤交织　　破石惊天[①]

伟人鲁迅辞世,一颗明亮的智慧之星陨落,苍天哭泣,大地举哀,唁电、唁诗、唁文雪片般飞来,忆念的文章一篇一篇又一篇,表达了由衷的崇敬,寄托了不尽的哀思。在众多悼念的诗文中,有一篇短文貌似很不起眼,但由于出自作者内心的呐喊,作者那深邃的思想,激越的感情浇铸成的不朽的语句,收到了破石惊天的效果,终于使短文脱颖而出,成了悼念伟人别具风格的佳作。这就是郁达夫先生的《怀鲁迅》,最初发表于1936年11月1日《文学》第7卷第5号。

真是晴天的霹雳,在南台的宴会席上,忽而听到了鲁迅的死!

发出了几通电报,会萃了一夜行李,第二天我就匆匆跳上了开往上海的轮船。

二十二日上午十时船靠了岸,到家洗一个澡,吞了两口饭,跑到胶州路万国殡仪馆去,遇到的只是真诚的脸,热烈的脸,悲愤的脸和千千万万将要破裂似的青年男女的心肺与紧捏的拳头。

这不是寻常的丧葬,这也不是沉郁的悲哀,这正像是大地震要来,或黎明将到时充塞在天地之间的一瞬间的寂静。

生死,肉体,灵魂,眼泪,悲叹,这些问题与感觉,在此地似乎太渺小

[①] 本文发表于《中学生阅读》(高中版)1997年第10期。

了,在鲁迅的死的彼岸,还照耀着一道更伟大、更猛烈的寂光。

没有伟大的人物出现的民族,是世界上最可怜的生物之群;有了伟大的人物,而不知拥护,爱戴,崇仰的国家,是没有希望的奴隶之邦。因鲁迅的一死,使人们自觉出了民族的尚可以有为,也因鲁迅之一死,使人家看出了中国还是奴隶性很浓厚的半绝望的国家。

鲁迅的灵柩,在夜阴里被埋入浅土中去了;西天角却出现了一片微红的新月。

纵观全文,悲哀和愤恨的感情交织在一起,长歌当哭,倾诉心怀,文章前半部分"悲"绪笼罩,大悲大哀之情寓于简洁平实的叙事之中。起笔突兀,真是"晴天的霹雳",一个比喻不仅写出作者骤闻噩耗时的无比震惊,而且猛烈地叩击读者的心灵,使之发生共振。紧接着是一连串的快速行动,地点由福建的南台转换到海上,转换到上海家中,转换到胶州路万国殡仪馆,急速的行动反映了奔丧心情的急切,欲哭无声,哀思如潮。以少少许胜多多许,作者十分吝惜笔墨,没有写万国殡仪馆里与伟人告别的任何场景,只抓住一点来刻画,那就是"遇到的""脸""心肺"与"拳头"。没有一句话,没有一声哭,而一张张"真诚""热烈""悲愤"的脸,已足够反映吊唁的广大群众对鲁迅的敬仰、爱戴;而"将要破裂似的青年男女的心肺"与"紧捏的拳头"更是表达了吊唁者对摧残鲁迅的黑暗社会的愤怒与控诉。失去伟人、失去导师的悲痛,对黑暗势力的愤恨裂人心肺。极度深沉的感情表达得如此简练、深刻,不得不令人佩服行文的奥妙。

后半部分由悲而愤,浓烈的抒情伴随着精辟的议论,促人深思,开人心窍。首先发表的议论是鲁迅的丧葬非比寻常,不寻常到似乎是"大地震要来""黎明将到时"的"一瞬间的寂静"。两个"不是"、两个比喻十分形象地刻画出伟人逝世的醒世作用。紧接着笔锋深入,从生命价值的角度深化议论。生死、肉体、灵魂等本是人生的大事,作者却出人意料地用"太渺小"加以概括,以此来反衬鲁迅的死是一道惊醒人们、照耀人们迎接黎明的伟大而猛烈的光芒。议论至此,鲁迅的不朽,对鲁迅崇敬与爱戴的浓烈感情已洋溢纸上。文章没有戛然收笔,而是进一步推理,掀起议论的高潮。

"没有伟大的人物出现的民族,是世界上最可怜的生物之群;有了伟大的人物,而不知拥护、爱戴、崇仰的国家,是没有希望的奴隶之邦。"深邃的哲理性思考,把伟人的作用放到民族的质量、民族的兴衰的大背景上来认识,其高度与深度给人以奇峰崚嶒之感。用辩证观点阐明从鲁迅之死可洞悉民族的前途与必须改革的弊病,进一步颂扬鲁迅的伟大,表明中华民族是"有为"的民族,深入抨击险恶而黑暗的社会对鲁迅的折磨。一语惊天,把哀悼伟大人物的深情拓展到对国家前途命运的感愤与忧思,分量沉重。结尾"西天角却出现了一片微红的新月",使人们在沉痛悲愤之中看到光明与希望。

读这类文章,要学会抓石破天惊之笔。石破天惊之笔的出现,绝非空穴来风,因而要善于梳理作者的思路,善于梳理感情的脉络。沉郁愤慨的感情寄寓于叙事、抒情之中,议论层层深入,尺水兴波是该文的一大特色。

娓娓道来　渐入佳境[1]

天工造物奇妙无比,哪怕同样是松树,也是千姿百态,各具特色,能勾起人们不尽的遐想。文学创作是复杂的精神劳动,文学家在创作实践中不断探索,就形成作品的风格。或奇伟,或险壮,或瑰丽,或温润,"各师其心,其异如面"。当然,风格的土壤是生活,不同的环境,不同的经历,铸就了作品不同的风格。阅读不同作家的作品时,要懂得每一滴露水在太阳的照耀下都闪耀着特异的色彩,不能要求玫瑰花和紫罗兰散发出同样的芳香。

冰心是著名女作家、儿童文学家,她的作品以清新自然著称,如出水芙蓉,天然去雕饰,文笔隽永,细腻精巧。散文集《往事》是她的代表作之一,写于1929年至1931年间,是以追忆童年、家庭往事为题材的一组散文。现选择其(七)鉴赏一二。

父亲的朋友送给我们的两缸莲花,一缸是红的,一缸是白的,都摆在院子里。

八年之久,我没有在院子里看莲花了——但故乡的园院里,却有许多:不但有并蒂的,还有三蒂的,四蒂的,都是红莲。

九年前的一个月夜,祖父和我在园里乘凉。祖父笑着和我说:"我

---

[1] 本文发表于《中学生阅读》(高中版)1997年第11期。

们园里最初开三蒂莲的时候,正好我们大家庭中添了你们三个姊妹。大家都欢喜,说是应了花瑞。"

半夜里听见繁杂的雨声,早起是浓阴的天,我觉得有些烦闷。从窗内往外看时,那一朵白莲已经谢了。白瓣儿小船般散漂在水面。梗上只留小小的莲蓬,和几根淡黄色的花须。那一朵红莲,昨夜还是菡萏的,今晨却开满了,亭亭地在绿叶中间立着。

仍是不适意!——徘徊了一会子,窗外雷声作了,大雨接着就来,愈下愈大。那朵红莲,被那紧密的雨点,打得左右欹斜。在无遮蔽的天空之下,我不敢下阶去,也无法可想。

对屋里母亲唤着,我连忙走过去,坐在母亲旁边——回头忽然看见红莲旁边的一个大荷叶,慢慢地倾侧下来,正覆盖在红莲上面……我不宁的心绪散尽了!

雨势并不减退,红莲不摇动了。雨点不住地打着,只能在勇敢慈怜的荷叶上面,聚了些流转无力的水珠。

我心中深深地受了感动——

母亲呵!你是荷叶,我是红莲。心中的雨点来了,除了你,谁是我无遮拦天空下的荫蔽?

通观全文,会感到有人在你耳畔细细叙说故事,娓娓道来,倾诉心曲,十分亲切。

文章采用触景生情的方法引出对家庭往事的回忆。"红莲"是全文着力用墨的重点。先做平平淡淡的铺垫,"有并蒂的,还有三蒂的,四蒂的",接着把花放在人的背景中认识,花瑞人祥,三蒂莲的开放展示出吉祥的征兆,把花与人紧密联系在一起,为下文的以花喻人埋下伏笔。雨打莲花的情景描写得细腻精巧,有虚有实。夜间雨打莲花的情景未作描绘,仅着眼于一个"听"字;白天雷声大作,紧密的雨点打得红莲左右欹斜及荷叶倾侧覆盖红莲之状细笔描绘。园院里莲花有许多，只择其中两朵来写。一白一红，一谢一安然，以白衬红，更突出红莲在勇敢慈怜的荷叶的庇荫下的幸福。如果夜晚白莲遭雨打的情景也详写，就显得累赘；如果白莲遭雨打的结果不描绘，就显不出衬托之妙处。此处衬托得很细腻。经过一夜风雨，白莲花瓣儿散漂在水面，梗上只留个小小的莲蓬和几根淡黄色的花须，而红莲却开满了，在绿叶中间亭亭玉立。一残破一盎然，对照鲜明。越是生机盎然，越不希望它重蹈白莲花的厄运，这就又为下文红莲得到荫庇埋下伏笔。

描写雨打莲花，自始至终情注其中。从"烦闷"到"不适意"，从"不适意"到"不宁的心绪散尽"，把心系花的命运的感情毫不掩饰地一一吐露。花本无情人有情，情注花中，花也有情，于是以花喻人，极其自然地赞颂母亲的爱、母女的情。"我心中深深地受了感动"，引发了作者文末的直抒胸臆。曲终见题旨，而"心中的雨点来了，除了你，谁是我无遮拦天空下的荫蔽"更是宕开一笔，留给读者许多想象空间。自然界的雨点是可见的、有形的，而"心中的雨点"涉及的面广得很，内容纷繁得很，谁来荫蔽？这就把母爱推向更高层次。

这是一曲母爱的颂歌，感情真挚，情景交织。起笔平淡，娓娓道来，渐入佳境，令人回味。下面是作者抒写思母之情的一首名诗，读后可体会其中渗透的爱母情结，可丰富对所选短文的领悟。《纸船——寄母亲》：

    我从不肯妄弃了一张纸，
    总是留着——留着，
    叠成一只一只很小的船儿，
    从舟上抛下在海里。

有的被天风吹卷到舟中的窗里，
有的被海浪打湿，沾在船头上。
我仍是不灰心的每天的叠着，
总希望有一只能流到我要它到的地方去。

母亲，倘若你梦中看见一只很小的白船儿，
不要惊讶它无端入梦。
这是你至爱的女儿含着泪叠的，
万水千山，求它载着她的爱和悲哀归去。

精微朗畅　　意辞兼美[①]

清人刘熙载在《艺概·文概》中指出："《文赋》云：'论精微而朗畅。'精微以意言，朗畅以辞言。精微者，不惟其难惟其是，朗畅者，不惟其易惟其达。"一篇议论佳作必然具有精微的意和朗畅的辞。所谓精微，是指精到细致，不是深奥难懂而求其正确；所谓朗畅，是指明朗流畅，能充分地表达意思。文章是意辞有机结合的整体，如果精微朗畅，意辞兼美，不仅能向读者晓之以理，而且能给读者以艺术享受。朱自清于1924年6月1日在《春晖》第30期上发表的《刹那》就有此境界。

这篇议论文所说的"刹那"是指"极短的现在"。文中简略地说明作者对人生的态度，认为须随时随地去体会我生"相当的"意义与价值，体会刹那间的人生，不是上下古今东西南北的全人生。为了阐明这个观点，对两种人——时时回顾着从前的黄金时代，涎垂三尺，以及时时等待着将来的奇迹的两种人的毛病进行了剖析，毛病在都远离现在尤其是眼前的一刹那，因而惆怅惋惜与彷徨相伴，在"虚空的虚空"中送了一生。为了阐明文中观点的正确性，作者又特意把"及时行乐"剥离开来。及时行乐是求生意志消沉的表现，这些人虽着眼于现在，但生命虚空，实未体会现在一刹那的生活的真味，一刹那的意义与价值，因而仍然只是白辜负他们的刹那的现在。怎样把握现在呢？"刹那"究竟是怎么一

---

① 本文发表于《中学生阅读》（高中版）1998年第1期。

回事呢？文章最后一段加以论述，下面摘录这段论述。这虽是文章的局部，但对其精微朗畅仍可领略一二。

我们目下第一不可离开现在，第二还应执着现在。我们应该深入现在的里面，用两只手揪牢它，愈牢愈好！已往的人生如何的美好，或如何的乏味而可憎；已往的我生如何的可珍惜，或如何的可厌弃，"现在"都可不必去管它，因为过去的已"过去"了。——孔子岂不说"往者不可谏"么？将来的人生与我生，也应作如是观；无论是有望，是无望，是绝望，都还是未来的事，何必空空的操心呢？要晓得，"现在"是最容易明白的；"现在"虽不是最好，却是最可努力的地方，就是我们最能管的地方。因为是最能管的，所以是最可爱的。古尔孟曾以葡萄喻人生，说早晨还酸，傍晚又太熟了，最可口的是正午时摘下的。这正午的一刹那，是最可爱的一刹那，便是现在。事情已过，追想是无用的；事情未来，预想也是无用的；只有在事情正来的时候，我们可以把捉它，发展它，改正它，补充它；使它健全，谐和，成为完满的一段落，一历程。历程的满足，给我们相当的欢喜。譬如我来此演讲，在讲的一刹那，我只专心致志的讲；决不想及演讲以前吃饭，看书等事，也不想及演讲以后发表讲稿，毁誉等事。——我说我所爱说的，说一句是一句，都是我心里的话。我说完一句时，心里便轻松了一些，这就是相当的快乐了。这种历程的满足，便是我所谓"我生相当的意义与价值"，便是"我们所能体会的刹那间的人生"。无论您对于全人生有如何的见解，这刹那间的意义与价值总是不可埋没的。您若说人生如电光泡影，则刹那便是光的一闪，影的一现。这光影虽是暂时的存在，但是有不是无，是实在不是空虚；这一闪一现便是实现，也便是发展——也便是历程的满足。您若说人生是不朽的，刹那的生当然也是不朽的。您若说人生向着死之路，那么，未死前的一刹那总是生，总值得好好的体会一番的；何况未死前还有无量数的刹那呢？您若说人生是无限的，好，刹那也可以说是无限的。无论怎么说，刹那总是有的，总是真的；刹那间好好的生总可以体会的。好了，不要思前想后的了，耽误了"现在"，又是后来惋惜的资料，向谁去追索呀？你们"正在"做什么，就尽力做什么吧；最好的是-ing，可宝贵的-ing呀！你们要努力满足"此时此地此我"！——这叫作"三此"，又叫作刹那。

这一段开头先承接上文，不可离开现在，然后深入一步，就"执着现在"的观点展开论述。何谓"执着"？"揪牢它"，而且用两只手，"愈牢愈好"。语言生动、形象地揭示内涵，易懂易记。要执着于现在，先要撇开过去，"往者不可谏"，过去的不可能再挽回，管它什么情况；又要撇开将来，不管什么情况，都是空操心。排除这二者后，直接论述如何深入现在的里面。

作者先用五个"最"为"现在"定位，准确、细致、周到。"现在""虽不是最好"，人们总是向往更好的，然而却是"最可努力的地方"，"最能管的地方"，也就是说，最把得住，最使得上劲，实实在在。因为"最能管"，所以"最可爱"。如此定位，既符合客观实际，又符合人们的心理，还激发人们热爱现在的感情，极妙。怎么"可爱"呢？以正午摘下的葡萄为喻，使"现在"，使"一刹那"的可爱看得见，摸得着；再从道理上阐述，事情来时，把捉、发展、改正、补充，使它健全、谐和，成为完满的一历程。这种历程的满足就是"我生相当的意义与价值"，就是"我们所能体会的刹那间的人生"。为了增强说服力，作者以现场演讲为例证进行剖析。为了增强说服力，作者又以听者对象的种种想法作假设，一一加以剖析，论证执着现在、把捉刹那的重要。四个"您若说"一气呵成，把"刹那"的光闪影现，"刹那"的不朽，"刹那"与死亡的关系，"刹那"的无限，论述得明朗流畅，如水银泻地，势不可收。而在这势不可收的氛围下，

"刹那"的实在,不空虚,把捉"刹那",就能实现历程的满足,就能获得发展的观点,得到了充分的论证,自然地流入读者的心田。最后作者风趣地以英语- ing 现在进行时收束全文,要求大家抓住"三此"也就是抓住"刹那"。

珍惜现在是古老而又永远年轻的论题,如何用晓畅的语言把它论述得正确、实在、令人信服、令人内化为行动,运笔的作者可各尽其妙,但论述得如《刹那》这般意辞兼美,引人入胜,实为青年学子的榜样。

走近青春的享受[1]

　　读中学生的优秀习作,是一种快乐,是一种走近青春的享受。《落日》《思绪》《遗传与变异》这组文章阅读之后,心中情不自禁地升腾起这种感觉。

　　真挚纯净是心灵美好的表现。年轻人拥有纯真的感情不仅可贵,而且幸福。感情的触角可以伸展到学习与生活大大小小各个方面,而《落日》追求的是现代城市与美好自然的融合,《思绪》追求的是源于生活又高于生活的境界,洋溢的感情相当大气。生活在现代社会的人需要物质文明,这是众所周知的,而远离大自然会缺少天地造化万物的灵气,怡情养性、增长见识、开阔胸襟等均会受到难以估量的损失。小作者身居闹市,向往自然,从落日的亮红、柔和生发开来,展现想象中的大海的美景、森林的美景。海风、海水轻柔得"不忍心弄皱太阳的影子",森林中灵动的色彩、花草的呼吸、蹒跚的小野鸭,伴随着柔和的阳光,建造了魔幻般的花园。彩笔绘美景,抒发对自然的憧憬,对自然的赞美,对自然的爱恋。以卖火柴的小女孩注视火光为喻,更表露了追求美好自然的情真意切,用笔巧妙。结尾三个"渴望"的句子直抒胸臆,既是小作者的呼唤,也是城市里久居的人的共同心声。最后的反诘句不仅强化了感情,更是提出了一个必须正视又必须妥善解决的现代城市建设中的大课题。

　　想象能长着翅膀在天空自由翱翔。思接千载、视通万里,不仅使文

---

[1] 本文发表于《中文自修》2002年第1期。

章内容充实、多姿多彩，也是精神生活比较丰富的表现。《落日》采用了虚实结合的手法，既写眼前实景，又绘想象中的虚景，在虚实相映中表露心愿，表露纯真的感情。《思绪》表露的感情是通过月下遐想来实现的。小作者用三个互有联系的片段赞颂想象的宝贵、想象的力量。《荷塘月色》中优美的画面，童话中的精灵王国，诗人和作家的创作实践无不颂扬想象的魅力。源于生活又高于生活的境界，靠的是对自然的感受和想象，对生活的感悟和想象。有了感悟和想象，生活美化了，富有诗意了，有灵性了。只有对想象百般热爱，又经常展开想象追求理想境界的青年，才会有如此真切的体会。文中的亮点还在于对童话的娓娓动听的叙说。童话给儿时带来的熏陶和欢乐珍藏在记忆中，它孕育了创作童话的激情与愿望。我们要在孩子心中撒播想象的种子，给他们捎上美好，捎上纯净，捎上快乐，使真挚的感情在字里行间流淌。

能否精选角度，往往关系到文章的成败。《落日》与《遗传与变异》，均注意写作角度的精选。由落日余晖生发出城市人对自然的渴求，角度小，角度巧，能以小见大，不流于一般的阐述。人类遗传与变异是科学家讨论的大课题，小作者却定点在外公一家的"贪吃"上来记述议论，既出人意料，又令人忍俊不禁。正餐，零食，祖孙三代的遗传性描绘得有声有色，特别是细节描写，沾满了生活的露水，使人如见其态，如临其境。写"变异"妙在有时代气息，讲究科学养生的时代对传统的"贪吃派"是一种挑战，于是"贪吃派"在科学的感召熏陶下发生变化，讲究营养，讲究卫生，讲究饮食结构。结尾用"写到这里肚子开始饿了，又到了吃晚饭的时间"收煞，在"贪吃"上再添一笔，更显得生活气息浓郁。文章平实，文字朴素，颇有生活情趣。

文章不厌百回改。如果《思绪》再梳理、提炼一下，删除"理性思维"等可提可不提的内容，以在生活中留出想象的空间贯通全文，文气会更流畅。

以上是一点肤浅的读后感，与王惟丹同学交流。

思想、文字双锤炼[①]

学写作文的人常认为文章写得不理想主要是由于语言不生动,文字不优美。其实写文章当然要讲究文字。俗话说:织锦成文。"锦"的一个内容就是文字。一篇文章如果句子疙疙瘩瘩,语言无味,别说对读者没有吸引力、感染力,就是可读性也极差。因此,文字的功夫不可小视,必须花大气力加以锤炼。

然而,只重视文字功夫远不能写好文章。文章是思想的载体,如果言之无物,人云亦云,即使文字通顺,甚而辞藻华丽,也难以站得起来。意,是文章的灵魂、文章的主帅,是统率结构与语言的。文章的"意"要正确,要激发人们奋发向上,追求美好的理想;要新颖,能开启人们的未见未闻未思;要有一定的深度,能接触到事物的本质。脍炙人口的千古佳作,除文字上匠心独运外,在思想上往往高人一筹。比如登岳阳楼的文人墨客很多,为该楼写诗作词撰文的比比皆是,唯独范仲淹的《岳阳楼记》广为流传,经久不衰。其重要原因就在于文中表述的"不以物喜,不以己悲""先天下之忧而忧,后天下之乐而乐"的思想大大超越了他同

[①] 本文发表于《作文世界》2002年第7期。20世纪八九十年代,语文"工具论"思想盛行,受此影响,作文教学实践中存在一味关注写作技巧训练而忽视学生情感思想形成的现象。作者在本文中阐述的"思想、文字双锤炼"的作文思想,既源于她对"工具性与人文性相统一"的语文学科性质的深刻理解,也是她"既教文又育人"的语文教育思想的具体体现,对于纠正作文教学中重文字技巧而轻思想锤炼的不良现象有积极意义。

时代的人,使人振聋发聩,耳目一新。

思想要锤炼,才能闪发光华。首先,要有"发现"的本领。视而不见,听而不闻,再有价值的材料也会在眼皮底下溜走。比如在街头漫步,商店里商品琳琅满目,行人春风满面。如果只是一掠而过,大概只会有个经济繁荣、人们生活改善的粗略印象。如果用心去发现,思考问题的深度就会大大提高。也许你会发现某些商品更新换代的速度令人折服,也许你会发现某些商品的包装已从"丑小鸭"跃为"金凤凰",人的观念大为改观,也许……

"发现"了还要深思,在脑子里来一番去粗取精、去伪存真、由此及彼、由表及里的制作功夫。看到的人和事,有些现象和本质吻合一致,有些现象并不完全反映本质,甚至与本质背离,这就要认真思考,善于分析,透过现象,接触事物的本质,认识生活的深层。对事物认识得越深刻,越有真切的体会,就越能提出独到的见解。见之于文章,就会有个性,有新意,不一般化。

锤炼思想并不是故作惊人之笔,说大话,唱高调,而是要学会用两只眼睛看世界,对事物看全面、看发展、看本质、看主流,正确地反映事物的真实情况和内在规律。

当然,动笔写作时应在锤炼思想的基础上精细地审题,搜集和占有材料,并将材料排列梳理,归类集中,然后剖析材料的意义,提取最有意义的,或确立观点,或确立文章的中心思想,提炼出文章的"意",再以"意"统率语言,挑选最恰当、最富于表现力的词句来表达"意"。

织锦成文的"锦"的另一个重要内容就是"思想",精彩的思想和优美的文字有机结合,就能编织成为佳妙的文章。

练就慧眼与灵心[①]

深圳竹林中学邹文剑、山东临淄八中朱雅琼等同学来信说,自己非常想写好作文,但拿起笔,脑子里就空白,有时只好把以前写过的作文重写一遍;如果写人,干巴巴的,不像人,怎么办呢?

这几位同学想写好作文的心情是可以理解的。有良好的愿望,经过一段时间的努力,就能找到入门的途径,写出自己比较满意的文章。切不可因一时写不好而丧失信心。

为什么提起笔脑子里就"空白"呢?看来平时积累的功夫下得不够。古人说:"厚积而薄发。"平时注意积累,积累得丰厚,下笔时人、事、景、物就会从笔端滚滚流淌出来。积累的方面很多,如阅读积累、生活积累等。前者暂且不说,这儿仅就生活积累谈一点。

众所周知,生活是写作的源泉,生活中可提供写作的材料是新鲜的、生动的、大量的,是取之不尽、用之不竭的。每个中学生都生活在家庭生活、学校生活、社会生活之中。按理说,写作材料满眼都是,无处不在,脑子里应留下不少印象、不少痕迹,为什么脑中还会"空白"呢?问题在于大部分时间是视而不见、听而不闻的,在生活中没有做有心人。要在生活中有效地积累写作材料,首先需锻炼自己的眼光、自己的眼力。要练就一双慧眼,敏锐地察看接触到的人、事、景、物。

[①] 本文发表于《语文世界》2002年第11期。

眼睛的功能是看，是观察。大家都在看，但看的质量、效果不相同，甚至有天壤之别。同学们由于年龄比较小，缺乏生活经验，看事物常会肤浅、粗疏、大而化之，只略知轮廓。针对这种状况，要在细致上下功夫，要学会抓事物的特征。不仅要看到某一类事物共同的特点，更要区别出这一个、那一个各自不同的特征。举例来说，道旁的广玉兰花开了，你多看它几眼，就会发现花是躲藏在肥厚的绿叶丛中，白绿辉映，给人以圣洁的感觉。再看一看，白花体大，似乎托在枝叶中，与睡莲托在水上体态相仿，只是睡莲花瓣尖尖的，玉兰花瓣圆圆的，很厚实。白玉兰树却是另一种情景，这个报春的最早使者，开花时满树是花，纯白的，淡紫的，没有一片叶子。花期很短，凋谢得快，花凋谢了，叶子也长出来了，满树绿油油的。石榴花有石榴花的特点，红似火，热闹非凡；海棠花有海棠花的特点，粉粉的，嫩嫩的，还夹着几分羞涩。一种花一种模样，一朵花一个模样，掌握了这些特点，脑子里鲜活的形象就多了，下笔时它们就会跳到你的笔尖。

　　也许有同学认为：这样用心思，不太累了吗？其实不然。观察须有良好的心态，如果没有良好的心态，这颗心就会缺乏灵气，缺乏灵性。这样不仅看不清事物的奥秘，就连它们的真面目也会如水中月、镜中花。所谓良好的心态，就是对观察的事物要有兴趣，要有热情。比如观察上面所说的花，那你就是和自然对话，和自然交朋友。大自然里充满了勃勃生机，充满了多种多样的美，形态、色彩、神韵，只要你用心观赏，就会有很多发现。观察社会，也是如此。如果你有兴趣，去看看商店的招牌，看看五光十色的广告，会发现其中表吉祥意思的、表良好愿望的特别多，而这些招牌、广告又在不断变化之中，因时代而异，还受到外来文化的影响。"人"更是应重点观察的对象，活人当然可以写活，这个问题可专门讨论。

　　孟子说："心之官则思。"心的功能是思考。要练就敏锐的眼力，需用心看,用心听,用心思考。人在生活之中,心在生活之中,就会耳聪、目明,一个个生动的形象印在脑海里。这些形象不是照相机中机械的留影,而是用眼睛摄像机摄制后经过头脑加工的有灵性、有个性的鲜活形象。每天注意观察一些事物,一日不多,十日许多。坚持下去,积累就会日渐丰富,搜索枯肠的痛苦就会消失。

尝试着坚持做,必有成效。

语言的痛苦与欢乐[①]

学生写作常有这样两种经历：熬受语言的痛苦和品尝语言的欢乐。心中似乎有许多话，但苦于表达不出来，这就是"语言的痛苦"。俄国诗人纳德松说："世上没有比语言的痛苦更强烈的痛苦。"初学写作的学生常要熬受这样的语言痛苦。但写作时由于种种因素的巧合、交融，思想往笔端涌，美词佳句奔涌而来，你会被兴奋包围，深感乐不可支。

痛苦与欢乐常结伴而行。经历了痛苦的孕育、感受、体验、推敲、锤炼，就会品尝到豁然开朗的欢乐。减少乃至消除痛苦，增添表达情意的欢乐，是写作时语言追求的目标。

为什么"有话说不出来"呢？其实，心中根本没有形成话，根本就没有把要说的人、事、景、物想清楚，只是朦朦胧胧、飘忽不定的，没有成形的意象和概念。

因而，首要的是想清楚。思想是语言的内核，语言是思想的外衣，想清楚，才能说清楚。有一种误解，认为是先有思想，然后再去寻字找句。其实不然。想清楚，就是努力使朦胧、混乱的意象确定下来，使之具体、清晰，与此同时，也就找到了准确、清楚的语言。语言和思想是一个完整的心理活动，互为表里，相得益彰。

[①] 本文发表于《初中生写作》2003年第1期。

"一切诗文总须字立纸上,不可字卧纸上,人活则立,人死则卧,用笔亦然。"这句话是清朝著名诗人袁枚说的,十分精彩。它生动地告诉人们,文章的语言须"立"在纸上,那就是说须有活泼的生命力,读者从语言中才能观看"景",识别"人",感受"情",领悟"意"。如果对诗文的语言重要性无清晰而深刻的认识,就不可能用"立"这个绝妙的字眼,也不可能打如此通俗易懂的比喻。

表达不清楚,确实是没有想清楚。如:

太阳退下去之前,发放其最后一分光辉与热力,使大地有如隔着了一块淡红色的玻璃纸,四周万物都笼罩着一片淡淡的红霞,看似清晰却又是那么不真实。

习作者意图描写夕阳放余晖的美景,但究竟美在哪里,没有想清楚,于是,就出现了"大地有如隔着了一块淡红色的玻璃纸"这样不恰当的比喻,出现了天上的"红霞"怎样"笼罩四周万物"的差错,出现了既然"清晰"又怎么"不真实"的矛盾。夕阳、红霞、玻璃纸、万物等这些未成形的东西在脑中飘忽,各自的位置,各自的作用,彼此之间的关系,没有想清楚,不具体,不确定。正因为脑中意象模糊,下笔时语言必然含混不清。

要想清楚,就要锻炼自己的认识能力与体验能力。目光要敏锐,思维要积极,要用"心"投入,用感官感受。对事物的真相认识得越清楚,越透彻,越有独特的感受,遣词造句就越准确,越生动。炼字炼句,实质上就是炼思想,炼认识,炼感受与体验。法国作家福楼拜曾这样说:"无论你所要讲的是什么,真正能够表现它的句子只有一句,真正适用的动词和形容词也只有一个,就是那最准确的一句、最准确的一个动词和形容词……而你必须把唯一的句子、唯一的动词、唯一的形容词找出来。"

这个"找"不是只在词句上寻觅,而是对事物加深认识,修正看法,强化体验。与此同时,琢磨语言,推敲文字,是思想、语言双锤炼的过程,也是思想、语言双促进的过程。对事物的精髓如能一眼见底,语言表达往往就能入木三分。

朴素庄严的是太阳愉快的金色,是沉思的月亮柔美的光辉;可是你,有钱的人啊,你的财富却与这种朴素庄严无关。
拥抱一切的天空的祝福,是并不落在财富上的。
而当死亡出现的时候,财富就褪色、枯萎、化为尘土了。

这是印度大诗人泰戈尔的诗句。诗人用生动、深刻的语言流畅地表达了对财富透彻的看法,如果没有这种精湛的思想,遣词造句怎可能如此生辉,如此启人深思?

也许有学生会这样想:那是作家,我们做不到。其实不然,只要真有体验,真有想法,学生的语言也是能很传神的。例如:

中午时分,我饿极了。放学回家,推开门,妈妈正捧着盘刚炒好的青菜从厨房里走出来。啊,香极了,热气腾腾,碧绿爽青,一个个细胞还活着呢!

习作者这段文章的"活"字实在用得妙极,一碗普通的青菜对饥饿者来说,那诱惑的劲儿被刻画得活灵活现。一名学生写出这样的句子,当然是欢乐万分。

要文从字顺,提高对语言的驾驭能力,还需经常锻炼自己的语感,即对语言的感受力、鉴赏力。不是作理论分析,而是凭直接的感受,敏锐地判断所读作品及自己所写文章语言的正误、优劣。怎样锻炼呢?

一是多读质量上乘的文章。语言精确、形象,富有情趣,不知不觉自己就会受到熏陶,受到感染,去除粗俗、干瘪,增添语言的文化含量。二是多比较,多思考。在怎样的情境中该用怎样的语言来表达,多问几个"为什么"。"一句话,百样说",怎样说最恰如其分,怎样说最能打动别人,怎样说最有效果,经常做一些换词换句的练习,对语言的敏感程度就会大大加强。三是要注意积累。积累语言是非常有用而又有趣的事。乍看,只是理解了、记住了某些词某些句,而实际上是在打开你的视野,促使你不断认识新的事物,不断提升思想,丰富情感。因为在积词积句中,你在和博学多才的智者对话,接受他们在某一方面的指点,沐浴文化熏陶。自己语言的基础越扎实,底蕴越厚,语感就越强,判别的能力就越强。不仅要在阅读方面训练自己的语感,看电视、听广播,以及所有用语言交际的场合,均可做有心人,认真听,仔细辨别,提高语言的感受力、鉴赏力。

古人说:"百炼为字,千炼为句。"抓住一个"炼"字,炼思想的清晰、具体,炼词句的精确、形象,不断增强语感,丰富语言储存,写作时语言的欢乐就会常常跟随着你。

积极向上，追求真善美[①]

同学们、老师们、家长们：

早上好！

非常感谢《中国中学生报》《中学生学习报》给我和同学们切磋交流的机会。我一走进向明中学的礼堂就感到春意盎然，尽管屋外是细雨蒙蒙，但我们这个礼堂里却春风拂面。我这个七十多岁的老人，看到那么多年轻的娃娃，从心里感到高兴：这就是我们的希望。

四 喜 临 门

首先高兴的当然是我们获奖的同学。取得了成果，欣喜之情是难以言表的。

其次就是我们阅卷的老师。做老师看到学生好的卷子，心里比吃了蜜糖还要甜。那是幼苗茁壮成长了，那是我们的辛苦获得报酬了。

还有就是组织者。这样一个浩大的工程，全国3 000万学生读者中有1 000万学生参赛，上海有几百所学校来参赛，组织者的辛苦很难用语言来形容。所以组织者看到这么多的学生，写出这么好的作品，心里也是十分的喜悦。

[①] 本文发表于《炎黄子孙》2005年第1期，根据中国中学生作文大赛颁奖大会上的讲话整理而成。

还有就是"光明乳业"。资助青少年思想道德成长和语言文字能力提高的事业,它的作用绝对不低于牛奶滋养人的身体,因为它是精神上的滋养,我想他们看到这些成绩也是非常高兴的。所以,我讲是四喜临门。我这个老人当然就受到这些欢乐喜悦的感染。

尽管我读的同学们的作品不多,但我感觉到这次比赛有两个很大的特点:

情真 文美

第一,同学们是写自己的所思所想,很真。因为我们都知道,只有真实才是文章的本质,如果都说假话,说虚话,说大话,那写了有什么用啊?比如说余一诺同学的《寻找自己》,写得很真实。我们的作文就要真情真心。

第二,这次作文文字上很漂亮,生动优美。我觉得这里倾注了同学们对我们母语的一份真挚的感情。只有热爱自己的母语,你才会体会到这里面蕴藏着我们民族的情结,蕴藏着我们民族的思维方式。我们炎黄文化有几千年的积淀,我们的孩子要传承,要发展。

溢美之词就不讲了。我想借此机会和同学们探讨两个问题。

写作不是游戏

第一个就是我们已经是能够运用祖国语言文字的同学,写作当中有没有主旋律,中学生的写作应该不应该有主旋律。当前我们的社会多元经济并存,多元文化也是并存的,谈不上碰撞,西方文化无孔不入。写作是要有个性的,就好像文学创作,没有个性就没有文学。但是个性不等于小我,这是两个概念。自我写作是对的,没有自我你怎么会是有个性的作家呢?尽管我们不是作家,但我们是会动动笔杆子的中学生,当然要有写作个性。我曾经看过不少作文,这些作文是封闭在小我之中,自怨自艾、自悲自叹。作文当中透露出来的似乎是历经沧桑,看破红尘。这些孩子还没有进入社会,怎么看破红尘呢?青春少年应该是不识愁滋味的!文章哪来这么多的绵绵哀愁?我觉得好像是不太正常。文学写作不是游戏。

两只眼睛看社会

我们的时代是一个火热的时代,伟大的时代。也许有同学会讲,社会上的很多东西看不懂,没什么可爱。我觉得不是这样。每一个人要学会两只眼睛看世界、看社会。社会上既有真善美,也有假恶丑,我们好人好事多得很呢。昨天报纸上登的中央政治局常委都在听的牛玉儒报告团成员的报告:一个公安局长任长霞,赢得了民心啊!千万不能看破红尘,看破红尘就不可能热爱生活,一个不热爱生活的人,你的写作领域会越来越小,走的路会越来越窄。比如,鲁迅生活的年代是一个老百姓处在水深火热之中的时代,他是看透了人生的问题,他看得那么深,那么真实,入木三分。但是他激情犹存,他的作品都是在倾诉、呐喊、赞扬、唤醒。因此我们运用祖国的语言文字,是为我们中华民族复兴呐喊,并不是为个人的小事小利来抒发某些感情的。我们生活在转型的社会,我们青少年肩负着更多的责任。

思索　生活

我记得几年前,也是作文比赛获得一等奖的初中娃娃,使我心灵震撼。他写的文章叫《第 N 次重复》,他写一个非常纯真的孩子,在海边看见小鱼被冲上岸来,他把小鱼丢进海里,让它生存。这个事正好给一个企业的董事长看到,他就觉得是一个非常好的题材,然后就给他拍广告。这本身是一件非常好的事,因为本来把鱼丢进去的时候,那个企业的负责人问他,你为什么把鱼丢进去,你在乎什么?他说每一条鱼他都在乎,因为它是生命,丢进去它就活了。那拍广告的人就不断地拍,要他以一定的弧线抛出去。就这样不断张扬,不断深入金钱、势利的过程中,孩子也因此讲价钱,不是在乎每一条鱼而是在乎他的获利。这个小作者说,当一个人的美德被包装推销时,当一种道理、荣誉被利益所笼罩时,良心已经被污染,爱心被泯灭了,道德被亵渎了。当我看到这些语言的时候,内心受到了极大的震撼。我没有想到一个14岁的孩子看问题那么深刻。我觉得我们的社会,我们的青少年是大有希望的!

经典是主旋律的反映

同学们想一想,任何一个社会都有主旋律的,任何一个不朽经典都是主旋律的反映。音乐如此,文学艺术莫不如此。你说贝多芬的交响曲,一想到《命运》,人们就想到他的主旋律。那些文学艺术之所以不朽,因为它反映的是社会劳苦大众的心声。我们要有自我,即小我,还要有大我。个性是要张扬的,但是要张扬什么个性?任何一个伟大的作家,他心中绝不只是自己,他有他人,他有社会,他有人类,悲天悯人。我想我们要写好文章,首先是要心灵美,真的是透亮的红心,要祖国盛衰留在自己心中。所以我想中学时期应该是积极向上的,追求真善美,这应该是我们的主旋律。

关键在独特

第二个要探讨的是要练就一副过硬的本领,就是观察生活、体验生活。莫泊桑之所以成为短篇小说之王,是因为老师对他的栽培。老师对他说,你要观察观察再观察。我们的写作素材从何而来,好不好,就看我们是以什么样的目光来看世界,所以我们必须练就敏锐的目光。

在自己独特的体验这一点上还要很好地下功夫。比如说美声唱法,有非常严格的规范。年轻人喜欢流行歌曲,我不反对,但对于低俗,我就很反对。又比如说我们高中女孩特别喜欢周杰伦的歌,为什么周杰伦的歌就能打动我们学生的心?我研究以后,发觉流行歌曲有一个共同的特点:张扬个性。没有个性就没有流行歌曲。韩红的《青藏高原》就是韩红的,腾格尔的就是腾格尔的,唱得死去活来。而周杰伦,他能够让孩子喜欢,他会创作,他有古文的底子,再把西方的摇滚乐结合起来,是传统与现代的结合。同学们跟我说,别人的歌一唱就会,周杰伦唱的歌学不会,为什么?因为他独特,所以崇拜他。孩子这些看法无可厚非,但是这就告诉我们,你必须对生活有独特的体验。

要有独特的体验和感受,当然我们不能像大师那样,眼睛一晃多少年都不忘记。我记得曾经看到这么一个材料。列夫·托尔斯泰三大著作是世界经典,他的《安娜·卡列尼娜》美得很啊!安娜的形象是什么呢?是十几年以前,他在一个宴会上看到的普希金娜的形象,是普希金的女儿。普希金娜当时28岁,长得非常美丽,但列夫·托尔斯泰就看出她美丽的双眼有点点的哀愁。他仅仅就看了这么一次,后来人们发现在一个美术展览馆里,画着普希金娜肖像,穿着盛会的衣服、服饰,也就是那种神态。因为她除了有青春非凡的美貌,还有他父亲——诗人普希金的气质。时过十几年,托尔斯泰创作了《安娜·卡列尼娜》。这种观察人物细微深入的能力是我们学习的榜样。同学们要的美妙的文字,不是从哪些书上寻章摘句拼凑,而是自己在生活当中独特的感受。

我曾经教过一个初中的孩子,他的语言就是他自己的,我看了很受启发。他写一个孩子的手,就像小象的脚丫一样;他去看菊展,他说菊花的花瓣有的是全开的,有的就像含羞的少女,是一半开了,一半用手捂着脸。我想如果我们作文多一点自己的感受,那就是生活的露水,就能传神。

生活　读书　写作

所以要写好作文,首先要过好生活的关。一是读书,一是生活。人不会活 200 年,人和动物二者最根本的区别,一个是人能使用工具,而禽兽不能;还有就是人能读书,读书能够传承文化。文字的发明,使人类从愚昧走向了文明。因此要读好书,读精品。一些乱七八糟的东西,就不要再读它,那些垃圾文化是要残害我们心灵的。

读好书要密切联系生活,深入生活,培养自己的观察能力。鲁迅简简单单几笔就把故乡的景色描绘出来了,几笔勾一勾,杨二嫂的特点就出来了。同学们在文字上下功夫,要向上品学习,要锻炼自己的观察能力,细致入微,这样才能入目、入耳、入心。

写作是心灵的释放,生活是活水。作家如果离开了生活,他就没有灵感。而我们同学是刚刚走向生活,因此要有充满新奇的目光,充满热爱的感情,走上社会,投入生活来锤炼我们这支笔。这支笔不单是手拿起来就可以了,还要用心来锤炼。

同学们生活在这样一个大好时代,可写的东西很多,可歌可泣的,可指责的,可揭露的,可鞭挞的事也很多,关键自己要有一个主心骨。有了主心骨,心明眼亮,文字就能任你取舍。我想在下一届作文大赛"光明乳业"再支持我们的时候,我们会涌现出更多热情洋溢、非常大气、文字功底很厚实的文章,以告慰我们的老师、组织者、家长的培养。

一个人总是要带着感恩的心情,感恩社会的栽培,感恩学校的栽培,感恩家长的培养。自己的定位,大同中学的余一诺同学讲得很好,要找准自己的位置,就不会忽儿上天,忽儿下地,更不会语言都是飘忽的,好似山中虚无缥缈的云烟,那是不行的,要扎扎实实一步一个脚印向前迈进。

提出以上两个问题与同学们探讨。请同学们批评指正,谢谢大家!

健康开朗,积极向上[①]

《中文自修》组织的作文大赛,在展示上海中学生写作才情的过程中,努力倡导健康的文风,提升参赛对象对写作本质的认识与把握。这种引导是及时的,切合当今学生身心发展需要,十分有意义。

校园写作文风不可能不受社会文化,社会上报纸杂志登载的文章,以及许多文学读物,尤其是青春读物的影响。对爱好文学,会动笔杆子的学生而言,这种影响更是潜移默化,浸染而不自知。如何面对?如何判断?如何识别?又追求什么?须认真思考,深入思考。当前,我们社会多元经济、多元文化并存,信息网络化覆盖面极广,社会上的文化产品五花八门、良莠交织,要学会两只眼睛看社会,既要看到文化的主旋律,追求高尚,追求健康向上,又要识别低俗、扭曲、堕落文化的面目,千万不能错把腐朽当神奇。校园写作提倡健康的文风,既是对青少年学生成长的爱护,又是引导青少年学生意识到在社会转型时期自己肩负着更多的责任,要坚持扬清激浊、伸张正气、营造和谐。

学写文章的学生要做到文风健康,须在路子上下功夫,写自己的真情实感。文章应情真、理真、事真,做到"情深而不诡""义直而不回""事信而不诞",否则,就为纸剪的花,刀刻的叶,徒有外表,无生命活力。每个学生都是活泼泼的生命体,有自己独特的思维、独特的视角、独特的

[①] 本文发表于《中文自修》2006年第10期。

体验,珍视自己这些独特的看法与想法,如实地清晰地加以表达,写出来的文章就会像植根于泥土中而又带着露水的鲜花,虽不知名,但分外可爱,分外动人。

最怕胡编乱造,拼凑抄袭,扭扭捏捏,故作姿态,说一些自己也听不懂的话,这样的写作不仅违背学写文章的本意,而且不知不觉地亵渎了自己的心灵。究其原因,一是懒于思考。尽管学生的生活范围有限,但毕竟眼见耳闻不少人和事,也毕竟读过一些书,有点间接经验,只要重视对生活的热爱、感受、体验,不懒于思考,许多生动的写作材料就不会在眼皮底下溜走,动笔时也就不会腹中空空,借别人的脑袋和语言造作。二是刻意求工,要石破天惊,不同凡响,于是,用"旁征博引"包装,用稀奇古怪的语言包装,就是缺少自己的思想与感情。刻意写好文章的愿望是好的,无可厚非,然而,追求的目标发生了偏差。平实朴素、花团锦簇,不管怎么用笔,只要健康开朗、积极向上,都会是好文章。年轻人善辞藻华丽、喜汪洋恣肆,不是缺点,须注意的是:"酌奇而不失其真,玩华而不坠其实。"无论叙事、记人、绘景、状物,无论如何构思,如何遣词造句,都要有实实在在的思想、实实在在的内容,不能浮游无根,"失真""坠实"。

文章是心灵的表露、心灵的释放,学生年代为人处世,讲真诚,重情义,严于律己,心胸开阔,知荣辱,辨是非,明行止,写出来的文章就会意旨高远,质优言美。

手中的笔是用"心"来锤炼的。

把心交给文字[1]

拜读了《新随笔》专栏先后刊登的学生、教师、作家讨论写作随笔的文章,深为其中所流露的喜爱之情所感染。在不少学生畏惧写作乃至厌倦写作的今天,能有这份发自肺腑的喜爱之情不仅难能可贵,而且暖人心房。

喜爱源于"把心交给文字"。这儿有两个关键词,一是"心",二是"文字"。写随笔出于真心、诚心、善心、慧心。外界的人、事、物反映到脑海里,有所触动,乃至心灵受到震撼,有倾诉的愿望,有一吐为快的冲动,于是诉之于随笔,不拘形式,不事修饰,行云流水,真情可掬。与之匹配的文字当然也应该是流动、潇洒的。鲁迅的"有真意,去粉饰,少做作,勿卖弄",是告诫写作者的至理名言。随笔的文字贵在字随意行,信马由缰,信笔悠悠,如果刻意做作,随笔不"随",文字就成了僵死的符号,面目可憎。

优秀的随笔必然是作者慧心的表现。同样的事情,其中的深意,不仅需要作者用慧眼细致观察,把物象的整体、局部、细部巨细不漏地摄入眼帘,更需要作者有慧心,由表及里、由此及彼地思考、探究、联想、想象,有自己的认识、自己的见解,见人之所未见,思人之所未思、少思,或浅者深之,或窄者宽之,是独特的、个性的。乍看意料之外,实则情理之

---

[1] 本文发表于《新读写》2009 年第 1 期。

中。思想是随笔之灵魂,见解高下直接影响随笔的质地。人云亦云,拾人牙慧,不过是垃圾一堆。文字要精当、飘逸、从容、自然,如汩汩泉水从心底流出来。有人说,随笔写到像唐代诗人刘慎虚《阙题》诗这样的境界,那就潇洒、精妙、如入画中。

  道由白云尽,春与青溪长。
  时有落花至,远随流水香。
  闲门向山路,深柳读书堂。
  幽映每白日,清辉照衣裳。

  写暮春山中友人的读书生活,景语信手拈来,人物藏其中,色彩清丽,给人以直觉的美感,更给人以形象以外的趣味。读者阅读、品赏,会有王维《终南别业》中"行到水穷处,坐看云起时"诗句的感觉,诗短意长,引起无限的遐想。随笔不是诗,但境界空灵、高远,语言隽永,意味深长,同样应是孜孜以求的目标。

  随笔是作者生命活力在文字上的展现,命题作文岂不也是如此?随笔,不少学生愿写、爱写,不少教师也喜读、爱读;而对命题作文,学生却惧它三分,教师批阅,也有不能承受之累,原因何在呢?这儿且不直说。写作能力的提高,既须有自由自在的心灵放飞,也须有中规中矩的多种训练,让思想驾驭文字,运用文字准确、生动地表达情意。在日常的生活、工作中,除文艺创作外,大量的是命题作文,在一定的时间、一定的范围内,按特定要求完成任务。

  命题作文同样要"把心交给文字"。之所以会出现陈词滥调,无病呻吟,言不及义,毛病往往出在"做作""造假"上。似乎文归文,我归我,不是自己思想感情的流淌,而是把"文"看作器物,用外力加一番打造。"造"的现象反映了"心"的流失。"心"不在"文"中,写的"文"怎可能有实实在在的内容、真真切切的感受、多姿多彩的语言？其实，"心"还在习作者的心中，只不过是写随笔时无拘无束，天马行空，兴之所至，创造，追求；而命题作文时，"心"一下子收缩起来，禁锢起来，把它搁置一边，另起炉灶。下笔有心无心，用心不用心，效果大相径庭。

写作的这颗心不是与生俱来的，真诚的、善良的、智慧的心是在生活中、阅读中、交往中，受滋养和不断修炼的结果。身在生活之中，心也要投入，张开自己的感觉器官，眼看、耳听、鼻嗅、手触，运用自己的思维器官，心想，思考。一件件、一桩桩，带着生活露水的生动、鲜活的可供写作的材料奔涌到你的脑海里，储存起来，命题作文时就能信手拈来，无做"无米之炊"之苦。阅读同样须用心汲取。经典著作、美文佳作中深邃的思想、精辟的见解、传神的描写、灵动的语言，入眼入心，在记忆中留下痕迹，并经常咀嚼、回味、推敲、提炼，脑中有文化积淀、语言文字积淀，写命题作文时也就兴之所至，信笔悠悠。命题作文的佳作，不论是记叙文、议论文，还是其他文体，穷其根源，无不是思想、语言双锤炼，生活积淀重视，文化积淀认真。功夫到了，水到渠成，其中当然有许多艰辛，须满怀信心，锲而不舍。

德国大诗人歌德在十四行诗《自然和艺术》中说得好：

> 谁要成大事，就必须集中全力，
> 在限制中才显出大师的本领，
> 只有规律才能够给我们自由。

生活的哲理如此，为文之道又何尝不是这样呢？

让情怀在文中放射光芒[①]

文章的光彩在于思想的发光。文章如果没有习作者自己独特的感受、独特的见解,"庸人思路",浅表说理,即使语言还可以,也是站立不起来的。明末清初大学问家王夫之曾这样说:"无论诗歌与长行文字,俱以意为主,意犹帅也;无帅之兵,谓之乌合。"显然,"意"关系到文章的全局,材料选择,结构安排,语言运用,都受它的统率、调遣。

《小人物 大情怀》写作的主旨是要赞颂小人物身上的大情怀,而这种"大情怀"不是抽象的、笼统的,是习作者感同身受,能给人以启迪与感染的。"意"明不明关系到文章质地的高下,为此,下笔之前须对"大情怀"作一番认真的思考与推敲。调动自己的生活经验与阅读积累,给予准确的定位,而不是泛泛谈亲情,谈好人好事。泛泛谈,光芒就暗淡了。

"大情怀"的"大"是十分关键的词。"大"在何处?正如冯至在《深夜又是深山》这首十四行诗的最后两行所说:"给我狭窄的心/一个大的宇宙!"人的"心"不过是方寸之地,然而心中有别人,有群众,有国家,有民族,有世界,就拥有了一个大的宇宙,达到了人的真正的境界。学生平时知晓的"身无分文,心忧天下""先天下之忧而忧,后天下之乐而乐""天下兴亡,匹夫有责""个人的事再大也是小事,群众的事再小也是大

---

① 本文发表于《当代学生》(B刊)2009年1—2期。

事""海纳百川,有容乃大"等这种仁爱之心,悲天悯人之情,都是大情怀。

这种"大情怀"是我们中华民族历经内忧外患创造的精神财富,无数志士仁人以自己的生命实践、传承、弘扬。不仅他们为我们树立了榜样,众多小人物心中同样蕴藏着这种美好的情感,遇到时机,这种情感就会如泉水汩汩涌出,滋润别人心田,浇灌人间和谐花。

对"大情怀"的认识有深度,感受真切,选点恰当,对"小人物"的叙事、描写生动活泼,文字顺畅、优美,再佐以点睛的评论,文章就有厚度,读来意味无穷。

初试锋芒赞[①]

19世纪70年代普法战争之事,初中学生学习都德短篇小说《最后一课》时均略有知晓。教学时因不作具体阐述,学生印象往往是抽象的、模糊的、概念化的。而今,席时雍、丁坚容两位八年级学生创作《光明与黑暗之书》,用文学的笔触把这场战争刻画得波澜迭起、惊心动魄,一个个人物形态各异,历历如在眼前。中学生伙伴阅读该作品,不仅可满足好奇心,更能步入时间隧道,观看历史风云,倾听王朝瞬息变幻的声响,思考人生的追求,谴责战争的罪恶。两位作者仅十四五岁,小小年纪有如此的文学爱好、文学潜能、文笔功夫,令人欣喜,值得称赞。

该小说构思巧妙,以简驭繁,用双线勾勒的方法,把普鲁士和法兰西两国统治者为了称霸欧洲而进行的这次战争描述得一清二楚。最初,法国皇帝拿破仑三世在1870年7月19日向普鲁士发动侵略战争。

[①] 本文出自《中国校园文学》第二辑(学林出版社2016年版)。校园文学社团是学生通过阅读、写作和社会实践活动陶冶情操、开阔视野、锻炼能力的重要阵地,且在一定程度上反映了语文教学的基本生态。作者在长达半个多世纪的语文教学生涯中,一直十分重视校园文学社团的建设,在校内利用课余时间为学生文学社团作指导、开讲座等,在全国语文教学界全力支持校园文学联合会的专业活动。进入21世纪以来,受应试压力和功利办学的影响,校园文学景观与20世纪八九十年代相比日显冷清萧条,作者对此很焦急。《中国校园文学》第一辑、第二辑出版之际,作者欣然命笔,撰写文章,为校园文学的勃兴添火助力。2016年,中国写作学会中小学文学社指导中心在成立大会暨第19届文学社年会在组织过程中遇到困难,经过作者多方协调,最终促使于12月2日至4日在上海顺利召开。

9月1日,在色当决战中,法军大败,拿破仑三世投降。从此,普鲁士军队又成为侵略军,向法国巴黎推进,几乎占领整个法国,烧杀抢掠,迫使法国签订了丧权辱国的条约。双线并行,讲述战争始末。一条线是法国士兵弗朗索瓦的所见所行,另一条线是普鲁士禁卫军海因里昂的战争经历。不同国别、不同立场、不同视角,讲述同一场战争,联系紧密,或铺垫,或呼应,或推进,或发展,言之有序,纹丝不乱。

构思的巧妙还表现在让死者的遗物说话。一边是"一个战争牺牲品的最后的笔迹——日记9篇",一边是"一个为战争殉葬之人的日记",写在一沓浸满鲜血残破不全的信纸上,也是9篇。日记,记历史的真实,从发动战争,集结军队开始,到袭击、交锋,到色当决战,到进入巴黎,一件件,一桩桩,书写着战争的惨烈、生命的消失。日记,记思想的纠结,人性与兽性的搏斗,自身的,他人的,猥琐的,疯狂的,战争中的人性展现,兽性发作,真实地伴着血与火记录留痕。用日记的形式讲述战争故事,更有真实感,更能吸引人,感动人。用两则日记开篇,引出"一段悲怆、令人惋惜的往事",也由此"勾勒了一段罪恶、黑暗的回忆",布局也是有特色的。

色当决战的场面,敌对双方均作了详细描绘。败方多着力写个人的迫不得已杀敌人后的罪恶感,写目睹法兰西官兵在这"屠宰场"被炮弹、屠刀屠杀的惨状,写自己负伤、拼死搏斗与逃亡的艰难与绝望;大获全胜方用相当笔墨写诱敌深入全歼敌军计谋的步步实现,地形、人员、武器、厮杀、声响、色彩,全方位刻画,有点有面,深刻地揭示了屠杀者的兽性。即使与逃亡者的拼搏也充满血腥。章有章法,对战争场面做主次详略的处理,既错综其势,又贯通其意。

人物刻画也不乏佳笔。金发碧眼的年轻小伙子霍尔特,没有一句语言描写,仅胸口中枪后的死亡姿态就勾画出鲜明的形象。拿破仑三世与铁血宰相俾斯麦战前因"动员"而出场,对肖像均作了相当生动的渲染，但动员的话语稍加品味，就可发现，一是空空洞洞，虚张声势；一是实实在在，成竹在胸。写人，要须眉毕现，引人入胜，力求"面目精神，跳跃纸上"。

文学是语言的艺术。叙事、写人、绘景、状物，无不需要精当的文字。两位作者在遣词造句上也是花过心思的，不仅能用恰当的词句把意思准确地表达出来，而且注重辞采，追求用词组句在表达情意时的一点变化。

"后记"中"失乐园""伊甸园"的安排几乎是"神来之笔"，一地狱一天堂，寄寓了爱憎与期望。想象是人们追忆形象的机能，是一种创造性的能力，作品末尾展开想象的翅膀，贯通古今来思考，来表述，貌似荒诞，实则寄托了人世间的美梦，让光明驱走黑暗。

两位小作者写小说，虽初试锋芒，但闪亮之处比比皆是，同龄人认真阅读，思考、咀嚼、品味，定能感受到文字的魅力、文学的芬芳。

教你写作文
——中学生作文指引

第一单元　选择材料

【单元提要】

本单元探讨积累和选择材料在写作中的重要性。

材料是文章的质地,要学会写文章,学会写好文章,脑子里应该建立内容丰富的材料库。仓廪充实,拿起笔文思就会汩汩流泻;否则,搜索枯肠,也难为无米之炊。

怎样才能使脑子里的材料库充实起来呢?

读有字书,精读博览。读,不能书是书,我是我,而是要根据文中描绘的词句段落,结合自己的知识储存,开展想象,让字面上的景、物、人活起来,动起来,深入理解语言创造情境的奥秘,理解作者炼字炼句构思组材的匠心。

读无字书,汲生活之水,开阔视野。生活中可入作文的材料比比皆是,无论是自然景物,还是社会上的人和事,只要细细观察,处处留意,就可吸取到丰富的养料。

本单元结合例文的剖析与修改,在观察、感受、截取、想象等取材的途径和方法方面作一些引导。

1. 观察

【写作指引】

观察是写作的入门。要写出内容充实的文章,就要锻炼自己观察事物的眼力,学会捕捉生活中生动的形象,形象捕捉得愈具体愈细致,下笔时就能用语言把它们呼唤出来。如果对周围的事物视而不见,听而不闻,或者只是浮光掠影地看一看,就很难获取有价值的材料。

【例文修改】

一个小人物

苏艳芳

"你整天只管看电视,快来帮我把弟弟的鞋拿去街口的鞋档修补……"妈妈不停地啰啰唆唆,怪不得人们说妈妈如和尚,说起话来总像念经文一样,永无休止①的。我终于忍受不住,挽着弟弟的鞋,一个箭步冲出门口。

②一路上,想着一会儿回家如何打发时间,不如到超级市场买些零食,一面吃,一面看电视,真是一个好主意!③随后,我不由自主从④胶袋拿出弟弟的那对黑皮鞋,⑤发觉原来是鞋底的胶"甩"掉了。事实上,根本不用去鞋档修补,⑥可以买一支××超能胶来粘⑦鞋底便可,既省钱,又省力⑧,不过现在既然已在途中,只好照妈妈的吩咐去办!

⑨不知道自己在街中荡了多久,⑩当转入了一条横街后,⑪便有几个鞋档,我挑了其中一档,把弟弟的鞋递给那补鞋师傅;⑫那时他正在替一位太太"打鞋码",只好抱歉地请我等一

① 可删除。
② 改为"路上,我想到超级市场买些零食,回家后好一面吃,一面看电视。"。

③ 改为"走着走着"。
④ 在"胶袋"后加"里"。
⑤ 改为"仔细一看,"。

⑥ 可省去。
⑦ 删除。
⑧ 逗号改为句号。
⑨ 改为"我在街中荡了一下"。
⑩ "当"改为"就";删"后"。
⑪ "便"改为"横街上"。
⑫ 删除。

等。不知是否因为受环境影响,⑬心里感到很烦躁,于是毫无目的地向四周张望。这条横街颇为黑暗,⑭不及外面那么嘈杂;鞋档前有一条小小的沟渠,污水⑮永不止息地流着,我⑯幻想污水中有多少蟑螂、蚂蚁的死尸,⑰多少只老鼠曾在水中游泳,⑱实在令人作呕!⑲这时,我回头细心观察那鞋档的外貌:它是由铁片搭成的,⑳顶上有一块突出的铁片,大概是用来遮太阳或避雨吧!㉑左右两面都用红漆写着"明记补鞋"的字样,字体虽不端正,但㉒总给人粗率而亲切的感觉;师傅身后的架子,放着用各种各样的糖果铁罐盛载的钉子和工具,加上一卷卷的皮,㉓真有如百宝袋般。

忽然我听到师傅热诚地说了好几声多谢,原来他已做完那位太太的生意,我于是急忙把鞋递上。不用我多费唇舌,他好像已明白我的心意,向我略为解释他会如何㉔补它,㉕便开始工作了。㉖那时我坐在小凳子上,一面留心师傅补鞋,一面细心打量着他。他㉗也是坐在凳上的,是一个五十多岁的老人,头上戴着一顶蓝色的冷帽,架着一副黑色的眼镜,㉘一身朴素的打扮,衣袖和裤管㉙上都沾上了黑鞋油,我看了并不感到讨厌,反觉得这些鞋油渍是丰富经验的㉚积累;他腿上有一块已沾满了尘的牛仔布,用来防止弄污裤子。㉛但令我最深刻还是他额上的皱纹,这是历尽风雨的印记。

⑬ "心里"前加"我"。

⑭ 改为"没有"。
⑮ 改为"不息"。
⑯ "幻想"改为"想到"。
⑰ 在"多少"前加"有";"水中"改为"里面"。
⑱ 改为"就想作呕"。
⑲ 改为"我赶紧回过头,细心观察那鞋档的外貌"。
⑳ 改为"顶上一块突出来"。
㉑ "两面"改为"两边"。
㉒ "总"改为"却";"粗率"前加"以"。

㉓ 改为"真犹如百宝架"。

㉔ "补"后加"好"。
㉕ 可删。
㉖ 删除。
㉗ 删除。

㉘ 改为"穿着朴素"。
㉙ 删除。

㉚ 改为"标志"。
㉛ 改为"他给我印象最深的"。

㉜ 改为"补着鞋"。

㉝ 改为"简单而又熟练的动作充满感情，充满生命力"。
㉞ 删"我"。

㉟ 改为"麻木，可能是屈曲时间久，不习惯吧"。
㊱ 改为"虽然我和补鞋师傅在一起时间短暂"。
㊲ 逗号改为句号；"我没有到超级市场买零食"挪到"一片冷漠"后，在"……买零食"后加"径直往家里走"。

补鞋师傅聚精会神地㉜在补鞋，一双粗糙而又灵活的手在鞋底上涂上胶水，待胶水将近干时，便将胶底与鞋底黏合，稍后他拿如"磨指甲"般的工具，擦着鞋的边缘，目的是将多余的胶水除去，最后他拿出鞋刷不停地擦着。这一连串㉝而又简单的动作，我感到一股无穷的生命力向我冲来。他眼里流露满足之情，口角挂着一丝微笑。他满足于现在，满足于工作，㉞这是我可以肯定的。他那一丝不苟，为求尽善尽美的工作态度，令我深深钦佩！

付了钱后，我拿过了鞋，他照样热诚地说多谢，他如完成一件伟大的工作感到兴奋和满意。我双脚感到㉟麻痹，可能是屈曲不惯吧。㊱虽然我没有真正和补鞋师傅说过话，但我从他身上学到了很多㊲，我没有到超级市场买零食。横街不再是黑暗，我喜欢它的单纯；我讨厌挤迫的大街，不论交通工具或行人都像戴上虚假的面具，给人一片冷漠！

【重点评析】

这是一篇记人的文章，标题有吸引力。

材料具体、充实是这篇文章的突出优点。作者笔下的鞋档、鞋匠栩栩如生。描写鞋档，由外而内，井然有序。如果观察不细致，横街的黑暗而不嘈杂，鞋档前的小小污水沟渠，鞋档顶上一块突出的铁片，字体的粗率亲切等细小而生动的材料就不可能进入文章。作者写鞋档还用了虚实结合的方法来充实材料，增加描写的分量。眼前污水沟是"实"，污水中蟑螂、蚂蚁的死尸,游泳的老鼠是想象中的形象,是"虚",虚实结合起来写,材料就厚实。

记小人物鞋匠,先用简笔铺垫,再转笔叙述文中的中心事件。描绘鞋匠,由外貌而衣着,而动作,而表情,观察细致,特征鲜明。作者补鞋时如果不精心观察,鞋匠额上的皱纹,衣袖和裤管上沾的鞋油,沾满了尘的牛仔布,擦鞋的边缘,去除多余的胶水等生活中的材料,都可能从眼皮底下溜走。

文章的主题有一定的深意。鞋匠这个人物虽"小",虽十分平凡,但他内心是美好的,倾注热忱与真情于极其平凡的工作,给作者以深刻的教益,"小人物"不"小"。

本文在以下几个方面作了修改:

第一,意思纠缠的句子。例如②,先买后吃就比较顺,不能一会儿想到回家怎样,一会儿又到超级市场,一会儿又转到回家一面吃,一面看电视。表达意思力求简单明了,能不兜圈子的尽量不兜圈子。

第二,意思颠倒的部分。例如㉗"我没有到超级市场买零食"插在"学到了很多"与"横街不再是黑暗……"中间,既显得层次上杂乱,又显得十分突然。"学"之后应紧接着写自己的感受,顺理成章。故把这一句挪到文末,收煞全文。

第三,用词不当、与事实不符的句子。例如㉚,"鞋油渍"是经验丰富的标志,而不是"积累";又如⑮,污水可"不息"地流,说"永不止息"就言过其实了。

2. 截取

【写作指引】

观察事物要力求全面,即不仅要对全貌进行观察,把握轮廓,而且要观察它们的发展变化,了解它们的前因后果,还要观察它们与其他事物之间的联系和区别。观察时力求全面而细致,把生活中的种种物象摄入眼帘,但入文章时却不能全部塞进去,不能记流水账,须拿出眼力,大胆截取,截取生活中最精彩的横断面,集中而生动地表现主题。

【例文修改】

小　息

蓝翠红

① 改为"同学们"。
② "碎银"改为"零钱";"书本"改为"课本"。
③ 删"都";把"大家"挪到"渴望"前面;"来临"后的句号改为逗号。
④ 在"响起来"后面加"了"。
⑤ 改为"都心急火燎"。
⑥ 删除。
⑦ "想"改为"要"。

⑧ 删除。

⑨ 删除"在";删除"数个";删除"在"。
⑩ 改为"有的与邻班的同学交谈,"。
⑪ 改为"有的则亲热地和熟识的朋友拳来脚往"。
⑫ 改为"我在一旁冷静观察,发觉她们可分为好几个类型";在"食家型"后面增添"服务型、爱美型","和"删除,改为顿号。

　　还有数秒钟便十时半,①各同学已经显得很不耐烦:②有些在点算着碎银,有些甚至把书本放进书包,③都渴望着小息的来临。大家在五秒、四秒的倒算着。

　　④钟声响起来,可是老师还喋喋不休,大家⑤都心焦了。走廊上⑥喧哗的叫声、笑声,像是⑦想把老师赶走似的。

　　老师终于离开了。同学们像逃难似的跑出课室,门口一时水泄不通,人影叠叠,⑧倒像一群野牛破栏而出。

　　走廊上热闹极了:同学们有的⑨在赶往食物部购买饮品和食物,手里拿着数个硬币在把玩着,⑩似在盘算一会儿购买什么,迎面碰来数位邻班的同学,于是大家点点头、挥挥手,都也在微笑着;⑪若遇上熟悉一些的便拳来脚往一会,切磋一番"武艺"。⑫而我则悠然漫步地看看同学们的动态。综合她们可分几类型——玩耍型、苦读型、健谈型和食家型。

玩耍型的，⑬都爱在走廊上比武追逐，更喜欢捉弄别人，她们⑭面上都流露着开心灿烂的笑容。小息对她们来说，⑮正是附加的游戏堂。

至于苦读型的，你不论在何时⑯碰着她，她总是拿着课本、笔记，念着念着。⑰有的是作小组式的研习，更有个别会往教员室向老师发问。

那健谈型的，无论何时，她们都在说话。⑱有的倚在栏杆倾诉着，她们细声讲、大声笑，近⑲至昨晚的电视节目，远至天南地北，无所不谈。

⑳步落操场，不难看到一群熟悉的面孔㉑，她们都在吃喝。通常在小息的时候，她们都在那里，一堆堆㉒在食物部围着。

还有㉓一小撮人，她们默默地为学校服务着，㉔她们手里都有一叠的簿子，也有一些两手空空，然而她们负着学校交托她们的责任，在守岗当风纪呢。

㉕当走进洗手间之际，㉖不难发现有一半的同学在对着镜子，整理衣衫，或者拿着梳子、刷子，在㉗梳着头发。她们是那么注重外表美观，真像要参加宴会似的。

很快地，小息㉘近完了，㉙同学都有秩序地逐渐返回课室。㉚和出课室时成强烈对比。㉛有好些同学却老不愿意逗留在课室内，仍爱在外

⑬ 删除。
⑭ 改为"的特点是喜笑颜开，心花怒放"。
⑮ 改为"正是舒活筋骨，愉快欢乐的良机"。
⑯ 改为"碰到她们，她们总是拿着课本、笔记，读啊，看啊"。
⑰ 改为"有的与同学研习，有的往教师室向老师请教"。
⑱ 改为"她们倚在栏杆边，细声说，大声笑"。
⑲ 改为"自前一天晚上"。
⑳ "步落"改为"步入"。
㉑ 改为"在吃点心，喝饮料"。
㉒ 改为"围着食物部"。
㉓ 改为"少数同学"。
㉔ 改为"手里拿着一叠簿子，履行着学校交托给她们的守岗查风纪的职责"。
㉕ 改为"走进洗手间，又是另一番情景"。
㉖ 改为"这里有一半同学"。
㉗ 改为"梳理"。
㉘ 改为"就要结束"。
㉙ 改为"不少同学陆续"。
㉚ 删除。
㉛ 改为"有的还在走廊上溜达"。

㉜ 改为"才不得不进入教室"。

面溜达,直至钟声响起来,㉜才不愿意地入课室,因为谁也不敢在走廊上"冒险",怕给老师责罚。大家纷纷安坐在自己的座位里,翻开书本,佯装温习,等待老师的来临。

【重点评析】

这是一篇描述学校生活的记叙文,在选择材料方面能给人以有益的启发。

学生从到校上学至放学回家,其间可写的活动很多,但作者没有泛泛而谈,而是截取了一天学校生活中的某一段时间来描绘,也就是截取了"小息"这个学校生活中的横断面来记述描写,场景集中,人物活动频繁,材料充实丰富,能给人以深刻的印象。

作者观察细致,抓住了"小息"中各种类型学生的特征勾画,构成了有趣的群像,学生不像在课堂里那样须自我约束,故各自的特点能比较充分地显露,给人以栩栩如生的感觉。

接近"小息"时学生盼下课的动作和心理活动的描写,"小息"结束时,有的学生仍恋恋不舍的刻画,既为同学们的欢乐渲染气氛,又为小息时的欢快增添回味。这样安排,时间线索清晰,叙事完整。

文章最大的缺点是语句不通顺。没能把意思清楚地表达出来。为此,作了较多的修改。

第一,把意思不连贯的地方改得连贯起来。例如③,"都渴望着小息的来临",已把这一句意思煞断,后面又说大家怎样算时间,似乎是节外生枝。所以,把"大家"挪到"渴望"前面,两句并成一句,使意思连贯起来。

第二,删掉节外生枝的句子,使要表达的意思更明确、更简洁。例如⑩,有的同学手里把玩硬币,已显示特点,无须再写心里盘算购买什么。把玩硬币的同学又与邻班同学"点点头、挥挥手"的内容塞进句子里,更是节外生枝。

第三,修改用词不当、搭配不当之处。例如⑥,"喧哗"是声音大而杂乱的意思,用来修饰"叫声、笑声",叠床架屋,搭配不当。再如㉓,"一小撮人"是贬义,不能用在同学身上,故改为"少数同学"。

第四,把前后缺乏照应的部分补上。例如⑫,"她们可分为好几个类型"只列举了四种,下文却写了六种,故补上"服务型、爱美型"。

3. 想象

【写作指引】

观察和感受是获取写作材料的主要手段,而想象又可丰富和扩展写作材料。想象力比知识更重要,它能概括世界上的一切。写作时要善于选择想象的"触发点",从眼前的所见所闻出发,拉开想象的线头,让思想插上双翅奋力翱翔。思绪绵绵,浮想联翩,头脑里就会创造出许许多多新的形象。想象不是空想,更不是胡思乱想,想象的内容来自现实生活。注意生活材料的积累,又常进行想象训练,写作时笔下就会十分充实。

【例文修改】

且向虹彩借八分

张蕙云

我要为那单调的蓝空涂上①如胭红的彩霞,伴以一个金色耀眼的太阳;我要为那棵老树添②画上油油常青的绿叶,衬以艳红的花

① 改为"胭红的晚霞"。

② 删除。

③ 顿号改为逗号。
④ 删除。
⑤ 改为"什么时候"。

⑥ 改为"它们都入我的画中"。

⑦ 删除。

⑧ 改为"开动了"。

⑨ 改为"心思"。

⑩ 改为"涌来"。
⑪ 改为"像泉水喷射"。

⑫ 删除。
⑬ "唤使"改为"使唤";"曳动"改为"摇曳"。

朵③、累累的果实。我要挥动彩笔,使④这世界更添姿彩。不知从⑤那时开始,我的志愿就是成为一个画家。

恐龙可以复活,鱼儿可以在陆地步行,蚂蚁可以吃大象,人可以给布娃娃操纵,只要我妙手一挥,⑥你们休想逃掉!音乐家用音符歌颂母爱的伟大,我则借颜料绘画出母性的温柔;摄影家可以捕捉的神韵,我更赋予它们多一层创新⑦和想象。

丢掉一张又一张画布,用去一瓶又一瓶油彩——当灵感不到时,只感脑子一片繁芜,像⑧按了掣的搅动机,不停地打转。四周的宁静总不能和我的⑨灵感协调。有时真不知道应画些什么:时而想为窗前的小鸟换上七彩的羽衣,时而想把屋后的黄皮树挂上黄澄玲珑的果实,时而又是一幕幕零碎无章的片段,最后却又一片空白。

但灵感有时却会在不经意间突然⑩涌到,⑪像奔放如流的泉水涌现。我为西天倒翻了画碟:玫瑰汁、葡萄浆、紫荆液、枫叶泪——泻满一天,映红一地⑫;蜿蜒像鱼龙,渗染了苍白色的雨。我用鸭蛋黄装裱那将逝的夕阳,⑬我唤使那麦浪在微风中曳动,我命令山后的房舍戴上红帽子,我给乡间的小路铺上绿地毯;叫路旁的苹果树穿上红绿相映的大衣,教小溪洒上蓝水珠,鱼儿穿上金麟片。还让池塘里的鸭妈妈带着小鸭子⑭日光浴。快乐的青蛙三三两两在荷叶上高歌。⑮笔下是一个逗人留恋的世界。

我要做一个画家。我要用红色⑯使大地更缤纷,使宇宙平添朝气和冲劲。人人都挂上红脸珠,让喜气充斥每一角落——那红封包、红鸡蛋、红请柬、红双喜、红蜡烛、红……通通都是红的。⑰但我亦要把红色涂在交通灯号及指示牌上,好表示警觉与危险。总之,红色既刺眼,而又富挑战性,就如女孩子一样。⑱才怪不得有所谓"女红装"呢!

至于那绿嘛!⑲则最适合装裱那大自然:深绿的树林,青绿的草原,嫩绿的秧苗,翠绿的嫩叶,墨绿的田畦……绿色永远⑳就是那么悦目和谐,教人身心舒畅。㉑当然,才不要把那绿色涂在帽子上,犯了中国男子的大忌!

那黄色则最宜点染在黄帝子孙的皮肤上,配以黄河作背景,既亲切又温暖㉒,好一个龙的家乡,龙的传人。

还有……还有那紫色应点在㉓那寡妇的嘴唇上,那蓝色应㉔放在空中,而那白色㉕则最好点缀人性的单纯。㉖到最后,我则会把绝望、恐惧、死亡,一切的不快,尽埋在黑色的禁区中,不让别人闯进来。

我且向虹彩借八分,将它们一一涂在生命的画布上。

⑭ "日光浴"改为"沐浴日光";句号改为逗号;在"快乐"前加"让"。
⑮ 改为"笔下世界五彩缤纷"。
⑯ "缤纷"改为"壮丽";"使"改为"令";"平添朝气和冲劲"改为"更辉煌"。
⑰ 删"但";"亦"改为"也"。
⑱ 删除。
⑲ 删除"则""那"。
⑳ 删除"就"。
㉑ 删除。
㉒ 删除。
㉓ 删除。
㉔ "放"改为"涂"。
㉕ 改为"可表现人性的单纯"。
㉖ 删除"则"。

【重点评析】

这篇抒发心愿、表露理想的文章取材广泛，色彩绚丽，给人以启迪和遐想。

广泛的取材来自作者丰富的想象。作者的思想插上双翅在天地之间遨游，开拓出一个又一个美丽生动的形象。

开展想象的"触发点"是作者当画家的心愿。拉出这根想象的线头，就思绪绵绵，浮想联翩。

想象的内容具体、实在，眼前的实景和想象中的虚景衔接得自然贴切。"蓝空"是眼前实景，"晚霞"和"金色耀眼的太阳"是想象中的虚景，二者巧妙地糅合，展现出晚霞布蓝天、金色太阳照的画卷。为"老树"添"绿叶""艳红的花朵"，添"累累的果实"也是实景与虚景的巧妙糅合。

想象的内容可蒙上奇异的色彩，使人在惊讶中获得欢乐。奇异的想象超越现实的局限，给文章增添情趣。

画家需要灵感，需要与色彩为伴。作者仍以画家心愿为触发点，选用了灵感未到时画意干瘪的种种材料，又选用了灵感涌现时泼彩绘景的种种材料，有色彩斑斓的农村风光，有分别以红、绿、黄、紫单色作的一个个形象，内容充实。

想象是以现实为基础的，作者对自然风光、花草树木、水中鱼、窗前鸟等入目入心，对画笔、色彩的功能深有体会，才可能想象出一幅幅美妙的图景。

文章结尾有特色：一是点题，二是点主旨。标题新颖，"且向虹彩借八分"蕴含文章内容与色彩有关，而且色彩鲜艳夺目；文章主旨在将虹彩一一涂在生命的画布上，不仅要画出形象逼真、色彩美丽的一幅幅图景，更要使生命如虹彩一般光彩照人。主旨有一定的深度。

文章在词句方面作了一点修改：

第一,删除多余的字、词、句,使意思表达得更明晰。

第二,改动表达不恰当的句子。例如⑥,"你们休想逃掉"的说法容易产生歧义,故改为"它们都入我的画中"。

第二单元 确立主旨

【单元提要】

本单元探讨立意在写作中的地位和作用。

立意,就是确立文章的中心思想。确立中心思想,是构思过程中最重要的步骤。"意"是文章的灵魂,文章无明确的"意",字字句句就如一盘散沙,无法连缀成有机的整体,作者写作的目的就不清楚。

"意在笔先",下笔之前先要反复思考,明确写这篇文章的目的,从材料中提炼写这篇文章的主旨,做到成竹在胸。如果"意"不先立,想到哪里写到哪里,就会漫无中心,犹如马蹄杂沓,不成篇章。

本单元结合例文的剖析与修改,在立意方面如何求精、求新、求深,如何开阔思路作一些引导。

1. 求精

【写作指引】

"意"是文章的统帅,辞采章句好似兵卫,为表达"意"服务。立意要精,要集中、单一,去芜存菁;立意如不集中,多中心,文章就头绪繁多,旁出斜逸,莫衷一是。确立中心思想时,必须牢记"减头绪,立主脑"。

【例文修改】

春天也是读书天

黄翠娴

帘外雨潺潺,春意阑珊。①一直以来,我有偏爱雨之癖,而雨之中以这种朦朦胧胧的春雨,我最为酷爱。②在绵绵洒着春雨的天气下,一个人静悄悄地跑到山岗上,③看看大自然之微妙变化——植物和各种生物在严酷的寒冬里醒过来,在春天里抖擞着精神,向上爬,欣欣向上生长。④我此刻真想化作一只蝶儿飞出窗外。噢,不,我不要化作蝶儿,我要化作一只春雁,⑤一只最早知道春来的雁飞出窗外,再次投入春之怀抱中,再次惊叹春之幽、春之美、春之雅、春之淡……

春,委实太美,⑥你用尽所有的形容词,也不可能把它称得恰如其分。我爱春,⑦我渴望能投入春之怀抱中,欣赏它的美,但——我不能,手中的书本,心中的志愿,⑧这一切一切像一把枷锁,紧紧地把我栓着。墙上的日历纸在春风中起舞,像是提醒我时间一分一秒地过去,⑨它像一条鞭子抽到我身上,迫使我把思潮收回来,命令我去了解春天也是读书天。窗外的风和雨好像对我说:"趁着美好的春天,⑩好好地读书去吧!"

① 删"一直以来""偏""雨之中以这种"。

② "天气下"改为"日子里"。

③ "看看"改为"观赏";"植物和各种生物"改为"花草树木";删"在严酷的寒冬里""在春天里""向上爬";增添",心中感到无比欢快",接在"欣欣向上生长"后。

④ "我"放在"此刻"后面;"飞出窗外"改为"飞舞"。

⑤ 删"飞出窗外""再次""中""再次"。

⑥ 删"你";"也不可能把它称赞得恰如其分"改为"也难以描绘一二"。

⑦ "中"可删。

⑧ "像一把枷锁"比喻不恰当,删除;"栓"应改为"拴","栓着"改为"拴住"。

⑨ 比喻不恰当,删除;此句改为"告诉我春天也是读书天"。

⑩ 删"去"。

⑪ 改为"是的"。
⑫ 此句改为"学习上我曾经失败过"。
⑬ 此句紧缩为"我尝过失败之痛苦"接在"学习上我曾经失败过"。
⑭ 此句改为"现在要趁大好春光,努力赶上"。
⑮ 改为"地上的小草由枯黄一变而为翠绿"。
⑯ 改为"树上的枯枝吐出了嫩芽"。
⑰ 删"地"。
⑱ 改为"长期以来,我都以为它们的变化是春天施展魔法所致"。
⑲ "深切地了解"改为"体会"。
⑳ 改为"明白春天蕴含的深意:叫我们褪下陈旧的外衣,换上充满生气的嫩绿新衣"。
㉑ "达到"改为"实现"。
㉒ 改为"我要像小草、嫩芽和藤蔓那样,不停地努力,向着自己的目标奋力前进"。

㉓ 删除。

㉔ 改为"在我生命中出现过十多次"。
㉕ 改为"它能给人以启示"。
㉖ 改为"春天也是读书天"。

⑪<u>真的</u>,我要趁着美好的春天,好好地去读书。⑫<u>我曾经败过一次,我这次不许再败,我要向自己证实自己的力量,我要赢一场漂漂亮亮的仗。</u>⑬<u>我尝试过失败,我了解失败之痛苦。</u>⑭<u>现在我爬起来了,要如春一般,充满着生气和活力。</u>

春天令万物欣欣向荣地生长。⑮<u>你看地上的小草,由又枯又黄的一变而为披上充满活力的翠绿外衣,</u>⑯<u>它微笑地向你展示它的新装;草旁的树上的枯枝,也一变而为嫩芽;攀附树干的藤蔓,</u>⑰<u>也努力向上地爬。</u>⑱<u>一直以来,我都满以为是春天,它施展魔法令他们转变。现在,</u>⑲<u>我深切地了解到它们不是受春天魔法所影响,而是它们先知先觉,</u>⑳<u>一早已明白到春天暗地里的意义:是叫我们褪下那腐朽的过去的外衣,穿上那充满生气的嫩绿外衣。在春天之中努力奋斗,</u>㉑<u>达到自己的愿望。</u>㉒<u>我不能败在那些小草、嫩芽和藤蔓手下,它们不停向上爬,我也要不停地努力,向着自己的目标爬上去。我要做一只先知先觉的春雁,</u>㉓<u>它比蝶儿伟大得多,比同群的雁清醒得多,它要在春天里干一番大业。</u>

春,㉔<u>在我生命中悠悠地过了十数个寒暑,</u>愚昧的我一直只以为春是给人欣赏的。总没想到,㉕<u>它给了我一个重大的启示,它提醒我应把握时光,努力向上。</u>㉖<u>读书就是我应该努力的</u>

事,在春天里我要努力读书㉗。这才不辜负春天那语重深长的意义。

㉗ 句号改为逗号;最后一句改为"奋发向上"。

【重点评析】

这篇作文是花了相当功夫写的,力求把景物描写和自己的心愿糅合起来,使文章的中心思想有一定的深度。

文章立意必须明确、集中,即主题须集中、单一,不能多中心。意多,文就杂乱。

这篇作文最明显的毛病就是中心不明确,牵扯方面很多,给人以混乱的感觉。文章开头着力赞颂春雨,旋即扩大到赞颂春光;接着提出要趁大好春光好好读书,旋即又转到自己失败过,要打赢漂漂亮亮的仗,要如春天一般充满生气和活力;然后又转到小草、嫩芽、藤蔓先知先觉,明白"春天暗地里的意义",要努力奋斗,实现目标;最后表达自己要努力读书的愿望。简单地说,文章立了如下几个"意":(1)赞颂春光;(2)如春一般有活力;(3)歌颂春天蕴含的深意,要与小草、嫩芽、藤蔓比高低;(4)表达在春天里努力读书的愿望。显然,四个中心皆可连缀相应的材料,各自独立成篇。把四个中心合在一篇文章里表达,中心多,主题分散,写作目的就含糊不清了。

修改这篇作文首先是强主干,删剪繁枝,突出趁大好春光努力学习、奋发向上的主题。⑪⑫⑬⑭的修改目的在于删除"如春一般有活力"的枝丫,归到"趁大好春光努力学习,迎头赶上"的主题;⑲⑳㉑㉒㉓修改的目的在于删除要与小草、嫩芽、藤蔓比高低的旁枝,突出从它们身上受到启示,要在春天不停努力,向着目标奋力前进。文章开头的颂春应略为简化,只要产生春光好的气氛,就可纳入主题,为勤奋读书作衬托。其次是修改了语意纠缠、用词不当的句子。

运用比喻手法意在使所写事物形象生动,用喻贵在贴切。文中所用比喻欠妥帖,与全文的基调不协调,故作了⑧⑨两点的修改。

首句"帘外雨潺潺,春意阑珊"出自南唐李后主的《浪淘沙》词,意思是帘外潺潺的雨声惊醒了作者,他觉得春天即将衰残消逝。这篇作文写的是大地刚刚春回,万物刚刚苏醒,故而引用不贴切,应删除。

2. 求新

【写作指引】

文章的"意"是从材料中提炼出来的。或者把生活中观察、体验所得加以提炼,或者靠读书、查阅资料进行提炼。提炼文章的"意"不能陈词滥调,不能一副老面孔,使人看了生厌;要有自己独特的感受,独特的发现,力求写出与众不同的新意,使人读了耳目一新。

【例文修改】

听回来的故事

萧淑莹

① 改为"你一定也听过。但你可曾听过它的续集呢?"

② 删除。
③ 改为"心中更不是滋味。现在又要和乌龟比赛,他怎肯罢休? 他"。
④ 改为"在路上设陷阱,让乌龟跌进去,自己大获全胜"。

相信很多人都听过"龟兔赛跑"的故事,① 但你可曾听过另一个"龟兔赛跑续集"的故事呢?

这个故事是这样的:自从白兔先生在② 第一次的龟兔赛跑中输给乌龟以后,虽然事隔很久,但仍然不能消除心中的怨愤不平,何况不时还有一些顽皮的小兔子嘲笑他,③ 所以他在重重的阴影下,想出了一个诡计,④ 务求乌龟跌进陷阱里,自己却大获全胜。

比赛当日,有不少拥护乌龟的动物都来为他打气,其他小动物也暗中打赌谁会胜利,有些甚至举行场外投注活动,场面好不热闹。在大笨象挥动象鼻一声⑤口号下,⑥比赛就开始了,白兔当然一马当先,而乌龟却慢慢地爬着,⑦令到很多拥护者都大感失望,⑧不过在群众中,有动物提起当年的比赛,大声说:"不用怕,骄傲的白兔最后也会输的。"⑨所以白兔不禁露出了不悦之色。⑩途中,白兔已经预先安排好了一个很深很深的陷阱,但到了陷阱附近的地方,⑪却发现了一间新开的凉茶铺,于是慢条斯理跑过去喝杯凉茶,但很不幸,凉茶铺就在那陷阱的后面,小白兔一不小心,"扑"的一声,⑫小白兔已掉落陷阱里,他不断挣扎,不断跳跃,但哪里能跳得出那⑬又高又深的陷阱呢?不久,他隐隐约约地听见乌龟⑭爬在沙地上的"沙沙"声,而且⑮已渐渐地远去了。⑯最后兔子再也忍不住了,眼泪夺眶而出,泪如泉涌,聚成"大海",把兔子浮到陷阱的阱口。⑰他高兴万分,拼命地跑,拼命地追,结果,乌龟差一个龟头输⑱了给白兔。

这场比赛⑲的结束,最后仍是小白兔胜出,但是小白兔⑳也明白到"害人终害己"的道理,所以把得到的复活蛋分给在场的动物,更把奖牌送给乌龟,㉑这行为尤其得到各动物的鼓掌

⑤ 改为"号令"。
⑥ 删"就";逗号改为句号。
⑦ 改为"使乌龟拥护者大感失望"。
⑧ 改为"突然,在观众中";删"中"后的逗号。
⑨ 改为"白兔听了,非常不悦"。
⑩ 删除。
⑪ 改为"他又气又渴,突然发现前面有一间新开的凉茶铺"。
⑫ 删去"小白兔已"。
⑬ 改为"深深"。
⑭ 改为"在沙地上往前爬"。
⑮ 改为"越爬越远"。
⑯ 删除。
⑰ 改为"他脱离陷阱后"。
⑱ "了"和"给"前后颠倒一下。
⑲ 改为"尽管小白兔获胜"。
⑳ 改为"心中有愧,并开始懂得'害人终害己'的道理"。
㉑ 改为"这出乎意料的举动得到了"。

和赞许，但内里的原因又有谁会知晓呢？

【重点评析】

这篇文章没有重复龟兔赛跑故事的主题。而是旧中求新，写出了新意：小白兔开始懂得"害人终害己"的道理，用行动改正自己的过错。立意新，读起来有趣味。

故事情节比较完整，有起有伏。不仅描写了乌龟和白兔比赛途中的情景，而且描写了比赛场上的观众，渲染气氛，烘托白兔的处境。"不用怕，骄傲的白兔最后也会输的"一句，巧妙地把前后两个故事连接起来，使"续集"二字有了着落。小白兔泪如泉涌，聚成"大海"，运用夸张手法帮助白兔脱离陷阱，故事情节发生根本性转折，为白兔获胜奠定基础。

这篇文章在文字上作了几个方面的修改。

第一，更换不恰当的词，使意思表达得更加准确。例如⑤，大笨象为龟兔比赛发号令，而不是发"口号"。"口号"是指供口头呼喊的有鼓动作用的简短句子，"号令"指指挥的命令。

第二，为前后不连贯的地方接上榫头，使意思清晰，语势流畅。例如①，"相信很多人都听过'龟兔赛跑'的故事"是泛指，"你可曾听过……"是特指，二者之间缺一层意思，不连贯，补上"你一定也听过"，就顺当地由泛指转到特指了。

第三，调整个别情节的前后次序，使故事的发展更有逻辑性。例如⑩的内容调到文章的第2段中表达，写明白兔想出了诡计，这个诡计就是在比赛的路上设陷阱。如果不这样调整，就有三个明显的毛病："务求乌龟跌进陷阱里"，"陷阱"在哪里呢？交代不清楚。此其一。比赛途中，正描写白兔听到动物说他坏话心中不悦时，插入"已经预先安排好了一个很深很深的陷阱"的内容，笔力分散，直接影响对白兔心理活动的刻画。此其二。"但到了陷阱附近的地方,却发现了一间新开的凉茶铺",既然知道已到了陷阱附近的地方,那就会分外小心,不至于因进铺喝茶掉入陷阱,这样写与事理不符。此其三。

文章标题欠明确。"听回来的故事","听回来"什么呢?"回"到哪儿呢?不如改为"龟兔赛跑又一章"。

3. 求深

【写作指引】

文章的"意"要深,有一定的深度,才能感动人。事物有表面,有内里,有现象,有本质,只看到表面的现象,看不到事物的内里和本质,写不出有质量的好文章。要锻炼自己的眼力和思考力,学会在平凡的材料中看出深意,开掘事物的本质,不能浮光掠影,浅尝辄止。

【例文修改】

生 命 的 意 义

钱小影

有人说:人的出生只为死亡。又有人说:死是解脱,生是受罪。因此许多人有轻生之念,甚而付之于行动。一条条年轻跳跃的生命,因一时的失意挫败而自毁于一旦,消失于人间……每想及此,①都会仰头长叹,宇宙茫茫,星际漫漫,生命的意义在何处? 在何方?

②对于某些人来说,③生命的意义,④就在于救国安民,为国家、为民族拼命奋斗,如孙中

① 改为"人们常情不自禁地仰头长叹";逗号改为冒号。
② 移至③后面。
④ 删"就"。

山先生和无数的英雄烈士;⑤或是在于传扬博爱,撒播爱的种子,让爱的花朵处处飘香,像史怀哲、南丁格尔;⑥或在于坚守自己的信仰,甚至甘于忍受人所不能⑦忍的压逼,像以前许多的殉道者。若人生是一块煤,他们便是上等的煤,奇异的煤,热烈地燃烧过后,留下光和热,⑧照亮了世人的前路,⑨也温暖了世人的心窝。对他们,我寄予最深的悼念和至诚的敬意。

而我,只是一个微小的生物,如空中的蜉蝣⑩、水里的蝌蚪,没有他们那样远大的抱负,沸腾的雄心,也缺乏⑪了他们对人类那种深厚的慈爱和凡事忍耐包容的胸怀。但是,在我这一块小小的、普通的煤里面,也藏着许多的心愿:愿我能永久发光,光虽微弱,然而细水长流,只要亲近我的人感受到我心中的热和爱,⑫还有什么不满足呢? 愿我在人生的路途上走的每一步都留下深深的脚印,不敢奢望飞奔驰骋,只愿一步一步地走,跌倒后能爬起来。⑬若我不能成为太阳、大山、大海、大树、大路,我甘心做一颗星星⑭、一块石头、一条小河、一株小草、一条小径,因为星星有它的亮光,石头有它的沉稳,小河有它的清澈,小草有它的知足,小径有它的美妙,⑮成败并不在乎规模的大小,而是有没有尽力使生命过得更充实。

十六七岁的我,有着青年人的冲动、浮躁、狂傲、野心和急进,这些都令我的愿望成了痴

---

⑤ 改为"对于某些人来说,"。

⑥ 改为"对于某些人来说,"。
⑦ 改为"忍受"。

⑧ 改为"照亮世人前进的道路"。
⑨ 删"也"。

⑩ 顿号改为逗号。

⑪ 删除。

⑫ 改为"我就心满意足了。"。

⑬ 删除比较好。

⑭ 四个顿号都改为逗号。

⑮ 改为"成败并不在于规模的大小,而在于有没有尽力使生命充实,使生命闪光"。

人说梦,于是它们只好深深地埋藏。有一天,当我饱历了沧桑,⑯也许,这些愿望就可实现了。

但是今天,生命的意义对我也许就在于一张令人满意的成绩表、一份荣誉、一句赞美的话、一块助我跳过大学的围墙的垫脚石⑰、一件厉害的武器,让我在人生的战场上,打一场漂漂亮亮的胜仗。⑱然则,这些又是为什么呢?

我想这些都是⑲我老来安逸的代价。⑳只要能对自己说:㉑也曾努力去放光发热,极力去追求找寻,㉒现在即使得到的不多,此生也无悔了。

㉓那么,我就可以安然地把生命的意义提升了——一杯清茶、一张安乐椅、一副老花眼镜、一本好书、一丝柔风、一朵花儿的微笑,最后,是上帝一双慈爱的手……

⑯改为"回顾跋涉的艰辛,才品尝到愿望实现的甘甜"。

⑰删除。

⑱"然则"改为"然而";删"些"。
⑲改为"为老来安逸"。
⑳"只要"前面加"那时"。
㉑"也"前面加"我"。
㉒改为"现在虽不能再作奉献"。

㉓改为"此时,我可以安然地咀嚼着生命的意义"。

【重点评析】

这是一篇佳作,立意有一定的深度,能启发人认识人生,正确对待人生,进而把握现时的光阴,创造生命的价值。

"生命的意义"是个可探讨的大课题,如不慎重选择剖析问题的最佳入口处,写出来的文章就会庞杂不堪。习作者写这篇文章采用了大中取小的方法,大题小做,集中到自身生命意义这一小点上进行论述,具体、实在、深入。

立论有一定高度。习作者认为:"成败并不在于规模的大小,而在于有没有尽力使生命充实,使生命闪光。"鄙弃世俗社会的名和利,追求生命的放光发热,对青年学生来说,是难能可贵的。

思路清晰,论述问题层层推进,有条不紊。结尾以六个"一"构成的美妙画面显现生命的意义在于毕生奉献,于心无愧;最后一个"一"表现了死而无憾,意味深长。

语言比较简洁,比喻比较贴切,增加了说理的生动性。如喻孙中山先生和无数英雄烈士等是上等的煤,奇异的煤。用"煤"作喻,准确地表达出这些人燃烧生命、放光发热、温暖人间的伟绩和精神财富。

在三个方面作了修改。

第一,对表意不清的语句作了改动,力求把意思说得更明确。如①,原句为"都会仰头长叹",谁仰头长叹?是大家,还是自己?不明确。加"人们"就没有疑义了。"会"用得太实,换用"常情不自禁",既有一定的灵活性,又可表现当时的心态,较为生动。第2段的前半部分是一个排比句;②与③的位置如不对换,"生命的意义"只能管到"……英雄烈士",不能贯通全句。

第二,删除了一组比喻。一是以太阳、大山、大海、大树、大路自比不恰当,二是因"不能成为"上述的事物,才"甘心做一颗星星……",好像是不得已而为之的,削弱了论述的高度,故作了⑬的修改。

第三,多处顿号用得不当,须改为逗号。

第三单元　连缀组合

【单元提要】

本单元探讨文章结构中的部分问题。

文章除了言之有物，有充实的内容外，还要言之有序，在文章主旨的统率下，按照一定的逻辑顺序把材料组织成有机的整体。

写文章必须有整体的构思。明确写作主旨之后，把所选择的材料排排队，先说什么，再说什么，最后说什么，要进行全局的考虑。胸有全局，才能做到"兵随将转"，所有的材料都听主旨的指挥，胶合在主旨上。

写文章最忌无目的、无计划，想到哪里写到哪里，材料松松散散，不能有效地表达情意。一篇文章犹如一棵生机勃勃的大树，"意"是主干，枝枝叶叶要与它紧密相连。怎么连接，有一定的规矩，不能乱插、乱连、杂乱无章。

本单元结合例文的剖析与修改，在线索、剪接、波澜、层次等组合材料的方法方面作一些引导。

1. 线索

【写作指引】

一篇内容比较充实的文章势必有多种多样有价值有意义的材料作为质地，要把这些材料组合成为有机整体，须找一根或多根彩线把它们串联起来。如果能找到最能体现众多材料内在联系的事物作彩线,"珍珠"就会一粒粒串起来,闪发光芒;如果不注意串联,"珍珠"就会散落在地,文章就散不成篇。故而选定"彩线"是组合材料的一种重要方法。

【例文修改】

童 年 杂 忆

陈育琼

① 改为"每个人从出生到成长的过程中,必定有不少值得回忆的往事"。
② 删"从""一文后";"过"改为"了"。
③ 改为"勾起了我对往事的回忆。"
④ "孩子"改为"孩童"。
⑤ 在"般"前加"这"。
⑥ "回忆"改为"印象"。
⑦ 改为"沉浸在温暖、幸福的环境之中"。
⑧ 改为"顽皮、撒娇"。
⑨ 另起一段。修改为"我的家乡十分秀丽。山岗青翠,绿树成林,小溪弯弯曲曲围绕。我和哥哥一样,爱我们的家乡"。
⑩ 改为"放学回家"。
⑪ "摘"改为"割";"及"改为"摘"。
⑫ 改为"它们总高兴万分,"。
⑬ 另起一段。改为"我爱我的学校。我的学校"。
⑭ 删"都""植"。

①<u>每个人从出生到成长,在这过程中,无论任何一方面,必定有或多或少值得回忆的一段往事。最近</u>②<u>从读过郭沫若的《芭蕉花》一文后,</u>③<u>使我的往事更加深刻地重现我的眼前!</u>

我的④<u>孩子</u>时期是在中国大陆的一个小城市——汕头度过的。那地方虽比不上香港繁荣,⑤<u>生活也没现在般舒适</u>,但那平凡而又纯朴的童年生活,却给我留下了难以磨灭的⑥<u>回忆</u>!那时候的我,⑦<u>浸淫在充满温暖、幸福、纯朴的环境之中</u>,只懂得⑧<u>娇、愤、玩、笑</u>。⑨<u>那青翠的山岗,弯曲的小溪,碧绿的树林,把我的家乡围绕着,分外显得秀丽</u>。那时,哥哥最爱养小动物,我每天⑩<u>除上学外</u>,有空便跟哥哥一起到山脚下⑪<u>摘青草及野菜</u>;每当我们把青草和野菜拿到小动物面前时,⑫<u>它们总爱围在一起津津有味地吃着</u>。⑬<u>至于我的学校嘛</u>,地方很大,四周⑭<u>都</u>

种植了很多树,课余时⑮咱们围坐在一棵最大的树荫下,静听着严格而又慈祥的老师讲解历史英雄事迹。学校旁边有一条小溪流,那儿更是我们戏水的好去处。⑯在这幽美的环境中学习,格外增加我们的求知欲呢!晚上,与邻近的⑰一班孩子在平广的草地上唱小歌谣、捉迷藏、⑱蹦蹦跳跳;碧空中的繁星也像哼着小调,而且⑲爱不停地向我们眨眼,闪闪烁烁的,似乎非和我们比赛不可呢!⑳咱们唱得好,星星也闪得妙,㉑使这个本来寂静的夜晚,洋溢着一片活泼、可爱而又嘹亮的歌儿、游戏气氛;使这本来静穆、孤冷的月亮也拨开了纱帐探头微笑呢!

　　时间像流水般逝去㉒了。随着时间的㉓变迁,我也不断地成长。如今,我已㉔脱离那宁静、悠闲、平淡的童年生活;作别了家乡,带着勇气的来到这繁华昌盛的香港。在这繁盛的城市中,谧静是少有的,㉕就使得我格外怀念家乡与朋友,更怀念那幸福、快乐无忧的童年生活呢!

⑮ "咱们"改为"我们";"围坐"前添加"常";删"荫""着""严格而又";"讲解"改为"讲述";"历史英雄事迹"改为"历史上英雄的故事"。
⑯ 删除。
⑰ 删"一班""平广的"。
⑱ 在"蹦蹦跳跳"后加",快乐无比"。
⑲ 删"爱"。
⑳ 改为"我们"。
㉑ 改为"夜晚,洋溢着歌声,洋溢着欢乐,连月亮也拨开了纱帐探头微笑"。

㉒ 删除。
㉓ "变迁"改为"推移"。
㉔ 改为"告别了欢乐的童年,告别了家乡,带着勇气"。
㉕ "就"前添加"这";"家乡"后加",";"与朋友"改为"怀念童年的伙伴";"幸福"后加"的";"快乐无忧"改为"无忧无虑"。

【重点评析】

　　这篇回忆性散文主要选用了童年生活中的六个材料,一根线索贯串其中。童年生活幸福、温暖好似一根彩色的线,把一件件事穿在一起,构成文章的主体部分。如果没有这根彩线,文章就散不成篇。

　　文中从记忆里选择的这些材料既叙事,又写景,特别是月下唱歌、游戏的场景,不仅刻画出孩子的欢乐,而且繁星眨眼哼歌助兴,月亮探头微笑,情与景相互生辉。

"忆"是这根彩线的头。记忆中的往事怎样重现的呢?由郭沫若的《芭蕉花》一文引起。这样勾起回忆,自然,亲切。

文章从议论入笔,以怀念收笔,篇章是完整的。

文字上有明显的缺点,作了较多的修改。

第一,句子累赘,表达意思不清楚。例如①,删除"在这",把"或多或少"改为"不少",删除"一段",句子就简洁、明确得多;"无论任何一方面",不如改为"无论在哪一方面",用后者更明确,下文内容没有与这一句挂钩,故把这一句删掉。

第二,用词不当。例如⑦,"浸淫"是生造词语,"淫"的意思是过多、过满,用在这里不合适。故改为"沉浸"。用"纯朴"形容"环境",搭配不当。

第三,对意思说得不完善之处,补充了一点内容。例如⑨,主要赞颂家乡的秀丽。这层意思与上下文缺少紧密的联系,故一改句式,不用"把"字句,而用"我的家乡十分秀丽"来正面歌颂;二加"我和哥哥一样,爱我们的家乡"内容,与下一层意思衔接。但材料仍不够具体,缺少生动的情节。

2. 剪接

【写作指引】

任何事情都有发生发展的过程,写文章不可能也不应该不分巨细把什么都写出来,而是要善于捕捉生动的场景,去冗杂,取精华。对选择的场景,要注意缝合,也就是说,要把生活中的一个个镜头剪接起来。剪接得好,缝合得紧密,文章就脉络分明,主题突出;反之,就松散拖沓,表达效果大受影响。过渡的段落、过渡的词句常起这种缝合和剪接的作用。

【例文修改】

静 夜 闲 想

周妙霞

我迷恋静夜,因为它赐予我沉思冥想的机会。一天繁重的工作到了此刻总算完成,①肩膊像卸下了千百斤的担子。我心里自问:难道人生就是这样艰苦吗?生活的步伐实在太急速了,每天的工作像空气般缠绕着我,每天,我似机械般依照指令生活,不问因由②,③多次因小小失意而灰心,因受不住压力而欲放弃。④但,幸好在种种灰暗途中,有两句金言为我点亮前路,让我继续提起勇气,努力向前。我深信"一分耕耘,一分收获"的道理,更相信"少壮不努力,老大徒伤悲"的教训。这两句名言,在我多次⑤气馁中唤醒我——⑥做人是要有目标,不断地⑦苦干向目标冲去!

步出露台,翘首观天,今夜的天空特别清朗,⑧洁亮可人,连云儿⑨亦躲藏起来,四周⑩是一片寂静;凭栏倚望,只⑪感觉凉风吹拂,树影摇曳,⑫我观赏四周环境,观赏一切在日间忽略了的景致,⑬看起来诗情画意,令人迷恋。

观赏入神之际,⑭脑海却不停簸荡着她的影子,她的可怜身世。这时,⑮我的视线不受控制地转移到街道的尽头,在昏黄的街灯映照

① 改为"肩膀"。

② 逗号改为句号。
③ 改为"多少次因失意而灰心,因受不住压力而气馁"。
④ 改为"但幸好有两句名言指引我前进的路,激励我鼓起勇气"。

⑤ "中"改为"时"。
⑥ 删除"是"。
⑦ 在"苦干"后加","。
⑧ "可人"改为"喜人"。
⑨ "亦"改为"也";逗号改为句号。
⑩ 删除"是";分号改为逗号;"凭栏倚望"改为"独自凭栏"。
⑪ 删除"感"。
⑫ 删除。
⑬ "看起来"后面加"也"。
⑭ 在"脑海"后加"里";在"不停"后加"地"。
⑮ 改为"我情不自禁地把视线转到街的尽头";逗号改为句号。

⑯ 删除"馂"。
⑰ 逗号改为句号。
⑱ 改为"工资"。
⑲ "仅足以"改为"只够";"大"改为"的";分号改为句号。
⑳ "却"改为"她"。
㉑ 逗号改为句号;删除"就"。

㉒ 改为"椅子上睡着了";逗号改为句号。
㉓ 删除"怎么""为什么";"飞"后加"了";问号改为句号。
㉔ 改为"那里"。

㉕ "思想"改为"思索"。

下,她——那位年过七十的老婆婆,正在默默苦干着,清理客人吃剩下来的⑯馂菜,清洗一叠叠的⑰碗碟,听说她每月的⑱人工也只不过数百元,再加上老人津贴费,⑲仅足以她与一名三岁大孙女过活;孩子的父母已亡,⑳却没有将孙女送进孤儿院,又不肯接受社会福利署的帮助,她的心愿就是把孙女养大㉑,她的心愿就是这样的简单,却又这样的伟大!

一阵冷风把我吹醒,发觉自己躺在露台的㉒椅子睡着了,啊!看看街道的尽头,㉓怎么老婆婆,碗碟,为什么都不翼而飞?㉔那处根本是一所警署。这时,我才知道刚才是做梦,真想不到梦中情节动人逼真,差点令我分不清是真是假。

或许,在无数的静夜中,你只知沉醉梦乡;或许在某一静夜,你偶然闲思而有所领会;又或许领会过后又迅速地遗忘,但是,朋友,我仍是由衷地盼望你与我一般,多留意静夜,㉕多思想人生!

【重点评析】

这篇文章着力写作者的所思所想,通过思和想的记叙与议论,揭示了每个人必须解答的大课题——如何对待人生。

本文的主题积极,明确提出做人要有目标,并不断苦干,向目标冲去。

为了表现主题,主要选用了两个材料。第一个材料是作者静夜思索人生,用的是直抒胸臆的手法;第二个材料是老婆婆干活的身影和抚养孙女的心愿,通过叙事,赞颂辛勤劳动,向目标冲去的平凡与伟大。

两个材料的聚集点是文章的主题,用静夜观景的情节来衔接。观自然界实景,引出人间街景。前者只需寥寥几笔,转接出街头景象即可,无须描绘什么景物。而写街头景象在于展现写作意图,须用较多笔墨。这是在剪裁上下功夫。

作者下笔点题,结尾照应,结构完整。

文章标题启人思考。"闲想"不"闲",思考的不是琐碎小事,而是人生大课题。

文字上有些毛病,作了修改。

第一,意思表达不清晰。例如③,"因少少失意而灰心,因受不住压力而欲放弃"。"少少"用得不当,可能是"稍稍"的笔误;"而欲放弃","放弃"什么?是放弃工作,还是放弃生活?从上下文看,难以准确回答,改为"气馁",意思就明白了。

第二,用词欠妥帖。例如⑩,"凭栏倚望","凭"是靠着的意思,"凭栏"是靠着栏杆;"倚",也是靠着,所靠的物体在身后。露台的栏杆在身前,既"凭栏",就不可能同时"倚望"。

第三,多处该用句号的,用了逗号或分号、问号,影响层次的清晰,故作修改。

文章还有一个明显的毛病。老婆婆的苦干是梦中事,但上文没有任何伏笔,也没有提到"躺在露台的椅子上"。这是剪接出了问题。

3. 波澜

【写作指引】

"文似看山不喜平。"在组织文章材料时,除遵守一般规矩外,还要注意在规矩中求变化,讲技巧。平铺直叙,一叙到底的写法使人感到呆板枯燥,要学会在"尺水中兴波",把握事物的发生、发展过程,在有限的篇幅内曲曲折折地表达。犹如在江湖之中,一波未平,一波又起,收引人入胜的效果。

【例文修改】

孤 独 夜

陈丹燕

① 改为"不亮"。
② 改为"更或许是我的眼睛太疲倦的缘故"。
③ 两个顿号改为逗号。

④ 逗号改为顿号。

⑤ 感叹号改为逗号。

　　虽已近农历十五,但月亮还是①<u>亮不起来</u>,或许是被云层遮蔽了,②<u>更或可能是因我的眼睛太倦吧</u>!然而我不能入睡。我③<u>有些恐惧、有些寂寞、但又有些兴奋</u>。

　　今天因为搬屋辛劳了一整天,感到异常疲倦。躺在冰冷的床上,辗转不能入睡。姐姐已不睡在我身旁。蓦地,寂寞④,恐惧一股脑儿汹涌而至。这不能怪谁,这是自己的决定。人总是要独立的⑤!难道一生待在老家不成?

　　才第一夜,就已经感到这么不安,自觉不中用,不成大器。在床上辗转反侧,最后还是从床上下来,走到客厅。只觉那才二十来平方米的空间,大得出奇,静得可怕。墙纸是新的,家具也是新的,教人感到陌生。打开窗帘,街上是静悄悄的,没有游荡的醉汉,也没有鬼鬼祟祟的小偷。这一带治安非常好,租金倒是贵了点,需要父亲帮补才行。老父可说是好爸爸,对我的⑥独立决定只是说:"年轻人,⑦由得她吧!"但母亲就不一样了。她睡前还打了电话来,再三叮咛,要我关好窗户,盖好被子,以免着凉。⑧"母亲"永远啰唆却又永远教我受落。

　　灌了一杯白开水,回床躺下。透过窗帘⑨看着天上的夜空。月亮暗黄不亮,一层两层的云雾阻碍了我的视线,只隐约看见一两颗星星,明灭不定。何以今夜忐忑不安?我应该高兴才是,终于我⑩独立过来。⑪有着自己的蜗居,有着自己的生活了!应感兴奋才是,但为何我总感到若有所失?是的,我失去了爸爸的关怀,妈妈的啰唆,⑫没有了姐姐陪睡,没有与小弟争吵的机会。失去了这么多,⑬我真想回顾,好回老家去。⑭是了,我可常常回老家的!父亲、母亲不还是依旧关心我吗?姐姐迟早⑮也嫁人去,小弟长大后,也懒得与我吵架。我这人真是傻,还这么的稚气,我不禁为自己的稚气⑯傻笑。心情不禁转好起来。

　　⑰眼看着挂墙的月历,才想起下月不是我的生日吗?何不在新居开派对?想着想着,有点忘形⑱。仿佛窗外的星星也因云雾的飘散而明亮起来。不知为什么天上的星越来越多,也越来越明亮,它们使我⑲不能睁开眼睛,越来越朦胧⑳⋯⋯,越来越朦胧⋯⋯㉑。

⑥ 在"独立"后加"生活的"。
⑦ 删除"得"。

⑧ 去除引号;在"啰唆"后加逗号;"受落"改为"受益"。
⑨ 删除"着天上的";句号改为逗号;删除"不亮""一层两层的"。

⑩ 删除"过来";在"独立"后加"了";句号改为逗号。
⑪ 两个"有着"改为"有了"。

⑫ 删除"了"。

⑬ 改为"我真想重新获得,重返老家"。
⑭ 改为"是的"。
⑮ 改为"要出嫁"。

⑯ 改为"傻笑起来,心情也转好了"。
⑰ 改为"看到挂在墙上的月历,想起下月正是我的生日"。
⑱ 改为逗号。

⑲ 改为"眼睛睁不开"。
⑳ 删除。
㉑ 删除。

【重点评析】

这是一篇佳作,把离开父母开始独立生活的第一个夜晚的复杂心情描绘得细腻、生动,引人入胜。

作者会在尺水中兴波。把握事物的发生、发展过程,铺垫渲染,波澜起伏,曲折有致地表露自己的心态。文章一开头就道出了矛盾的心情,巧设悬念,开启下文。异常疲倦,但却不能入睡;寂寞、恐惧汹涌而至,但却是自己独立生活的决定造成的;要独立生活,但又自觉不中用,不成大器;新居新,但又感陌生;既独立居住,但又要父亲帮补;父亲支持,母亲却是再三叮咛;有自己的蜗居与生活应该兴奋,但又若有所失;失去很多,似乎应重回老家,但又无须重返;不重返,又依然能享受家庭的关怀。真是起起伏伏,曲曲折折,一波未平,一波又起。

注意以景衬情。月亮、星星本无情,但在有情的人眼里,它们就会有这样那样的变化。文章开头写月亮不亮,结尾处写星星越来越多,越来越亮,物的变化是由于人心情的变化。景与情和谐、合拍,增添情趣。

文章标题也耐人寻味。人看起来是"孤独"一个,但脑子里却"热闹"非凡,说"孤独",不过是开始独立生活的人的心态而已。

从总体上说,文字是顺畅的,但也有不少瑕疵,特别是后半部分。一是不简明,表达意思不清楚。二是省略了不该省略的词,使句子产生歧义。三是标点符号用得不当的地方比较多。

4. 层次

【写作指引】

文章材料组合最基本的要求是条理清楚,层次分明。要做到这点,须锻炼自己清晰的思路。文章中一个个有独立意思的部分,从结构上说,就是一个个层次。层次的安排要符合事物发展的顺序和人们思维的逻辑顺序。而层层递进,是通过一个又一个问题的论述,由浅入深,环环紧扣,把事物的实质揭示出来。这样组合材料,文章才有气势。

【例文修改】

论 择 友

陈婉婷

所谓"在家靠父母,出外靠朋友"。我们在求学时期,什么事都有父母的照顾;①<u>但当我们踏入社会后,父母便不能事事倚靠父母了。</u>这时候,倘若②<u>我们</u>遇上什么麻烦,③<u>在你身边的</u>朋友往往能给予你④<u>最大</u>的帮助。⑤<u>所以</u>一个人在社会上,是不能没有朋友的。

可是现今社会,品流复杂,有着各式各样的人,⑥<u>我们一不小心,便会</u>⑦<u>结交</u>到一些不良分子。在朋友之间⑧<u>我们往往产生</u>一种认同感,我们只要看看身边的朋友,便会发觉⑨<u>我们彼此的作风、思想竟是相似的。</u>因此,朋友⑩<u>对我们</u>的影响力至大。古语有云:"近朱者赤,近墨者黑。"真是⑪<u>说的不错</u>。我们⑫<u>结交</u>到良友,自然会受⑬<u>他</u>的好的影响而得益;反之,⑭<u>我们结交到一些损友,便会学他们的作风,受到坏影响</u>。所以,⑮<u>我们结交朋友预须小心</u>。

尤其是现在,黑社会活动猖獗,⑯<u>许许多多的年轻人就是不小心地选择朋友</u>,因而误交上

① 删"当我们"、第一个"父母";"倚靠"改为"依靠"。
② 删除。
③ 删除。
④ "最大"改为"很大"。
⑤ 删除。
⑥ 删除。
⑦ 改为"误交"。
⑧ 改为"常常有"。
⑨ 改为"彼此的思想、作风竟是如此相似"。
⑩ 删除。
⑪ 改为"如此"。
⑫ 在"结交"前加"如"。
⑬ 改为"他们"。
⑭ 改为"如结交不好的朋友,便受他们坏的思想、坏的作风的影响"。
⑮ 删"我们";"预"改为"务"。
⑯ 改为"许多年轻人择友不慎"。

黑社会分子,被他们利用而为非作歹,最后抱恨终身。

那么,我们应该怎样选择朋友呢?首先,要⑰持着一基本原则,就是"志趣相投"。所谓"志",就是大家对于事业前途所抱的看法,而"趣"就是彼此的兴趣、⑱嗜好。(当然是指正当的⑲兴趣言)。如果能合乎这个原则,其他的条件如出身、地位和教育水平等就不必那么在意了。⑳在这个基本原则上,我们还须注意的㉑就是怎样的朋友才称得上是好的?怎样的才算是坏的?这是没有一定的标准。常言道:"患难见真情。"当㉒人遇上困难时,真正的朋友是不会视而不见,袖手旁观的。相反地,他们会尽心尽力帮助你,绝不会斤斤计较,吝啬自己的力量。真正的朋友可以"有福同享,有难同当",也才是可以深交的。

㉓除此之外,我们对待朋友必须忠诚谦虚,而且不要忘记"己所不欲,勿施于人"这个道理,只有这样,才能结交到真正的朋友。

朋友,在我们的一生中占有不可忽视的地位,㉔他对我们有很大的影响力,所以㉕我们择友时要"带眼识人",以免受人欺骗。真正的知己㉖良友是不易求得的,所以有人说:"得一知己,死而无憾。"如果你已经有一知己㉗良友,就要好好地珍惜㉘你俩的友情啊!

⑰ 改为"把握一条"。

⑱ 改为"爱好"。

⑲ 删除"言"。

⑳ "在"改为"除";"上"改为"外"。

㉑ 改为"是要交真朋友,知心朋友"。

㉒ 删除。

㉓ 改为"当然"。

㉔ 删除。
㉕ 删除。

㉖ 删除。

㉗ 删除。

㉘ 删除。

【重点评析】

这是一篇阐述择友重要以及如何择友的议论文,它有以下几个特点:

一是论点正确、鲜明。文章鲜明地提出交友要慎加选择,要选择志趣相投的良友。对青年学生来说,每个人都会碰到这个问题,如果不辨好坏,不分良莠,碰到什么人就交什么人,就往往会不知不觉误入歧途。作者在文中明确提出交良友的观点,有积极的意义。

二是层次清晰,说理层层推进,有一定的说服力。议论文说理清楚才能使人信服,使人受益。这篇议论文在说理时一环扣一环,把写作意图表达得清楚、明白。从大层次看,择友重要——择良友重要——按"志趣相投"原则择良友——对友忠诚谦虚,一层层推进,一步步深入,说理清楚。从小层次看,也很注意意思的递进。如论述择良友重要性时,不仅把良友和恶友正反对照起来分析,而且用"尤其"来关联,深入一层剖析,交友不慎,交上恶友的恶果。

三是引用的语言得当,增强文章的说理性。文章多处引用古语、俗语,分别说明交友重要、交良友重要、交真友重要、得知己重要等道理,都起到要言不烦的作用。

这篇文章语言上有不少毛病,主要是:

第一,啰唆、重复。例如第 1 段语句中五处改动,其中四个都是啰唆的毛病,删除以后,句子就不累赘了,意思也就更明白了。文中删除之处基本上都是这个毛病。

第二,节外生枝,影响脉络的清晰。例如㉑,按上文顺下来,应进一步提出交真朋友,交知心朋友,再去讨论好友与恶友,就节外生枝了。

第三,用词分寸不够注意。例如④,身边朋友给予帮助用"最大"就太绝对了,因为是泛指,不是指某个人或某些人,改为"很大"比较贴切。

第四,衔接段与段的关联词用得不确切。例如㉓,上文论述要交真正的朋友,这一段阐述自己应怎样对待朋友,问题从交友的双方进行剖析,用"除此之外"衔接显然不妥。

尽管文字上有这样那样的缺点,但仍不失为一篇比较好的议论文。

第四单元　谋篇布局

【单元提要】

本单元继续探讨文章结构中的有关问题。

写文章要注意谋篇布局。有了比较充裕的材料,不等于就能写出佳作。就好像指挥作战一样,有兵力,有装备,还要有正确的作战方案,还要能摆出精妙的阵势,让每一名将官、士兵站在各自的岗位上,通力合作,发挥各自的作用。写文章也要摆阵势,哪个材料该放在这个部位,哪个材料该放在那个部位,下笔之前都要周密运筹,按部就班,有条不紊,这就叫谋篇布局。

一篇好的文章应该层次清楚,详略分明,首尾连贯,中心突出。要做到这一点,首先要把文章的大轮廓想好,也就是把各种材料通体安排好,怎样开头,怎样发展,怎样结尾,全盘考虑,这是布局的第一步;其次是安排段落,每一个段落要表达一个独立的意思,要有中心,有层次,有条理,内容和整篇一样,要有详有略,这是布局的第二步。

本单元结合例文的剖析与修改,在文章布局中的主次、详略、伏笔、照应、开头、结尾等方面作一些引导。

1. 主次

【写作指引】

绘画中有"众宾拱主"的画法,就是在构图中"立宾主之位",分清

"宾"和"主",下笔就有侧重点,就能集中笔力表达画的主旨。写文章也是如此,各部分的布局不能平均使用力量。有些材料与主旨的关系十分密切,要放在主要的位置,有些材料与主旨的关系稍远一点,或用来铺垫,或用来烘托,就应放在"宾"的位置。布局时只有主次分明,轻重得当,才能有效地表达文章的主旨。

【例文修改】

难忘的宜兴之游

吴 彤

宜兴,景色秀丽,岩洞奇异天成,有"洞天世界"的美誉,是我朝思暮想的地方,今年暑假我有幸到宜兴一游,①<u>使我毕生难忘</u>。

宜兴被高山峻岭环绕着,有"善卷""张公""灵谷"三个石洞,形貌各异,各有特色。

在车上经过三小时的颠簸,我终于来到了善卷洞。洞分三层,一走进洞,就好像进入了童话世界②,在一个宽阔的石厅旁,屹立着③<u>一对好像狮子和象的巨石</u>,"狮子"凶猛异常,"大象"神态自若,惟妙惟肖,十分逼真。④<u>再下一层,又看见</u>一片起伏的巨石,有如波涛汹涌,⑤<u>还有</u>一条石梯蜿蜒而上,曲曲折折,恍若直上青天;四周的石壁渗出点点晶亮的水滴,逐渐汇成细流,沿壁流下,我忍不住伸手接了几滴,放进口中,清凉甜美,至今还印象深刻。水洞

① "使我"改为"其中欢乐"。

② 逗号改为句号。
③ 改为"两块"。

④ "再"改为"走";"又看见"改为"是"。
⑤ 改为"在汹涌的波涛中有"。

的景色更为奇特,抬头仰望,只见倒挂着⑥几百枝形形色色的钟乳石:有一串串紫红的"葡萄",⑦雪白的"莲藕"⑧……水洞十分狭窄,只有一个很小的岸台,供游人⑨乘船出洞,我战战兢兢地⑩走过水洞,坐上船,船在洞中航行,有如遨游龙宫一般⑪,⑫四围怪石嶙峋,偶一不慎,便会撞破头,我只好把头伏在船头,但也不忘欣赏那天然奇特的美景。那舟子的桨,不是在水中拨,而是撑着壁上的怪石而行,真是"船在水中行,桨在天上划",比起⑬桂林毫不逊色。

接着,我们便到张公洞游览⑭,刚进洞口,便觉凉气阵阵,我好像被包围在云雾里,扑朔迷离,隐约看见两株苍翠的"松柏"顶天立地,有丈余高,树上挂满了晶莹的"宝石",⑮又忽见两位"道士"在"树下"下棋,真如置身仙境。

灵谷洞内通道险峻,奇幻莫测,我有如腾云驾雾,四周的钟乳石⑯光彩夺目,又见一道"瀑布"飞泻而下,气势磅礴……

宜兴有奇异的山洞,山秀林密,⑰还有名胜古迹,使我流连忘返。

⑥ "枝"改为"个"。
⑦ 在"雪白的"之前加"一枝枝"。
⑧ 在"……"后加"真是气象万千。"。
⑨ 改为"候船出洞时用";逗号改为句号。
⑩ "走过"改为"进"。
⑪ 逗号改为句号。
⑫ "围"改为"周"。

⑬ 在"桂林"后加"洞中景观"。
⑭ 逗号改为句号。

⑮ 改为"树下有两位道士"。

⑯ 改为"光怪陆离"。

⑰ 删除。

【重点评析】

这是一篇记游的文章,不仅材料具体,而且在谋篇布局方面很有特色。

文中记宜兴景色,着力记"善卷""张公""灵谷"三个岩洞,其他如山怎样秀,林怎样密,均未展开,只是一笔带过,重点十分突出。记三个岩洞时，着力记善卷洞的景色。记善卷洞景色，着力描写洞内巨石、石梯、石壁、钟乳石、怪石。记张公洞、灵谷洞景色，同样以描绘钟乳石为主，其他为辅。因此，记述侧重点放在"岩石"上，这是文章的"主位"，其他都是"宾位"，形成"众宾拱主"的格局。

描写景物能抓住特征，给人以栩栩如生的感觉。绘一块一块巨石，似狮子，似大象，写一片巨石，似波涛汹涌，这是明喻；绘钟乳石似苍翠的松柏顶天立地，树上缀宝石，树下两名道士下棋，这是用一连串的暗喻创设"仙境"。比喻贴切，形象生动。

人在景中，赏景有感受，给人以亲切感。如描绘石壁渗出的水滴，自己伸手接几滴，放在口中，清凉甜美，这样写，不仅以形示人，而且以感受、以味觉所得激起读者的联想。

文章语言比较通顺，不足之处是：

第一，有的句子表意不充分，给人以摇摇晃晃的感觉。例如⑦⑧，刻画钟乳石种种形态时，最好能列举三个，以形成气势，形象又比较丰富。

第二，有的句子表达意思不准确。例如⑬，"比起桂林毫不逊色"，和"桂林"什么比呢？范围太广了，必须限在一定的范围内，"比"才有意义。

第三，有的词用得不恰当。例如⑯，既然进洞如腾云驾雾，当然比较虚幻，给人以朦胧之感，形容钟乳石"光彩夺目"，很不协调，故改为"光怪陆离"。"光怪陆离"形容现象奇异，色彩繁杂。

2. 详略

【写作指引】

布局必须详略分明，疏密有致。文章的主要之处应详写，次要之处应略写。详写指不惜笔墨，尽量铺开来写，写详尽；略写指惜墨如金，简笔带过。有详密有疏略，文章就不呆板，而是活泼生动，多姿多彩，波澜起伏。布局中对材料作详略、疏密的处理，目的在突出文章的中心，增强表达的效果。当然，详，不是啰苏无度；略，不是简陋疏漏。

【例文修改】

香港四季的特色

陈筱莹

香港是一个人口密度很高的城市，①而且生活是紧张和繁忙的，②一天又一天地过去，春、夏、秋、冬③，一年一年地过去，像是转瞬间的事，④是很难察觉到季节的转变。居住在城市的⑤我们更不能像居住在郊外的人，那么容易感觉到四季的⑥转变。

在香港这个亚热带气候的地方，春天是和暖的⑦，当看见港督府内的杜鹃花正艳丽地盛开着，一片粉红色的花海，就知道春天已经来临了。⑧而且春天是潮湿的，⑨整天下着毛毛细雨，那些雨点带来了诗情画意⑩，可能古代的诗人⑪是因为春天这美丽的意境，才作出许多歌颂春天的诗篇。⑫而且早上山间常躺着一层棉花似的薄雾，令人有飘飘欲仙的感觉⑬，春天的不热不寒，是四季之中最舒服的季节。

海滩上挤满了弄潮儿，喧哗和笑声混杂

① 改为"生活紧张而繁忙"；逗号改为句号。
② 改为"一天一天在匆忙中过去"。
③ 改为"的更替"。
④ 改为"有时很难察觉到"。
⑤ 删除"我们""更""能""人"。
⑥ "转变"改为"变化"。

⑦ 逗号改为句号；删除"看见""正艳丽地""着"。
⑧ 删除。
⑨ 改为"经常飘洒"。
⑩ 逗号改为句号。
⑪ 改为"常陶醉于春天的美景之中，所以才写出"。
⑫ 改为"清晨，山间常罩着一层薄雾"。
⑬ 逗号改为句号；删除"的"。

⑭ 在"的"前加"般";"上"改为"空"。
⑮ "中"改为"上"。
⑯ 改为"若是刮起风暴,那又是一番情景."。
⑰ 删除。
⑱ 删除。
⑲ 改为"只能回忆海滩的那份热闹"。
⑳ 改为"夏天雨水多,有时会连下好几天呢"。
㉑ "它"改为"去";","后加"这就告诉人们秋天降临了。"。
㉒ 改为"有人说"。
㉓ 删除。
㉔ 逗号改为句号。
㉕ 改为"人们"。
㉖ 改为"这些都留下了秋天的足迹"。

㉗ 删除。
㉘ 改为"靠近"。
㉙ 改为"大家"。
㉚ 删除。
㉛ 改为"把人吞下"。
㉜ 改为"倾心交谈。这当然是一种大享受了"。

着,热闹非常,这是夏天的特色了。太阳整天像⑭洪炉的挂在天上,⑮走在街中,汗如泉涌,弄得浑身湿透。但⑯它也有另一面的,若刮起风暴的时候,⑰那就雨如泪下,哭个不休,人们⑱就要躲在家中,⑲想念着海滩那热闹情景。⑳因为夏天水分的蒸发比别季特别多,所以有时下一场雨,也会下上好几天呢!

踏上街道,黄叶遍地,像地毯般厚厚地铺在路上,㉑踏上它软软的,㉒像人们所说:"待得秋来,冬又到。"就是说秋天好像一片浮云,永不会驻足的,一瞬间㉓的来临,一瞬间又走了,所以秋天是珍贵的㉔,也许㉕人认为越珍贵的越好,就特别偏爱秋天吧!遍地的落叶,天气的干燥,山火的发生,温度的下降,㉖就是告诉了我们秋天在不知不觉中来到了。

风声怒吼,寒风刺骨,街上不再热闹了,人们㉗也躲在家中,㉘亲近着暖炉,像要把它所有的热力吸收尽,这就是㉙人人不愿意亲近的冬天了。冬天天气比秋天更干燥,而且寒风㉚的怒号,像是要㉛吞下人一般。但人们也懂得享受,就是去吃火锅,在热烘烘的火炉旁,三五知己㉜的倾谈着,也是一大享受呢!

【重点评析】

这篇记叙香港四季景色的文章,大的段落十分清楚。第1段总写,然后用四段文字依次描写春、夏、秋、冬四季景色。

写景时力求抓住特征,写出特色。如盛开的杜鹃花、飘洒的毛毛细雨装点春色,夏季晴雨变幻,秋天黄叶透秋意,冬天刺骨寒风逞强,确实有些特点。但可惜写得比较浮浅,没能作较为深入的刻画。

每幅景物图中都有人的活动。这样描绘增添了景色的勃勃生机。夏季街上行人,冬天炉旁倾谈,写得比较活泼。春、秋两季中人物活动虚写,但也能使人遐想,给人以活泼泼的感觉。

文章的明显缺点是平均使用笔墨,没有区别处理,没有分清详密和疏略。

文中病句较多,主要有两点。

一是不合逻辑。例如⑳,夏天水分蒸发快,应述说气候干热,或述说补充水的重要,与下半句的雨"会下上好几天"完全不相干,用"因为……所以……"的因果关系复句,在逻辑上不通。

二是形容不当。例如⑫,"棉花"是一朵朵的,与"薄雾"特征不符合,如用"薄纱"作比方就合适得多。又如⑪,"是因为春天这美丽的意境","意境"指文学艺术作品通过形象描写表现出来的境界和情调,和季节无关,不应乱用。

此外,段落中有的小层次也不够顺妥。例如文中第 4 段写秋天景色。段的开头写"黄叶遍地……",实际上已透露秋的消息;紧接着写秋的短暂,使人特别喜爱;接着又回过去写秋天在不知不觉中来到人间。这样写,思路乱,层次不清晰。

3. 伏笔和照应

【写作指引】

文章须结构严密,文气贯通,浑然一体。要做到这一点,除层次清晰,注意上下文之间的连接转换外,还要注意伏笔和照应。伏笔,就是埋伏,对所要写的人、事、景、物先作一个提示,它好像是下棋时摆的一着"闲棋",当时似乎是多余的,但走了几十着棋后,这着"闲棋"就发挥相当大的作用。文前有先声,文后就要呼应。前有因,后有果,前呼后应,文气就能贯通。

【例文修改】

无 题

郑佩媛

　　黑夜之神悄悄地离开了我们,取而代之的是晨曦的降临。远方的天边,慢慢由漆黑转为灰白,再由灰白转为鱼肚白;天上寥落的星星①,也跟着月亮的光芒转淡了,越转越淡,最后消失在鱼肚白的天空中。远处的村屋,再次重现在我们眼前;整个大地②都脱去漆黑的衣裳,换③了件洁白的新妆。枝头上的鸟儿醒了,用那悦耳的声音唱出④他们对晨曦的歌颂,⑤各种各类不同的鸟儿,发出他们自己独特的声音,有的⑥清诡、有的低沉,虽然混在一起,但没有半点⑦嘈吵的感觉,相反⑧却有种舒服、和谐之感,仿佛是一个乐团在演奏。农场中的公鸡⑨,开始高声地啼叫着,似是告诉人们天亮了,新的一天又开始了。农人荷着锄头离开自己的家,精神奕奕地开始⑩他们一天辛劳的工作。⑪世上万物都欣喜地迎接这一天的来临,⑫独我带着满腔愁绪坐在屋前的石阶上,回忆着

① 改为"和月亮渐渐隐去"。

② 删除。

③ 改为"上明亮";"妆"改为"装"。
④ 删除。
⑤ 删除。

⑥ "清诡"改为"清脆";顿号改为逗号。
⑦ "嘈吵"改为"嘈杂"。
⑧ 改为"却感到舒服、和谐"。
⑨ 删除",""开始""地""着"。

⑩ 删除。
⑪ 删除"世上";"这"改为"新"。
⑫ "独"后加"有"。

第四单元 谋篇布局

往事……

⑬在我四五岁时,我是家中的宝贝儿,家中⑭各人都很疼我,尤其是爷爷,更把我当作掌上明珠般爱护。有一次,我生病了,病得很厉害,家里又没有其他人,而屋外下着⑮倾盘大雨,风雨交加,真是寸步难移;但爷爷却不顾一切,背着我⑯向村里的医生去。他浑身湿透,鞋上满是泥泞,脸上的汗水与⑰雨点混在一起,分不清⑱那些是汗、那些是雨,他身上⑲一些防雨的设备也没有,却用那件唯一的雨衣⑳替我遮盖,生怕我㉑沾了半点雨水似的,㉒后来他老人家足足病了二十多天,现在想起来,㉓仍然心痛,眼中的泪水㉔不禁夺眶而出。爷爷㉕、爷爷,为何你这般傻,为了这个顽皮的孙女而㉖给病魔煎熬了二十多天呢?

爷爷的病㉗康复后一个月,一天早上,我与爷爷就坐在这儿等天亮。那是我第一次看天亮,当然十分兴奋。"爷爷,你看!天上的那颗星星转淡了,啊!不得了呀!它不见了啊!""爷爷,你看看那边!天空转为白色了啊!啊!我看到远处的村屋呢!""爷爷!你听听!小鸟们的歌声㉘很好听啊!还有我们家里的公鸡在叫呢!你听听,是多么动听啊!"爷爷被我的兴奋㉙感染,他也十分高兴,㉚发出他那慈祥的、和蔼的、会心的微笑㉛,便对我说:"啊!欣欣!㉜你看天是亮了,人生也是一样,也有㉝他

⑬ 改为"四五岁的时候",这一句放在"宝贝儿"的后面。
⑭ "各人"改为"每个人"。
⑮ "盘"改为"盆"。
⑯ 改为"去找村里的医生"。
⑰ 改为"雨水"。
⑱ 改为"哪是汗,哪是雨";逗号改为句号。
⑲ 改为"一点防雨的东西也没有"。
⑳ 改为"把我裹紧"。
㉑ "了"改为"上";"似的"删除;逗号改为句号。
㉒ 改为"就这样"。
㉓ 改为"心中仍然很难过"。
㉔ 改为"禁不住"。
㉕ 顿号改为逗号。
㉖ 在"给"前加"宁愿";删除"了"。
㉗ "康复"前加"终于",后加逗号;"后一个月"改为"我十分高兴";逗号改为句号。

㉘ "很"改为"多"。
㉙ "感染"前加"所"。
㉚ 改为"流露出"。
㉛ 逗号改为句号;"便"改为"他"。
㉜ "你看"后加",";删除"是"。
㉝ 删除。

㉞"在"前加"处";"时"改为"中"。
㉟改为"光明总会来临"。
㊱改为"你处在光明之中"。
㊲删除。
㊳改为"这样,才不至于"。
㊴改为"我似懂非懂"。
㊵改为"记住"。
㊶"这些话"后加"从此"。
㊷改为"每想到这,就更加增添"。
㊸改为"再回到"。
㊹改为"是沉重的打击"。
㊺改为"可曾想到我所受的打击比家中任何人都"。
㊻改为"童年与你在一起时"。
㊼删除。
㊽"石"改为"玉";"更"后加"是";"重复着"改为"回响"。
㊾改为"以后自己要独立"。
㊿改为"我一定"。

黑暗与光明的时候!㉝<u>当你在黑暗之时,不要气馁,要继续坚持下去</u>,㉟<u>你总会等到光明的来临</u>。㊱<u>但在光明的时候</u>,㊲<u>你</u>应准备另一个黑夜的到来,㊳<u>不致于</u>到那时手忙脚乱。知道了吗?明白吗?"㊴<u>我带着似懂非懂的神情看着他</u>,不停地点头,其实那时我真的不明白,我只知道要牢牢地㊵<u>记</u>着爷爷的每一句话、每一个字。㊶<u>这些话留在我脑中,成为我做人处世的方针</u>,㊷<u>更加增添</u>了我对爷爷的尊敬和佩服。

爷爷!爷爷!即使我现在千呼万唤,你也不会㊸<u>再在我身边</u>!你的逝去无疑对全家㊹<u>每一个人是个沉重打击</u>,但你㊺<u>可有想到我所受的比他们每个人还要沉重呢</u>!我时常回忆㊻<u>着幼年时与你的欢笑</u>,脑中不断地浮现㊼<u>着</u>你那亲切的笑脸,而你那些㊽<u>金石良言更不停地在我耳边重复着</u>!我知道㊾<u>我以后要自己独立起来,不能再依靠任何人</u>,㊿<u>而</u>我会照着你那些教诲去做的!

【重点评析】

这是一篇忆爷爷倾注爱心于孙女的回忆性散文,它有以下一些特点:

一是情深意浓。爷爷爱孙女无微不至,冒倾盆大雨背孙女去求医;孙女爱爷爷,一声声呼唤,一阵阵辛酸,催人泪下。文章不仅描绘了祖孙两代之间的深情,而且把这种"情"提高到对人生的启示和领悟。"情"的内涵很丰富。

二是过渡照应，浑然一体。文章要浑然一体，须注意上下文之间的连接转换。文章第1段着力写景，第2段记叙爷爷如何把自己当作掌上明珠般爱护，两段之间用"万物都欣喜地迎接新一天的来临，独有我带着满腔愁绪坐在屋前的石阶上，回忆着往事……"过渡，前半句小结上文，后半句开启下段，过渡紧密而自然。往事回忆结束后，回到现实生活之中，过渡也很有特色。"这些话从此留在我脑中，成为我做人处世的方针，每想到这，就更加增添对爷爷的尊敬和佩服"，用爷爷一番话把往昔与今日关联起来，进行过渡。

照应，就是通常说的伏笔和呼应。本文开头用了相当笔墨描述晨曦降临时的乡间景色，埋下伏笔，为文中祖孙等待黎明的感人场景制造"先声"。前有伏笔，后就有呼应。文中不是简单地重复，而是用孩子的话次第点明"星淡""天空转白""村屋展现""鸟鸣""鸡啼"，回应前文的写景，构成血脉一贯的整体。

三是转换人称。用呼告的修辞手法，增强文章的感染力。文章第2段开始回忆往事，用第三人称抒发对爷爷无限的敬爱。紧接着，情不可遏，转换为第二人称，呼喊爷爷，"即使我现在千呼万唤，你也不会再回到我身边"。直接呼唤，直抒胸臆，格外感人。

文字上的毛病比较多，影响了情意的顺畅表达。主要毛病有：

第一，不符合客观事实。例如①，星星"也跟着月亮的光芒转淡"。月亮与太阳不一样，不可能光芒四射；星星也不可能跟着月亮的光芒转淡。写景要符合自然界规律，观察要精细。

第二，任意改约定俗成的词语，不能把意思准确地表达出来。例如⑦"嘈吵"，或者说"嘈杂"，或者说"吵闹"，不可任意改为"嘈吵"。

第三，句子缺成分，不能完整地表达情意。例如⑯，"向村里的医生去"，缺谓语。

文章标题用无题不合适。改为"亲思"，与内容更切合。

4. 开头

【写作指引】

　　文章要讲究开头，好的开头是文章成功的一半，因而布局时须认真研究文章的开端。"首句标其目。"文章起句方法很多，可开门见山，接触主旨；可奇峰突起，扣人心弦；可平平实实，美在其中。不管采用怎样的方法，目的都在更好地表达文章的内容。起句要响亮，有引人之势，忌呆板、晦涩、拖沓、寡味。

【例文修改】

参加演讲比赛后记

任敬扬

① 删"自"。
② 删除。
③ 改为"校际朗诵比赛"。
④ 句号改为逗号。
⑤ 改为"获奖"。
⑥ 改为"但在所有的比赛中，这一次演讲比赛最难以忘怀"。

⑦ 可改为"问我"。
⑧ 改为逗号。
⑨ "事前"改为"不久前"；删"已"；"参与"改为"参加"；删"一个"。
⑩ 改为"这次便不好意思不应允"。
⑪ 改为"从没有参加过演讲比赛，也想尝试一下"；逗号改为句号。

　　我①自从中二年级开始，便代表②自己班级或学校参加各种类型的比赛，包括③校际朗诵节、问答比赛及辩论比赛④。并多次幸运地⑤为本校、班级以至个人夺取奖项。⑥但这一次我所参加的演讲比赛却最令我难忘，并把我带入参与校际比赛的新历程。

　　在去年十月尾，一个非常偶然的机会，中文学会主席郭家杰同学⑦向我问及是否有兴趣参加由政务总署及国际联青社协办的"全港青年学艺演讲比赛"⑧。我因⑨事前已向他推掉了参与一个辩论比赛的任务，⑩现在便不好意思再三推掉他的邀请。加上我⑪自己从没有参加过任何演讲比赛，所以便以尝试的态度一口答应了他,⑫他便立即递给我一张报名表及章程,于两星期后交回。后来,我才知道⑬今次比赛我校还有刘伟文和庄义雄两位同学加入,合共三人参加演讲比赛高中组的赛事。

⑭当我接过章则时,我的注意力便集中于今次演讲的题目:我心中的香港杰出青年。⑮我当时直觉认为这是一条很容易找资料但却很难表达的题目。但当我真正去找寻资料时,⑯才发觉今次我所面对的题目殊不容易。当我到图书馆查阅百科全书时,⑰得到的结果使我非常惊奇:竟然连一本百科全书也没有提及何谓"杰出青年"。⑱这时,我只好请教彭健威老师。刚巧彭老师手上有一本书,是由杰出青年协会出版的,书⑲名称为"坦言"。但其内容却与演讲题目无关,所以并不合适。正当我感到束手无策时,我偶然发现当日英文青年报上⑳刊登有关1987年度十大杰出青年陈慎芝先生的㉑访问。这段㉒访问简直是我的救星,㉓更是我整篇讲稿的骨干,大大增强了我夺奖的信心。

㉔到了12月13日比赛日,一个天朗气清的㉕星期日早上,我准时到达参赛地点——湾仔街坊会学校。但见人头攒动,㉖他们无不在用心地做最后冲刺。㉗经过报到后,我才知道整个高中组的比赛是分组进行初赛。每组大约15人,设两位评判,㉘由每组合共挑选10人参

⑫ 删除。
⑬ 改为"这次比赛我校还有刘伟文和庄义雄两位同学参加"。

⑭ 改为"这次演讲的题目是"。
⑮ 改为"当时我认为这道题目资料很容易找,但表达很难"。
⑯ 改为"才发现困难很多"。
⑰ 改为"发现没有一本提及"。

⑱ 删除。

⑲ 删除"称";"坦言"用"《　　》"。
⑳ 在"刊登"后加"了"。
㉑ 改为"访问记"。
㉒ 在"访问"后加"的纪实"。
㉓ 改为"成了"。

㉔ 删除"到了"和后一个"日";逗号改为句号。
㉕ 改为"早晨"。
㉖ 改为"大家都"。
㉗ 改为"高中组初赛分组进行"。

㉘ 改为"各组"。

㉙ 删除。

㉚ 删除。
㉛ 改为"我到比赛场上才发现其中一位裁判竟是"。

㉜ 删除。

㉝ 删除。

㉞ 删除。

㉟ 删除。

㊱ 改为"我面带笑容,非常流利地讲起来,花了一个多月写成的讲稿得到了充分的表达"。
㊲ 改为"演讲结束"。

㊳ 删除。

㊴ 改为"确定"。
㊵ 改为"进入"。
㊶ 删除。
㊷ 改为"据"。

㊸ 删除。
㊹ 改为"这次"。
㊺ 改为"只我一人"。

㊻ 删除"此";"倍增"改为"很大"。
㊼ 改为"对手,是从各组挑选出来的"。
㊽ 改为"决赛时我因大失水准而败北"。
㊾ 改为"为学校"。
㊿ 改为"没能"。
㉕ 删除"能使我""比赛个中";"使我加深了解"改为"初步懂得"。

加决赛,争夺冠军。我被编入第四组㉙第十二位参赛,㉚而刘同学则编入第三组。㉛当我到达比赛场地时发觉其中一位竟是本校的周鉴超老师。这时我的心开始有点儿乱,我非常害怕比赛失利。但时间好像加快步伐似的,㉜一分一秒地过去,转眼间已轮到我。㉝当主席宣读我的名字时,我㉞便缓缓地走到众人的面前。真不知为何,我的心情竟然如水一般平静。㉟当主席台响起铃声,㊱我便面带笑容、非常自然地演绎出花了一个多月的精神和时间而写成的讲稿。㊲当我结束演讲时,我已肯定自己必定能够出线。

㊳当半小时休息过后,赛会终于公布决赛名单。我名字也在名单之内,但㊴却编我最先出场。于是,我一个箭步,立即㊵到达比赛场地㊶,准备集中精神,应付挑战的来临。㊷以我所了解,凡比赛最先及最后出场的,必然很难获得头三名奖㊸项。何况㊹今次决赛由九位评判联席评选,再加上我校㊺代表只有我一个能够进入决赛,㊻故此我心理压力倍增。至于㊼对手方面,因大家都是从各组挑选出来,水准自然比初赛时略有提高。㊽故此影响到我在决赛中的表现,因而大失水准而落败,只㊾能为本校夺得一个优异奖。

回顾整个比赛,虽然我㊿不能为校争光,但却㉕能使我真正领略到演讲比赛个中的滋味,并使我加深了解何谓"杰出青年"。虽然㉜赛果对我来说并不理想,但却㉝能使我了解到我的缺点在哪里,㉞作为我做事的借镜。㉟同时,我有幸能够第一次参加演讲比赛而获奖,也感到非常光荣和满足。而这一份光荣和满足,将会永远保存在我心中,给我一个美好的回忆。

㉜ 改为"比赛结果"。
㉝ 删除。
㉞ 改为"以利今后的改进"。
㉟ 删除。

【重点评析】

这篇记叙文记叙了一次演讲比赛的始末,过程是比较清楚的。写参加初赛时的心理活动也具体生动。

文章有以下几个明显缺点:

一是开头落笔太远,使文章减色。作者是中五年级的学生,记述的主要内容是一次演讲比赛,下笔却从中二年级写起,时间一跨三年,太遥远了。文章开头要有气势,要能吸引人。这篇文章开头如这样写——在"全港青年学艺演讲比赛"中,我败北了——效果就大不一样。

二是记流水账,漫无中心。这篇"后记"想说明什么问题,表露自己什么思想感情,告诉人们什么道理,动笔前应认真思考,确立一个明确的中心。例如,可确立以下一些中心:过去的胜利不等于永远胜利;胜不骄,败不馁;失败是成功之母;山外青山楼外楼,强中更有强中手,等等。根据比赛的实际情况,根据自己的体会、感受,选择一点,作为文章的中心。与中心关系不密切的、无关系的,或略用,或舍弃。要舍得割爱,不能一股脑儿塞进文章。例如⑫递报名单及章程,完全无必要写进文章。

三是句子累赘,病句比较多。例如⑤,"幸运地获奖",已足以说明问题,无须再加"为本校、班级以至个人"的字样。此类句子比较多,作了较大的修改。有的句子或搭配不当,或意思纠缠,未能把情意表达明白。

5. 结尾

【写作指引】

　　文章结尾是文章内容发展的自然归结,也是布局中的重要部分,如果开篇有锋芒,中间部分委婉曲折,结尾收煞不住,或"虎头蛇尾",那就大大影响表达效果。结尾或有点睛之笔,使文章精神毕现;或深沉含蓄,启发读者想象;或转出别意,余音缭绕。好的结尾,常含义未尽,给文章增辉,使读的人回味无穷。

【例文修改】

猫

赖玉芳

　　它,拥有腊肠狗型的身躯;它,毛色是黑中晕灰①……。它是去年8月中旬爸爸拿回来的一只小花猫,爸妈说它像只小老虎。

　　记得最初几天,它时常躲在墙角,动也不动,饭也不肯吃。②但过了一段日子,它终于肯吃饭了,而且渐渐与我们③来得熟落,就像是④朋友般。后来弟弟说:"⑤其实我们应该替它改个适合的名字,好方便我们叫唤呢!"⑥于是我们积极地替它改名字,终于给我想到了,我冲口而出:"咪咪,咪咪。"故此我们⑦以后就唤它"咪咪"了。

　　人家说猫⑧极之高傲,但我倒不觉得。咪咪很⑨可爱的,它时常向我撒娇,像片贴身的膏

① 删除。

② 删除。
③ 改为"熟络起来"。
④ "般"前加"一"。
⑤ 改为"我们应该替它取个合适的名字,叫唤起来方便"。
⑥ 删除。
⑦ 删除。

⑧ "之"改为"其"。

⑨ 删除"的"。

药⑩,它还用身体在我脚边不停地摩擦,示意我抱它。

⑪谁知道咪咪竟在去年 11 月 11 日⑫替我家带来更多的热闹——咪咪生下四只小猫儿,四只人见人爱的小猫儿。它们⑬四只,完全没有一只像咪咪,⑭它们的光色都纯黑,一点杂色也没有。初时,爸妈说不能收容它们,因它们全是雌性,怕他日家中会变成动物园。⑮当时我死劲地嚷着哭着要收容它们,虽然爸妈骂我,⑯使我哭得死去活来。⑰幸运地,最后我战胜了爸妈,而它们也可以留下来了。

咪咪很疼爱它的女儿,时常用舌头替女儿洗身,⑱场面温馨。但好景不长,⑲当小猫儿较为长大后,咪咪不但⑳没有再照顾它们,相反还时常用爪揠女儿的脸,与它们争吃,㉑引致它们狂鸣不已。㉒真的不明白它们为何变成这般?实在使我太失望呢!

㉓想深一层,动物始终是动物,不会像人那样㉔富感情。人始终胜过动物,于亲情方面亦然。

⑩ 逗号改为分号。

⑪ 删除。
⑫ 改为"咪咪给我家"。

⑬ 删除。

⑭ 改为"毛色"。

⑮ 删除。

⑯ 改为"我也毫不相让"。
⑰ 改为"最后,爸妈终于同意把它们留了下来"。

⑱ 改为"温情脉脉"。
⑲ 删除"当";"较为"改为"稍微"。
⑳ 改为"不"。
㉑ 改为"引得"。
㉒ 删除"的";"它们"改为"它";"这般"后面加"模样";"呢"改为"了"。
㉓ "想"放在"深一层"后面。
㉔ "富"后加"于"。

【重点评析】

这是一篇记物的文章,内容具体,段落清晰。

最使文章生色的是文章的结尾。两个"始终"的句子表达了两层意思,一是动物不像人那样富于感情,二是人胜过动物,在亲情方面也是如此。第一层就感情方面进行比较,第二层全面比较,突出"亲情"这一点。"始终"加重分量,反映客观规律。

文章结尾不是硬装上去的,而是事情发展的必然结果。咪咪生下四只小猫,先是十分疼爱,不久以后,不仅不照顾它们,反而抓它们的脸,与它们争吃,可见十分寡情。人对子女的感情与动物有质的差别。正因为结尾是事情发展的必然结果,是文章的有机组成部分,故而极其自然。

有些语句表达意思不准确。

一是前面无交代,后面的词架空。例如⑤,上文未交代这只猫叫什么名字,这儿说"应该替它改个适合的名字","改"就架空了。

二是用词欠恰当。例如⑭"它们的光色都纯黑","光色"用在这儿意思不明,"纯黑"指猫的"毛色",故修改。

三是言过其实,给人以不真实的感觉。例如⑪,"谁知道"是多余的。上文写咪咪常在脚边环绕,要生小猫当然应该知道,怎能说"谁知道"呢?

第五单元　描绘形象

【单元提要】

本单元探讨在记叙文写作中如何重视和运用描写这种表现方法。

描写是指对人物、事件和环境所作的具体描绘和刻画。文章犹如人体,除了有"骨架"外,必须有血有肉,血肉丰满。记叙文的"骨架"是用叙述来完成的,它交代事情发生的时间、地点,交代人物的情况,叙说事情发生的前因后果。没有"骨架",文章就站立不起来;单有"骨架",没有具体、生动的描写,文章就没有血肉,十分干枯,失去感人的魅力。

记叙文中常见的是人物描写和景物描写。前者有肖像、语言、动作、心理等描写;后者有社会环境和自然环境描写。无论是写人还是写景,都要抓住特点,绘声绘色,刻画得有生意、有生气,活泼泼的。

要把人物写活,就要下功夫熟悉了解笔下的人物,细致观察,深刻理解,准确地把握个性特征,要把景物写活,也是同样道理。

本单元结合例文的剖析与修改,就人物、景物的种种描写方法作一些引导。

1. 形神

【写作指引】

写人既要形似,又要神备。每个人都有独特的个性特征,描绘时要善于抓住主要特征作细致的刻画,忌千人一面,千口一话。肖像是人物个性特征的外在表现,不能为描写肖像而描写肖像,要注意刻貌传神,表现人物内在的思想性格。语言力求个性化,写一个人像一个人,不雷同。写人的目的是使笔下的人站立起来,要能站立起来,除描其形貌外,很重要的是让他说话,让他做事,让他思考。习作者不能代替他,一代替,人物独特的面目精神就难以显现。

【例文修改】

爸爸的脸

周荣绍

① 删除。
② 删除。
③ 改为"信手"。
④ 改为"贴了我小时候活泼有趣的"。
⑤ 改为"不过,多是黑白的,而且发黄了"。
⑥ 改为"翻到相簿后半部分中的一张照片,我惊讶了"。
⑦ 删除"的"。
⑧ 改为"似乎熟悉,又似乎陌生"。
⑨ 删除。
⑩ 改为"脑海里又立即"。

①清闲的黄昏,我完成了②一叠作业,没有其他的事做,便③忙里偷闲,翻起掉在一角而尘封许久的相簿。相簿中,④贴上小时活泼趣怪的相片,⑤而且多是黑白发黄的陈年旧迹。

⑥偶尔揭起后半的部分,不禁奇怪地张着口。⑦照片上的是个青年男子,右臂倚着一棵老榕树,脸上欣然展开微笑,神色泰然安乐,有一抹难以形容的愉快。

翻翻记忆里,这人⑧似是熟悉不已,但又似是而非。一片模糊的景象在脑海里团团地⑨蠕动旋转。刹那间,豁然开朗,相片中的人不是爸爸,是谁?

但是,⑩刹那间,脑海又浮现出爸爸的样子——头发稀少花白,额上的皱纹纵横交错,双目⑪荡然无神，两颊瘦如刀削，神情苦恼，似有满腔愁绪。⑫但见照片上的人，黑发丝丝浓密，⑬脸容光洁红润，目光如炬，带着自信的微笑，极显青春气息。我实在难以相信，照片上的人竟就是今日的爸爸！

爸爸的脸，是为谁而憔悴？头发是为谁而白？愁苦，又是为谁而添！⑭凝望相簿中的照片，我⑮终于找到了……

⑪ 改为"黯然"。
⑫ 改为"而"。
⑬ 删除"容"。
⑭ "望"改为"视"。
⑮ 改为"心潮澎湃，不能自己"。

【重点评析】

这篇文章集中笔墨描绘了人的肖像，而在肖像描写中又着力描绘神情。

作者抓住肖像特征刻画，一愉快，一苦恼，一闪发青春气息，一皱纹纵横交错，前后判若两人，构成鲜明的对比，表达生活艰辛的主题。

文字简短，描写具体，不足之处有以下三点：

一是主题不够明确。结尾三个问句如引出澎湃的思潮，进行精当的议论，主题就鲜明了。用"终于找到了"解答，既平板，又含糊。改为"思潮澎湃，不能自已"，稍能弥补缺陷。

二是有些句子前后意思矛盾。例如①，用"清闲"形容"黄昏"，③又说"忙里偷闲"，究竟是"忙"还是"闲"，前后矛盾。

三是有些词用得不妥。例如⑨，用"团团"修饰"旋转"是可以的，修饰"蠕动"就不恰当了，故将"蠕动"删除。

2. 渲染

【写作指引】

"渲染"是国画的一种技法，用水墨或淡的色彩涂抹画面，以加强艺术效果。在记叙文写作中常借鉴这种方法。记叙文叙事、记人,除把事情发生的时间、地点、来龙去脉交代清楚,叙述明白外,一定要写出人物的喜怒哀乐,刻画出鲜明的性格特征。人物有特定的活动环境,把叙述、描写、抒情、议论等手法结合起来使用,渲染环境气氛,可充分表达作者的思想感情,烘托人物的内心世界,增强文章的感染力。学生习作中这一点常被忽视,故景物、人物像纸剪的,"活"不起来。

【例文修改】

一次难忘的经验

屠 颖

① 删除"着"。

② "难苦"改为"艰苦"。

③ 删除。
④ 删除。

⑤ 删除"都";"清新"改为"奇幻","秀美"改为"空灵"。

暑假里,父亲①<u>带着</u>我去游览慕名已久的峨眉山。

经过三天的②<u>难苦</u>跋涉,我们终于登上了峨眉山巅——金顶。我们站在一个寺院的露台上,脚下是万丈深渊,偶尔传来几声飞禽的啼鸣;眼前是连绵的群山,一阵阵凉风拂过,舒畅极了!忽然狂风呼啸而至,云雾奔腾而来,它③<u>无声地</u>抚摸庙宇,④<u>无声地</u>拥抱人们。我贪婪地呼吸着这湿润的空气,仿佛在吮吸大自然赐给人们的甘露。这一切⑤<u>都是那样的清新、秀美</u>。

啊,这云雾多像大海的波浪,那样雄伟壮观!

渐渐地云雾吞没了周围的山峦,也包围了

整个顶峰。庙宇金黄的屋脊在乳白色的云浪中时隐时现,远处喧闹的人群也被乳白色的云雾笼罩了,松林、悬崖、山石都溶进了这乳白色的云里,四面八方全是云雾,好一个乳白色的世界!

霎时,风小了,云雾失去了自己的支柱,翻腾着退了下去,那景象仿佛是草原上的万马奔腾,那样气势磅礴。

不一会儿,我们脚下形成了⑥<u>一片茫茫大海</u>——由云和雾组成的白色海洋。这就是峨眉的云海。⑦<u>恍惚</u>进入了一个梦幻世界。这时的云海是那样平、那样静,又是那样白、那样厚,像一望无际的雪原⋯⋯

一轮火红的落日浸进了乳白色的"海洋"中,海面宛若罩上⑧<u>一</u>匹耀眼夺目的彩缎。

平静的海面忽而泛起几朵灿烂的浪花,千姿百态,忽而向四面八方展开,一望无垠。

⑨<u>黑夜快来了</u>,云海依旧是那么平静。没有风,没有声响,太阳发出它最后一道金光,照在平坦的海面上,似乎照出了一条大道⑩<u>伸向天边、伸向远方</u>⋯⋯

我陶醉在这辽阔的峨眉云海中,仿佛置身于⑪<u>一个美丽的仙境里</u>⋯⋯

那时的情景,至今还时时在我脑海中浮现⋯⋯

⑥ 删除"一片"。

⑦ "恍惚"前加"我们"。

⑧ 删除。

⑨ 改为"夜晚即将来临"。

⑩ 次序颠倒一下,改为"伸向远方,伸向天边"。

⑪ 删除。

【重点评析】

这篇记登峨眉山所见所闻所感的文章语言通顺,描写具体,堪称佳作。

描写的角度选得好。全文只选了一个立足点——金顶,这是峨眉山的顶峰,站在这个立足点上,居高临下,极目远眺,景色尽收眼底。

写景笔墨十分集中,着力描绘了山巅云雾和脚下云海,把山峦、顶峰、庙宇、屋脊、山石、悬崖、松林、落日配置其中,构成了一幅幅奇伟壮观的图景。

作者用妙笔渲染氛围,诉诸人们的视觉、听觉,给人以身临其境之感。云雾奔涌而来,奔腾而去,作了动态描写,有声有色。

写脚下茫茫大海偏重于静态的刻画和色彩的渲染。用"平""静""白""厚""像一望无际的雪原",刻画峨眉云和雾组成的白色海洋。在全白的底色上画上一轮火红的落日,红白相衬,给画面增添了无限的生机。

文章有两个明显的不足。

一是标题太一般,和文章渲染的气氛不协调。改为"仙境",要传神得多。山在云雾缥缈中,人在云雾缥缈中,如入仙境一般。

二是有些词形容不当。例如③④,既然狂风"呼啸而至",又怎能是"无声地"抚摸、拥抱?再如⑥⑧⑪,气势辽阔的云海用"一片""一匹"等数量词限制,就限死了画面,与气氛不协调;用"一个"限制"仙境"也是同样道理,故全删除。

3. 逼真

【写作指引】

景物描写贵在逼真,写山像山,写水像水,写小生灵像小生灵。景物素描是描绘景物的基本功,它要求用简洁的语言描写出景物之形、景物之色、景物之态,既逼真如画,又情寓其中。眼前景物要能描绘得逼真,须观察精细,抓住特征,大胆取舍。如果一笔一笔刻,巨细不漏,就会把活泼泼的景物写"死"。景物要写活,就不能静止地、孤立地写,要动中有静,静中有动,寂处有音,冷处有神。

【例文修改】

我喜欢的一种颜色

　　淡蓝,每当红日初升,它便随白云溜出来,布满天空,是那样不动声色,是那样的恬静。每当太阳挂在①天空上,蓝天,这温柔可爱的小孩子,便投入宇宙的怀抱,伴着太阳静静地欣赏②这花园锦簇的世界。白云却没有蓝天的耐性,他俏皮地幻化成为各种不同的形状,吸引着③过路人的目光。太阳也不甘示弱,猛烈地照射着,还④耻笑着白云说:"我才是最触目的呢!"⑤总管白云与骄阳争得面红耳热,蓝天⑥仍是依然故我,默默无言地微笑着⑦,就算彩霞消失了,⑧但它仍会以温柔真诚的微笑暗里替我们祝福。

　　远处,⑨一片无际的汪洋,一直伸展到天的尽头,和亮蓝的晴空连接着,那就是深蓝的居所。他是⑩一切深海里的生物的好朋友,他时常跟海里的鱼群嬉戏玩耍,有时候,⑪大海也耐不住的,跟他们一起嬉戏,⑫而奏出一些最美妙

① 删除"上"。

② 删除"这";"园"改为"团"。

③ 改为"行人"。

④ 删除"着"。

⑤ 改为"尽管"。
⑥ 删除"仍是"。
⑦ 逗号改为句号。
⑧ 改为"蓝天"。

⑨ 改为"一望无际的海洋"。

⑩ 改为"深海里的一切"。
⑪ 改为"海水也耐不住"。
⑫ 删除"而""一些""最"。

⑬ 改为"乐章"。	的乐章,也是世界上最动听的⑬乐曲。
⑭ 删除。	当斜阳辉映在海面上的时候,海面呈现⑭一片的金光,而深蓝⑮因此也披上一件金色的彩衣,呈现一片的亮蓝。⑯这时海水变得更清透了,居住在海底的生物,⑰也好奇地昂头观望。而深蓝只是静静地躺卧⑱在海面上,⑲享受着那凉沁沁的海风。
⑮ 改为"也因此披上金色的外衣,透亮透亮"。	
⑯ 改为"海水变得清澈"。	
⑰ 删除。	
⑱ 改为"着"。	
⑲ 删除"着"。	
⑳ 删除。	风和日丽的时候,微风悠悠地掠过⑳澄靛波心,泛起阵阵的涟漪,此情此景,怎不叫人如痴如醉呢!
㉑ 改为"灿烂辉煌"。	蓝色,并不是一种鲜艳的色彩,并不㉑能点缀这世界,但它的存在却使人得到了一分宁静,一分安慰。

【重点评析】

单纯写色彩是不容易写生动具体的,但这篇文章别具一格,把色彩写活了。

文章着力写"蓝",但不是就蓝写蓝,凭空来写,而是附着在一定的物体上。上附天空,下附海洋。这样处理,"蓝"就看得清,似乎触手可及。

文中写"蓝",和白云、红日比照起来描绘,不仅色彩分明,而且表现出各自不同的性格。与海底生物为友,与鱼群戏耍,表现其合群的性格。斜阳照射,海上变幻,"蓝"的温柔、沉静的性格进一步得到显现。

"蓝"写出了层次,由浅蓝而亮蓝而深蓝,各放置在合适的位置上。蓝天、白云、红日、海洋全用了拟人的修辞手法,赋这些景物以人的生命,故活泼泼的,给人以逼真的感觉。

结尾是聚意之笔,挑明了"蓝色"的性格和作用。

本文文字上有一些缺陷。

第一,词序不顺。例如⑩,"一切"和"深海里"都修饰"生物",但词序排列不妥,容易发生歧义,应调整。

第二,限制不当。例如⑨,既然"汪洋""无际",就不能用"一片"数量词加以限制。

第三,与实际不符。例如㉑,说蓝色"并不能点缀这世界",不符合实际情况:凡是色彩,对世界都能起点缀作用。故修改为"并不灿烂辉煌"。

文章标题改为"蓝",不仅醒目,而且内容更切合题意。

第六单元　抒发感情

【单元提要】

本单元探讨抒情这种表达方式在文章中的作用,以及常用的抒情方法。

唐代诗人白居易曾说:"感人心者,莫先乎情。"文章要写得感动人,必须在"情"上下功夫。情动才能辞发,自己心中有感情的冲击波,写出来的文章才会以冲击波叩开别人的心扉。

抒情,就是抒发情感。在文章中是指作者或文中人物主观感情的表现和抒发。记人叙事,描景状物,情寓其中,情景交融,文章就不干瘪,就会产生感染力;议论说理也离不开感情的抒发,议论、抒情紧密结合,常能深化主题,产生强烈的感染力和说服力。

抒情有种种方法,可借景抒情,托物抒情,即事寓情,寓情于理等,总体来说,可归并为两类:直接抒情和间接抒情。

情感、激情,来自对生活的热爱和思考,来自对理想的憧憬与追求。架空地抒情,无病呻吟,必然使文章减色,甚至有损于主题的表达。

本单元将就种种不同的抒情方法在文章中的具体运用,结合例文作一些评析、引导。

1. 直接抒情

【写作指引】

直接抒情就是直接抒发难以抑制的激动感情。使用这种方法,作看十分简单,只要心中有喜就抒发喜,有悲就抒发悲,朴实无华地讲出来就行。其实不然。难在胸中确实有情,是真情,而不是"造"的情;是浓烈的情,激情,而不是浮情。难在抒发得自然,和记的人、叙的事、写的景、说的理紧密结合,而不是游离,给人以外加的感觉。抒情时,这两点特别要注意。

【例文修改】

重阳节登高感怀

马妙卿

重阳节,对一些活在①矻矻营营的都市中人来说,除了为他们带来一个额外的假期外,似乎没有多大意思。他们仍旧将自己囚困在框框内,过着乏味的日子,对于大自然的一切递变似乎漠不关心。重阳节的来临,只意味着夏、秋两季的交替②,此时③风和日丽,天高气朗,人④处身于此种大自然的美景中,自觉身心⑤为之舒畅,万忧千愁尽解。但无知的都市人却认为逛街、看戏、饮茶比接近大自然更为重要。这是令人可惜、令人可悲的吧!

今年我没有忘记上山登高——这是我每年的习惯。⑥但奇怪的是重阳节于我而言,并没有任何特别的意义,但却有一种难言的、深隐的感情萦绕着,或者这是自幼培养的吧!今年,我⑦仍旧登高,登的仍是那座山,可惜同登

① 改为"都市中的矻矻的人"。

② 逗号改为句号。
③ 删除。
④ "处"改为"置";删除"此种"。
⑤ 删除。

⑥ 删除。

⑦ 删除。

⑧ 改为"看法"。
⑨ 删除。
⑩ 改为"而是一种难言的感情萦绕心头"。
⑪ 删除。

⑫ 改为"欢欣"。
⑬ 删除。

⑭ 一般用"给予"。

⑮ 删除。

⑯ 删除。
⑰ 删除。
⑱ "重阳节"后加","。

⑲ "多少"后加"次"。

⑳ 删除。
㉑ "般"改为"刻下"。
㉒ "了"后顿号改为逗号。
㉓ 改为"忍不住往下滴"。
㉔ 改为"一点空缺,一点遗憾"。

的人已变样!特别在这数年间,我对登高的⑧见解有了改变,它不再是儿时轻轻快快的⑨一次游玩,⑩然而却换来一段段深邃的回忆、感慨。眺望远处,百般往事涌现⑪心头……

儿时,每当重阳节,我们皆举家登高。梳着小辫子的我,一蹦一跳地走上山,父亲母亲却不忘在背后大喊:"小心呀!小心呀!"口边却挂着⑫一个满足的微笑,好像要向全世界⑬人类宣布:我们的小女儿已懂得自己上山了!这种兴奋的呼叫大概是尚未为人父母者难以体会的吧!

童年时的登高,的确⑭给与我不少难忘的回忆,在山上与父亲共放风筝的甜蜜情景至今还历历在目。当我不慎跌倒流血时,父母亲担心关切的目光,我永记在心!⑮我没有忘却,这一切美好的回忆,是我的父母亲赐予给我的。然而,⑯当我长大后,⑰我不但没有报答他们,反而一次又一次伤害他们。每当⑱重阳节父母要求一同登高时,我必以种种借口拒绝,那自以为是的神情不知换来父母的⑲多少失望!

当我真正长大,真正知道什么叫作"孝",欲要求父母亲重九登高时,却蓦然发觉他们已⑳年纪老迈了。望着那佝偻的背、㉑风霜般的皱纹、行动时一拐一拐的情景,我的心㉒酸了、痛了,眼泪㉓就忍不住滴下来了。我深疚,我竟令他们在生命中留下㉔一点点空缺、一点点遗憾</u>，我竟连一个小小的登高要求也不答应，我辜负了他们的期望。

　　我愈想愈深，直至有人告诉我这已是落日时分了，我㉕<u>始</u>从思忆中醒过来，随人群离去。我望着落日的景色，㉖<u>万千感慨，</u>㉗<u>这就是代表了父母亲的年华吗？</u>㉘<u>那时才可再次与他们一同登高呢？</u>㉙<u>我忽萌奇想，那时才到我携着自己的子女在重九登高呢？</u>我不知道㉚，只向着前方迈进！

㉕ "始"改为"才"。
㉖ 改为"感慨万千"；逗号改句号。
㉗ 删除。
㉘ "那"改为"何"。
㉙ 删除。
㉚ 改为"……"。

【重点评析】

　　这是一篇抒发对父母歉疚感情的文章。

　　文章以重阳节登高事的议论开头，点出无知的都市人认为逛街、看戏、饮茶比接近大自然更为重要，从而发出"令人可惜、令人可悲"的感叹，为全文的抒情定下基调。

　　作者以今日登高与往昔登高进行对比。登的山依旧，而同登的人已变样，从而引出昔日父母带自己登山的欢乐，而自己长大后一次次拒绝登山对父母的伤害。抚今思昔，父母年迈，已难以登山；内疚之情充盈胸际。

　　儿时举家上山登高的情景虽未花费许多笔墨，但人物的语言、动作、神情的描写均具有各自的特征，再佐以点睛的议论，父母对女儿的爱心，见女儿成长的喜悦，跃然纸上。

　　父母爱之切，女儿内疚深。女儿先是自责自己的无知，不自觉中对父母造成了伤害，再写欲弥补时，父母已老迈，深责不已，辛酸泪下。感情随着认识的发展而变化，合乎情理。

　　文章主要有以下一些不足之处：

第一,缺少一些从心底喷涌出来的表达强烈感情的词句,影响抒情的浓度。

第二,有些句子叠床架屋,给人累赘的感觉。例如⑥,重阳节的意义,前后文均未阐发,这儿就无必要赘说,而"难言的"感情萦绕与下一层次中的"换来一段段深邃的回忆、感慨"有重复,故删除繁枝。

第三,有些词用得不当。例如①,用"矻矻营营"修饰"人"还勉强可以,修饰"都市"不恰当。又如③,"风和日丽"形容春天景象妥帖,形容夏、秋交替不恰当。

特别要注意的是数量词。例如⑨,"一次"游玩,儿时游玩多次,用"一次"修饰,与文中其他部分矛盾。

2. 借景抒情
【写作指引】

借景抒情是间接抒情中的一种方法。"情"是作者主观的感情,"景"是描写的客体,把景物写入文章,必须融进作者的思想感情,景中无情,难以感人。人的思想感情是抽象的,借景物的描写,可让读者感受到作者内心深处情的涟漪,情的波涛。借景抒情,景要选得好,能显露特色,与"情"有必然联系,不能景是景,情是情;无论是触景生情,借景抒情,移情于景,都要力求做到情中景,景中情,情景交融,和谐统一。

【例文修改】

抒 情 组 曲
王 微

①"焦"改为"中";删除逗号。

雨,<u>丝丝</u>的雨,微微的雨,你总让我心①<u>焦,</u>泛起一阵阵涟漪,不能平静下来。有时候,当我细看你,你的忧伤就传入我的心灵②、渗入我的③腑肺,使我流出一串串的泪珠④……⑤其实无时无刻我都是那样思念着你、细想着你,⑥丝微的雨,你可知道那种深切的情感?我真想把心中的⑦一切诉说给你听,你又可愿意静听我的低诉,好让我获致一个超然的解脱?

　　从前⑧你曾带给我意想不到的惊喜、忧伤,每一次都深深地刻在我心底……全因为你,⑨丝微的雨……在我的⑩思潮里你永远是那么吸引,那迷茫⑪、忧郁、深度、给我一种说不出的难忘。

　　在那远处有我逝去了的梦,片片回忆,勾起我一缕缕淡淡的哀愁……也许,我可以⑫重到那地方去细嚼曾经令我快乐的光景,⑬留作日后一个甜美的回忆。

　　愿这短暂而美好的时光能带给我一个温馨的梦,⑭静静地等待黎明雨,丝丝的雨,你……已安睡了吗?

　　⑮海,茫茫大海,你可曾记起我?自1月与你相见过后,⑯已不见一个月了,心里万分挂念着你。虽然你可能不曾留意我,但你给我的印象却是何等⑰深切。在我的脑海里,⑱你是永远令我着迷,因你的苍茫、你的灵性、你的一切⑲都是叫我那么牵挂⑳、那么陶醉不已……。

　　我真想永远躺在你的怀抱里,静听你的声音,甚至永远熟睡——安祥地睡着,让我在酣

② 顿号改为逗号。
③ 改为"肺腑"。
④ 省略号改为句号。
⑤ 改为"其实,无时无刻我都在思念你"。
⑥ "微"改为"丝";"那"改为"这",删除"深切的"。
⑦ 改为"奥秘向你诉说,你可愿意谛听,好让我获得一次解脱"。
⑧ 在"你曾"后加"一次次"。
⑨ "丝"改为"微";省略号改为逗号。
⑩ 改为"心里你永远那么有吸引力"。
⑪ 改为",忧郁,给我一种说不出的慰藉"。
⑫ 改为"重新返回那地方去细细咀嚼"。
⑬ 改为"留下丝丝甜美"。

⑭ 这一句后加句号。

⑮ 这一段上面空一行。
⑯ "已"前加"又"。

⑰ 改为"深刻"。
⑱ 删除"是""因"。

⑲ 删除"是"。
⑳ 顿号改为逗号;删除句号。

㉑ 两个顿号均改为逗号。
㉒ 改为"又一个月不见你了"。
㉓ 改为"脑中"。
㉔ 删除。
㉕ 删除。
㉖ 删除。
㉗ 改为"没了解"。
㉘ "只"后加"能"。

㉙ 改为"我多么思念你……"。

甜的睡境中寻找到人生难求的温暖、幸福及快乐。海,苍茫的大海,每当我凝望你,你总使我变得㉑平静、冷静、变得思想成熟……虽然㉒没见一个月了,但我㉓内心一直浮现你的影子,㉔不曾间断过,我是多么渴望与你相聚,㉕却又未能,你明白我㉖心中的急切心情吗？也许,你不会,因为你我相隔得太遥远,而且你还㉗未了解、明白真正的我,故结果㉘只是无奈的分离……

海,浩瀚的海,我们可有重逢的一天？㉙我实在不晓得……。

【重点评析】

这是一篇借景抒情的文章,由两个抒情片段组成,以"抒情组曲"为题是合适的。

本文抒情的第一个特点是向景物——丝丝的雨、微微的雨和苍茫的大海倾诉衷肠。用第二人称的手法向景物诉说,表达思念、牵挂、信赖这些景物的情意,给人以真挚、亲切之感。

第二个特点是细腻、委婉。借雨抒发淡淡的哀愁,曲曲折折。不是直接向丝丝的雨诉说自己的忧伤,而是从雨的忧伤入笔,渗入自己的肺腑,景之情,人之情,沟通交融。既是回忆勾起哀愁,却又偏偏要返回旧地,咀嚼快乐。以乐托愁,愁就更牵动人心。

第三个特点是反复咏叹,抒发深情。作者倾心于苍茫的大海,倾诉热爱它、思念它、信赖它的感情时,常用相似的句式、相仿的语言,形成反复咏叹,创设浓重的气氛。

抒情、篇章、语言方面都有些不足之处,主要是:

第一,借景抒情一般说来含蓄比直露更有意味。本文抒情太显露,易给人以"浅"的印象。借景抒情的最佳境界是"一切景语皆情语",看起来句句写景,实际上字字抒情。情寓于景,就耐人寻味。

第二,既是"组曲",在篇章上就应有所反映,不能把不同内容的片段不加间隔地连在一起。"雨"和"海"两个部分之间应空行,使有明显的间隔。

第三,病句较多。有的是生造词语,有的是用词不当,有的句子比较拖沓。

3. 借物抒情

【写作指引】

借物抒情是间接抒情中的又一种方法。它和借景抒情相仿,假借对"物"的描绘,抒发内心的思想感情。寄情于物,是把要表达的感情依附于对物的叙述、描写和议论之中,曲折委婉地表达出来,故物要精选,刻画出它的个性特征。也就是绘外形特征,揭内在气质,由表及里,洞悉幽微。咏物抒怀是就物情、物性的特点,抒发感情,不能胡拉硬扯,不能乱堆砌,要随着物的特征有层次地恰如其分地抒发。

【例文修改】

两朵白色小花——敏

杨淑贞

执起了笔,仍没有一点头绪,脑子空洞洞的找不出一个字来。太阳酷热地照着大地,土上的空气在沸腾,热得人不停地②流行,这

① 删除"土上的"。
② "行"改为"汗"。
③ "翻乱"改为"搅乱"。

④ 删除"页"。
⑤ 改为"书签上印的是一幅"。
⑥ 删除"把""都";"颜色"改为"金色"。
⑦ 删除",它们""在光环中"。
⑧ 两个顿号均改为逗号。
⑨ 删除"迹"。
⑩ "俩"改为"两"。
⑪ "见了"改为"到";"心底里涌出了一股抽缩"改为"心中一阵抽缩";句号改为逗号。
⑫ 改为"也情不自禁地流了下来"。
⑬ 删除。

⑭ 删除"就"。
⑮ 改为"简直和她的牙齿颜色相仿。"。
⑯ 句号改为逗号。

⑰ 分号改为逗号。
⑱ 感叹号改为句号;删除"跟着"。
⑲ 删除"了"。
⑳ "载"改为"夹";分号改为逗号。
㉑ 删除"的"。
㉒ "无所不谈"前加",";"无所不知(对方的秘密)"改为"对对方的秘密无所不知"。

更③翻乱了我的心思。

放下笔杆,不经意地拿起一本书,一张很小巧的书签从④书页中溜了出来。⑤它的表面,印了一帧美丽的风景。唏嘘的太阳在流泪,流下一滴滴金黄色的泪,⑥把整张书签都滴满了耀眼的颜色。一团光芒中,有两朵白色的小花⑦,它们灿烂地飞舞在光环中,显得自由⑧、优美、舒畅。它的背面,写上了几行窈窕的⑨字迹:"贞,愿我们是这⑩俩朵小花,永远结伴而行!敏"⑪看见了这些字迹,心底里涌出了一股抽缩。泪水⑫亦缓缓地随着我的回忆而流下来。

⑬我还记得敏是一个非常美丽的小姑娘,两条油油的小辫子垂在耳侧,两只别致的蝴蝶结系在辫子上,衬出小孩子的活泼,纯洁。可是,敏的颊上却总是缺少小孩子应有的两片红晕,有的⑭就只是雪一样的白色,⑮恰好和她的牙齿一样,使人分不出来。(后来?才知道这是病态。)我常取笑她是白雪公主⑯。她总是咧开了嘴,牵着我手,轻轻地笑或是轻轻地捏我一把。我喜欢带她到溪水里洗濯她的小脚⑰;我喜欢把花园里那些不知名的白色小花采下来送给她。她收到礼物,整天乐得合不拢嘴⑱!跟着她会跑上楼去,找一些心爱的书签,⑲写上了几句真诚的话送给我。从此,我的书本里⑳必载着她的书签;她的书本里也必定夹了㉑几片的花瓣。我们相亲相敬,俨如姊妹一般㉒无

所不谈,无所不知(对方的秘密)。

　　有一天,㉓<u>我仍拿着白色的小花,奔到敏的家里来</u>。但是,我找遍了㉔<u>每一个角落,却找不到她</u>,只看见她书桌上的一张书签。书签上印着夕阳,夕阳下有两朵白色的小花㉕<u>。(正好像是我常送她的那种花)</u>,书签背面写了17个字。我预感到将有不幸的事要发生。这时,敏的父母回来了。敏的妈妈握着我的手,㉖<u>她的眼眶里凝满了泪</u>,她用颤抖的声音告诉我——敏死了!我全身的㉗<u>毛管</u>都竖了起来,我拼命地摇着头,企图挥去㉘那句话"敏死了"。

　　㉙<u>后来,我知道敏是死了</u>。因为她的心脏里有一个洞㉚<u>。这使她的脸色苍白</u>,她只留下了这张书签㉛<u>而</u>别我而去。我的心仍不停地流泪,我的眼㉜<u>也哭得差不多瞎了</u>。一个月后,我带着两朵白色的小花站在敏的墓前,㉝<u>一直呆坐至夕阳西落时</u>,我才拖着蹒跚的脚步回家。

　　如今偶拾了这段回忆,心中仍觉黯然。三年的时间并没有㉞<u>冲走了一切</u>。因为敏说过"我们永远结伴而行"!

㉓ "仍"改为"又";删除"来"。
㉔ 改为"她家每一个角落,却没有找到她"。
㉕ 句号改为逗号;删除括号。

㉖ 改为"眼眶里贮满了泪"。

㉗ 改为"汗毛"。
㉘ 把"敏死了"移到"那句话"前
㉙ 改为"敏确是死了"。
㉚ 句号改为逗号;"苍白"前加"一直";逗号改为句号。
㉛ 删除。
㉜ 改为"也哭坏了"。
㉝ 改为"直至夕阳西下,"。

㉞ 改为"冲淡我对她的思念,"。

【重点评析】

　　这篇借物以抒怀的文章写得比较感人,借一张小巧的书签抒发对早逝好友敏的深深怀念。

　　借以抒怀的"物"作了精选。对书签的描绘特征鲜明,层次清晰。既绘形,又刻画出内在的气质。画面底色是耀眼的金色,金色托出两朵白色的小花,色彩鲜明。太阳"唏嘘",流下一滴滴金黄色的泪,以拟人的手法绘形,为文章定下了悲哀的基调。两朵小白花灿烂地飞舞,生机盎然。画面是美的,但又蒙上难以捉摸的悲哀。书签背面的字是画面的点睛之笔。以白色小花喻人,揭示敏的纯洁,刻画二人友谊的纯真。书签,小花,纯洁,友谊,由表及里,写得很有层次。

听到敏死的噩耗后内心痛苦感情的抒发真挚感人。一连串极富个性特征的动作和心理活动的描写,形象而细致地刻画出一个孩子对伙伴的真诚和挚爱,悲痛气氛笼罩纸上。

起笔有气氛,结尾引友人遗言"我们永远结伴而行"点主题,文中曲曲折折表达交友、失友的往事,构思是有条理的。

文章不足的地方主要有:

第一,有些句子形容不当,影响情意的准确表达。例如⑮,形容敏的两颊雪白得和牙齿一样,分不出是牙齿还是脸颊,这样写就过分了,反而给人以不真实的感觉。

第二,有些词用得欠妥,表意不清楚。例如⑪,"心底里涌出了一股抽缩","涌出"用得不妥,因为"抽缩"不可能"涌出"。

第三,有些句子拖沓,意思的表达受影响。例如①,"空气在沸腾"已能表意,"空气"前加"土上的"反而累赘。

第四,文章标题欠妥。"两朵白色小花"是喻两个人,加上破折号"——敏",就难以理解了。删"——敏"。

4. 真实

【写作指引】

文章的生命在于真实,要事真,理真,"情"当然要"真"。感情不能伪造,要抒发自己的真情实感。古人说:"情深而不诡。"情深厚而不虚假,不欺诈。抒情必须自己先有情。情不是脑子里固有的,而是来自对现实的感受,有深切感受而后生情,或悲,或喜,或哀,或乐,或爱,或恨,只有在特定环境中所产生的独特感情充盈胸际,情才会在笔端汩汩流淌。假装的哭只能使人发笑,只有满怀真挚,倾吐心声,文章才有感染力。

【例文修改】

父 母 恩

陈锦嫦

我在不足①二百尺的小单位来回踱了不只千次!最后忍不住,我问姐姐:"妈会不会有②意外的?""不会的,你还是先去睡吧。""不会!不会!你怎知道不会呢?我瞪着姐,③大骂起来。从小到现在,我④也一直爱爸妈,我爱他们比哥哥姐姐更甚。

我爱父母,⑤只因为我曾深切地感受他们对我的爱。当我还只是七八岁的小丫头时,就遭到骨折之苦。每天,妈妈⑥也不倦地携我去复诊,⑦就是她多怕药的气味,也一次又一次替我煲药。我和妈妈通常是乘公共小巴去医馆的。有一天,当妈妈截停了一辆小巴,正准备扶我登车之际,有一大班人蜂拥而至,争着要上车。这时,妈妈用手拦着他们,大声喊:"我女儿的手骨折了,不要碰到她呀!"当时,我⑧直像一只小鸡在母鸡的翅膀下一样满

① 改为"二十平方米的小单位"。

② 删除"的"。

③ "骂"改为"嚷"。

④ 删除"也"。

⑤ "只"改为"是";删除"曾";"感受"后加"到"。

⑥ 改为"辛苦"。

⑦ 改为"她很怕药的气味,但还是"。

⑧ "直"改为"就";"一样满足"改为"受到庇护"。

⑨ 改为"骨折虽不幸,但因此而"。

⑩ 删除。

⑪ 改为"遭受过不少体肤之苦"。

⑫ 改为"我若"。

⑬ 改为"这次骨折,我被送入医院,"。

⑭ 删除。

⑮ 删除。

⑯ 删除"哼,""才刚"。

⑰ 改为句号。

⑱ "她"改为"但";","改为"、"。

⑲ 改为"生活用品"。

⑳ 删除"着"。

㉑ 改为"遇到不幸"。
㉒ 删除。
㉓ 改为"其中的深意,"。

足。⑨我为着我的骨折了而兴奋,因为我能深切感受到妈对我的眷爱,所以,每逢妈妈问我:"痛吗?"⑩的时候,我总会撒谎说:"不痛呀!"

因我从小⑪也遭受不少皮肉之苦,所以,无论大大小小的疼痛,我都能忍受得住,不掉一滴眼泪;但是,⑫若我看见妈为我担心的样子,我就必定哭。⑬又是因为骨折,我被送入急症室。我看着发肿、发红、热烫烫的手指,苦候了差不多一个小时,才⑭能进到急症室里去。我虽然担心⑮手那只已"畸形"的手指的伤势,但也没淌下半滴泪;⑯哼,谁知妈才刚在急症室找到我时,我一看见她的愁容,泪便像雨般洒下了⑰!妈妈和爸爸一样,从没以言语表达她对我的爱,⑱她却以眼神,行动来打动我的心,叫我明白他们的爱。

在我住院期间,爸爸有天亲自为我煮汤;来到医院时,又为我准备⑲一切,让我能方便地进食。我发觉爸爸⑳为着我能享受他煮的汤,能在我㉑遇难时表达㉒他对我的关怀而满足。我顿时明白㉓患难的意义:提醒我要细心体会父母的爱——无条件地付出的爱。

我爱父母,这是我对他们的爱的回应。

【重点评析】

这篇记叙文围绕骨折这件事,颂扬父母对子女的养育之恩,表达子女对父母真挚的爱。

文章的主要特点是感情真挚。起笔就着力表达对母亲的深深的爱。先用来回踱不只千次的动作刻画内心的焦躁；再急切地用语言刻画心中的担忧；听到姐姐的回答，心情不仅没有平静下来，反而大声嚷叫，唯恐姐姐的回答不真实、不可靠，这就更深一层地表达出儿心系母身。

表达对母亲真挚的爱还反映在急症室里的细节上。作者忍耐性很强，再痛不轻易掉泪，但看到母亲的愁容，"泪便像雨般洒下"。这个细节既表现了母亲对子女的疼爱，又刻画了子女对母亲的真挚感情。

作者抒发对母亲爱戴之情的基础是父母对子女的恩情。文中用了相当多的笔墨叙写母亲带子女复诊、煲药、护车，父亲煮汤、打点生活用品。养育之恩打动作者的心，故而感恩、报恩之情就从心底流淌于笔端。

文章的不足之处主要有：

第一，只叙骨折一件事，内容比较单薄，表达的情意较为肤浅。

第二，文章开头提出"妈会不会有意外"的问题，但下文只字未作照应。从篇章结构来说，是明显的缺陷。

第三，文句上有些毛病。有的是交代不清楚。例如①，"二百尺"是怎样的面积呢？"长"乘"宽"，必须用平方米的计算单位。有的用词不当。例如⑧，"满足"显然用得不恰当，小鸡在母鸡翅膀下是得到庇护，而不是得到满足。此外，副词"也"用得太多，好些是欠妥帖的。

第七单元 论述道理

【单元提要】

本单元探讨议论文写作中,如何把握说理论辩的基本要素和常用的写作技巧。

论点、论据和论证是议论文的三个基本要素,是议论文的精魂。议论文是阐述事理,表明作者主张或见解的文章,因此,文中必须有明确的论点,也就是作者对事理要下判断;必须有证明论点的根据和理由,也就是作者要摆事实,讲道理;必须把论点和论据有机地组织起来,也就是作者要运用论据证明论点,进行严密的论证。论点正确、鲜明,论据真实、充分,论证井然有序,说理就能使人信服。

说理论辩要讲究技巧。古人曾这样打比方:"论如析薪,贵能破理。"意思是:论,好像劈柴一样,可贵在顺理而下。怎样把"理"析深析透,除关系到作者对事理认识的周全和深度外,与论述的结构、层次、语言密切相关。就语言而论,议论文并不是板起面孔讲道理,而要"说以感动为先",要用生动的语言感动读者,使人入耳入心。

本单元结合例文的分析,就上述问题作一点指导。

1. 有的放矢

【写作指引】

写议论文必须有的放矢,忌脱离生活实际,空发议论。人们在日常生活中会碰到很多事,关心很多事,想从认识上拥有对这些事的看法,写作的人把准了大家的脉搏,宣传自己的观点,讲清其中的道理,人们就爱看、爱听,说理就有效果。中学生写议论文也如此,要了解学生关心的问题,须正确地解决问题,有针对性地发表议论,进行说理,就会引起好的反响。

【例文修改】

论 压 力

邓思颖

现今很多人抱怨生活紧张,受到种种的压力,但是又不懂得如何去应付和处理,往往被压力所困而感到非常苦恼。

所谓"压",《说文解字》①有这样解释:"压,坏也。"有加重于他物之意,物在重压之下自易毁坏。而凡能使物体获得加速度或者发生形变的作用都称为"力"。

① 删除。

"压力",在物理学上的定义是"物体重量向下压迫之力也"。广义上说,"压力"是一种制服人的力量,"迫人的威势"(见《辞汇》)。

在当今社会,不论②从个人到群体,都会③受着不同程度的压力。比如所谓"压力团体",就是对政府施加影响,争取利益。对政府来说,就是一种压力。

② 改为"是个人还是群体"。
③ "着"改为"到"。

④专就个人方面而论,不同年纪、⑤职业、

④ 删除"专"。
⑤ 改为"不同职业、不同背景"。

⑥"相异"改为"各自不同"。
⑦删除。
⑧"有"前加"因";"的"改为"而"。
⑨改为"……"。
⑩改为"这些都会导致人们负荷沉重"。
⑪"有"前加"中"。

⑫删除"当他们""时"。
⑬句号改为逗号。

⑭删除。
⑮改为"这样"。

⑯改为","。
⑰改为"我们要看到压力"。

⑱";"改为",";"加上"删除。
⑲改为"勤奋刻苦"。

背景等的人,⑥都会遇到相异的压力。例如学生要应付考试、老人⑦家有因健康而产生心理负担、公司职员⑧有升迁机会的患得患失⑨…⑩导致我们沉重的负荷,其实是必然发生、不能逃避的现实。在《庄子·渔父》⑪有这样的故事:"人有畏影恶迹而去之走者。举足愈数而迹愈多,走愈疾而影不离身。自以为尚迟,疾走不休,绝力而死。"影子和脚迹就好比我们平日所遇到的压力一样。有些人不懂得解决压力的正确方法,⑫当他们一遇到压力时,往往手忙脚乱,不知所措⑬。只知逃避而不知如何去处理,所谓"掩目而捕燕雀,是自欺也",结果注定失败。

其实,我们想减轻压力,克服困难,⑭凡事应从容易处着手,⑮那么就不易被困难所吓倒而不敢为。正如《老子》六十三章所云:"图难于其易,为大于其细。天下难事必作于易,天下大事必作于细。"循序渐进,明白压力的来源,有条理地一步步化繁为简⑯、化难为易,事情自然成功。最重要的,⑰还是我们应尝试看到压力美好的、有积极意义的一面,把眼光放远一点,以克服压力为乐事。例如:一个学生,如果能以充实自己、寻求知识为目的,而并不是为了考试而读书⑱;加上平日专心致志,⑲努力用功,学业上的压力阴影自然消除,成绩也会大大进步。

因此，只要把那些"迫人的威势"转化为乐趣，以乐观的态度去迎接它，谨慎地利用它，那么，不但困难的问题可得到顺利解决，⑳所谓"乐易者常寿长"（《荀子·荣辱》），㉑这种的"压力"更有助于身心健康，成为推动人类进步、事物发展的一种无形动力。

⑳ 删除。

㉑ "这种"前加"而且"；删除"的""更"。

【重点评析】

这篇议论文论点正确，说理清楚，语言也较通顺。

"压力"这个论题选得好。生活在当今社会，可以说无人不感到自己身上有压力，其中不少人常为此而苦恼，中学生也不例外。因此，选择这个论题开展论证，与生活实际紧密结合，针对性强。

说理比较清晰。文章起始从生活实际出发，提出"压力"的论题；然后对"压力"这个概念进行诠释；进而从群体、从个人剖析，只知逃避压力，不知正确处理，必然失败；再正面阐述对待压力应有的态度和方法；最后推出结论，把"迫人的威势"转化为乐趣，把"压力"转化为动力，结束全文。提出问题，分析问题，解决问题，结构完整，层次清晰。

"引用"修辞手法贯串全文，增强了说理的可信度。

文章不足之处主要有：

第一，说理节外生枝。例如⑩，列举学生、老人、公司职员种种压力。这段文字主要论述不正确对待压力的不良后果，无须把问题拉扯开，故将有关词句删除。再如⑳，也是如此。

第二，说理的针对性还不够强。"压力"是社会生活中人们遇到的普遍问题，但学生遇到的压力又有其特殊性，文中虽举例分析，但说得比较肤浅，一般化。

第三，个别句子用词不当。例如⑰，"我们应尝试看到压力美好的、有积极意义的一面"。说"压力"有积极意义的一面,合乎人之常情,说它美好,难以理解。"美好"用得不妥。句子中的"尝试"是多余的,应删除。

2. 论点

【写作指引】

　　作者对文章中论述的问题所持的主张或见解是文章的论点;文章中所发表的主要见解或主要主张是文章的中心论点。中心论点是议论文的灵魂,直接制约文章的内容。为了把问题阐述清楚,剖析透彻,可以把文章分成几个部分,每一部分有一个分论点。但是,论述分论点的目的仍在于证明中心论点的正确,是论证中心论点的有机部分。切忌中心论点转移,像游龙似的,由这个主张转到那个主张,乱不成篇。初学写议论文的学生,常易犯这种毛病,要力戒。

【例文修改】

谈谈读书的甘苦

温淑妍

　　"书中自有黄金屋,书中自有颜如玉",相信大家也曾听过,① 更不会陌生。难道书中真有黄金屋? 真有颜如玉? 假若你② 能善用书籍,③ 把握机会去充实知识,那么黄金屋、颜如玉就④ 不尽是可望而不可即的事。

　　读书是一门艺术,它具有⑤ 高尚的内涵。对于有兴趣读书的人来说,书籍可说是他们的

① 改为"不会感到"。
② 改为"善于读书"。
③ 改为"如饥似渴地充实自己"。
④ 改为"不仅是可望,而且是可即的了"。
⑤ 改为"丰富"。

补品;相反地,对于不懂得⑥欣赏读书艺术的人来说,书籍⑦可说是毒药啦。

在人生的旅途中,我们会接触到⑧内容相同或相异的书籍。它们可带领我们⑨到达不同的时代,教我们⑩用不同角度,去分析⑪每件事物,⑫指引我们一些从不认识的知识,学问,甚至"人"的道理。

读书帮助我们⑬思想、反省、辨别⑭等。思想方面:它能⑮带我们到另一个世界,对⑯每种事物想得更深、看得更远⑰,使我们不致对新事物全不认识。若没有读书的帮助,那么⑱脑子再不思考,继而功能渐渐退化,人亦开始变得缓慢下来。

反省方面:⑲它把我们以往所犯的一切错误,多加检讨,避免再犯,⑳这才有进步。

辨别方面:从小我们便要学习分辨是非㉑、辨别每一件事物,这㉒都需要很多学问,知识及经验,㉓而这些都可以从书籍里得来。

读书㉔可以修养个人的外表,改变谈吐举止,做起事来有条不紊。

有些不懂得㉕欣赏读书价值的人,对读书总有一种错误的观念:读书是何等的乏味、痛苦。他们对书本甚至有抗拒感,认为读书是一种负担㉖,每当考试或测验来临,需要在书本里㉗埋头苦干的时候,他们就有㉘处于牢狱的感觉。

⑥ 删除。
⑦ 改为"就是累赘"。
⑧ 改为"各种各样的"。
⑨ 改为"进入不同的国家、"。
⑩ 改为"从不同角度"。
⑪ 删除。
⑫ 改为"使我们从无知到有知,懂得做"。
⑬ 改为"思考"。
⑭ 删除"等";"想"改为"考"。
⑮ 改为"启发我们"。
⑯ "每"改为"各"。
⑰ 删除。
⑱ 改为"就会闭目塞听,脑子的锻炼受到影响"。
⑲ 改为"书帮助我们对"。
⑳ 改为"以求不断进步"。
㉑ 改为",培养辨别是非的能力"。
㉒ 改为"其中有很多学问"。
㉓ 改为"书籍可以给你以帮助"。
㉔ "可以"前加"还"。
㉕ 删除。
㉖ 改为句号。
㉗ "苦干"改为"攻读"。
㉘ 改为"身处"。

㉙ 改为"各人体会不一样,因兴趣的浓淡、阅读方式的不同而异"。

㉚ 改为"可以丰富知识,扩大视野,毕生受用不尽"。

其实,读书的甘苦㉙,是在于个人对书籍的兴趣浓度,更要视乎个人是否懂得选择阅读的时间、地点及方式来说。因此,我们从小就该养成良好的读书习惯,培养读书兴趣,多看适合自己的书籍。这样㉚不但可以丰富我们的内涵,更能把我们带到知识的新领域,扩大我们的视野,让我们毕生受用。

【重点评析】

中心论点是议论文的灵魂,文中的事实根据、道理根据都要紧紧围绕中心论点,为证明中心论点的正确性和可信度服务;如果论证过程中中心论点转移,就不能击中目标,说理性很差。

本文的论题"谈谈读书的甘苦",很切合中学生的实际。文中开头提出"书中自有黄金屋,书中自有颜如玉",是从读书甜、读书乐的角度谈的。然而,怎么会有如此的快乐,如此的感受,文中未紧扣这一点进行论证,而是转移到另一个问题,即书籍对不同的人产生不同的作用,有的作为补品,有的看作累赘。接着,用大段文字从思考、反省、辨别等方面阐述读书对人们的帮助。这样,中心论点转移了,从读书乐、读书甜转到读书的作用,思路走了线。

论述了读书的积极作用以后,又转到前面的论题,提出有些人不懂得读书的价值,以读书为苦。问题提出,但没有充分论证,内容比较单薄。

文章最后的结论是:从小该养成良好的读书习惯,培养读书的兴趣,多看适合自己的书籍……这个结论缺乏扎实的基础,因上文中心论点转移,对读书习惯、读书兴趣又未阐述、剖析,故给人以空中楼阁的感觉。

现在的修改只是就文论文，尽量删改不通顺的句子，不合常理的内容。

文章要大改，要扣住论题，重新选择材料，重新结构。可以这样考虑：有人以读书为苦，有人以读书为乐，分别摆事实，讲道理，剖析为什么以读书为苦，又为什么以读书为乐，进而作者提出自己的观点，从读书目的、读书兴趣、读书方法等方面去探讨。

更可这样考虑：读书的甘与苦，是一个事物的两个方面，不勤奋刻苦就体会不到读书的甘甜，而尝到了读书的甘甜，更能激发孜孜矻矻求知的精神。甘苦备尝，人就能在知识的海洋中遨游。

3. 论据

【写作指引】

用来证实论点的根据是论据。用作论据的材料，主要是事实和道理两大类。事实要精选，不管是人证、物证、事例、统计资料等，都须有代表性、典型性，这样的论据就是以一当十，有说服力。如果信手拈来，不注意与论点之间的内在联系，即使堆砌很多事实，有时也只能以十当一，甚至毫无说服力。作为论据的道理同样要精选，警言佳句、定理公式、科学原理，选择得好，能增强说服力。论据须确凿可靠，须充分。

【例文修改】

成 功 的 道 路

关浩光

路是人走出来的。一条曲折蜿蜒的小径，只要人迹所至，终能成为平坦大道。人生的道

批注	正文
① 删除。	路也如此,展现在眼前的是一条崎岖不平的曲径,要想成为坦途,①不是别人所能帮助你的,总要自己一点一滴地开垦,②那么黑暗之后就是光明,坦荡的大道将会展在眼前。要想开辟人生的道路,贵在信心、学习和毅力。
② 改为"披荆斩棘,坦荡的大道就会展现在眼前"。	
③ 改为"在任何时代,任何事情上都用得着"。	"精诚所至,金石为开。"这虽然是很古老的话,但要是你能深入体会,会觉得③这是一句名言,什么时代,什么事情上,都应用得着的。"精诚"是专心诚意,"金石"比喻最困难的事情。我们把这句话换作白话文,可以说是:"只要有信心和毅力,就什么事情都办得到。"
④ 改为"听起来似乎"。	有些人说:"书法、绘画、弹琴和唱歌,都是很容易的。"④他所说的话,似是信心十足!可是⑤他学得成吗?不!因为⑥他把事情看得太轻易了。在学习过程中,⑦是需要克服很多困难,和想象⑧中完全是两样。没有毅力、恒心和信心,⑨同样会失败。
⑤ 改为"他们"。	
⑥ "他"改为"他们";"轻易"改为"容易"。	
⑦ 删除。	
⑧ 改为"的不一样"。	
⑨ 改为"很难获得成功"。	
⑩ 改为"铺不成"。	我们读书和做事,想要成功,除了信心和毅力之外,还要行事得宜。有些人为了取得成就,竟使用不义的手法,损人利己,这些人不但永远⑩不能达到坦荡的大道,还会自食其果,⑪就如关闭了心灵之窗,把自己困在黑暗、狭小的天地里。
⑪ 删除。	
⑫ 删除"是";"无数"后加"条";删除"的";"一方"改为"境地"。	"条条大道通罗马。"人生⑫是有无数的道路通往灿烂辉煌的一方,你若有信心、有毅力,你就离成功不远⑬。你若没有信心和毅力,那
⑬ 句号改为分号。	

么成功永远不会属于你。须知环境对你的考验越大,成功的机会越多,只要你站得稳,从黑暗中选择当走的道路,终会踏上锦绣的⑬路途。　　⑭ 可改为"路程"。

【重点评析】

这篇短小的议论文有不少优点,主要是:

论点鲜明。要想开辟人生的成功之路,贵在有信心和毅力。文章围绕这个论点进行论证,清楚明白。

论据注意精选,有说服力。引"精诚所至,金石为开"的名言阐述开辟成功道路必须有信心和毅力的道理,这句名言言简意赅,又为大家熟知,用作论据,可起以一当十的作用。事实论据也有一定的典型性。

说理比较清晰,有条不紊。开头从地上的路引出人生的路,提出文章的论点。论点提出以后,先引名言从道理上论证,再举事例进行剖析,进而深入一步阐发,成功之路除了信心和毅力之外,还要行事得宜,最后从正反两方面论述,得出合乎逻辑的结论。结构完整,论述清晰。

语言比较简洁,很少拖沓。文章开头和结尾的语句写得特别好,可说是要言不烦。

不足之处是:

第一,内容比较单薄,说理不够充分,给人以"支撑点"薄弱的感觉。

第二,论点的语言应更精当些。本文论点中的"学习"用得不妥,它不应和"信心""毅力"并列,不管是学习还是工作,都需要有信心,有毅力。把"学习"删除,论点就经得起推敲。

第三,有些句子是多余的,有的句子过分夸大,有的句子意思表达得不确切。

4. 论证

【写作指引】

　　运用充分有力的论据来证实论点的过程是论证。论证必须有逻辑性,既要符合人们对事物认识的规律,又要合理地安排篇章结构,一环紧扣一环,使所阐述的道理无可辩驳。人们对事物的认识或者从个别到一般,或者从一般到个别,故而论证论点时可以先分说,后总说,或者是先总说,后分说。从个别到一般,是从特殊性的前提概括出普遍性的结论;从一般到个别,是从普遍性的前提推出特殊性的结论。有时论证问题时可把二者结合起来,在结构上就表现为先总说,后分说,再作结论。

【例文修改】

论　友　谊

傅燕霞

　　人类是群体的动物,不能离群独处,①从这个互相倚赖的过程中,彼此产生感情。感情有多种,如亲情、友情、爱情。单就友情而言,从②我们小时候玩着跳飞机、射波子的小③朋友直至日后倾心事、诉衷曲的知己,都是④我们一生中不可缺少的伴侣。

　　⑤究竟朋友有什么意义?朋友的作用又在哪里?其实我们不应该抱着⑥目的去认识朋友,更加不应该企图从朋友身上得到什么利益,因为当我们拥有一个好朋友时,实际上我

① 改为"在"。

② 删除。
③ 改为"伙伴"。
④ 改为"生活中不可缺少的"。

⑤ 改为"交朋友究竟"。
⑥ 改为"某种目的去结交"。

们已经⁷得着了很多。友情是一股力量,当我们失意⁸、挫败时,朋友会⁹加以体恤、关怀并安慰,使我们⑩从失意、挫折中振作起来。因此真正的友情是一股热流,⑪充塞于我们的心灵中,使我们感到满足和⑫安慰,友情又是一种动力,⑬使我们从失败中再爬起来。记得⑭一次,在我极度失意的时候,⑮只是感到无助,感到彷徨,当时有一个好朋友送了一张书签给我,⑯便已给予我很大的安慰和鼓励,这一份温馨的友情使我振作起来,使我明白了友情的可贵。

"千金易得,知己难求。"今日,或许有人拥有很多朋友,但却找不到一个知心的,或许有人已经找到了,但却让他轻轻地溜走。因此,我相信友谊的终始是一段"缘分"。缘分使两个毫不相干的人认识,⑰际遇亦可使这二人分开,但无论如何,缘分以外,人为的因素也是很重要的⑱,要⑲维系友谊,不单是一方面的努力,而是需要朋友间彼此的关怀和体谅。

⑳一段坚韧持久的友谊,不单要经过㉑时间的积累,更需要经过无数㉒的考验。最初志趣相投的朋友,经过不断的了解,互相关怀和体谅,并且从摩擦冲突中加深认识,彼此鼓励和支持,最后便能携手共同去克服种种的困难。

友谊的深浅并不是以时间来决定的。小时候所喜欢的好友,㉓永远都是形影不离,以为

⑦ 改为"得到"。
⑧ 改为"或受到挫折"。
⑨ "加以"调到"安慰"前。
⑩ 删除。
⑪ 改为"流入我们的心田"。
⑫ "安慰"改为"快慰";逗号改为分号。
⑬ "使"前加"能"。
⑭ 改为"有一次"。
⑮ 改为"我"。
⑯ 删除。

⑰ 删除。

⑱ 改为句号。
⑲ 改为"维护"。

⑳ 删除"一段坚韧";删除逗号。
㉑ "时间"前加"较长"。
㉒ "的"前加"次"。

㉓ 改为"往往"。

㉔ 改为"交友之道"。

㉕ 删除。

㉖ 改为"再不像小时候那么倚赖朋友了"。
㉗ "还"改为"仍"。
㉘ 改为"再说,表面形影不离并不能完全反映"。

㉙ 改为"蕴藏着"。

㉚ 改为"情切切,意绵绵。"。

㉛ "亦"改为"也"。
㉜ 改为句号。
㉝ "亦"改为"也"。

这就是㉔好朋友相处之道。而这时候对于朋友的占有欲也是异常强烈的,只要对方的态度稍一冷淡或者交别的朋友,另一方立时表现出不高兴的神情㉕,这本来就是一种常见的现象。毕竟,人是会长大的。在成长的过程中,人的思想渐渐成熟起来,而且也学会了独立,㉖我们再不像往常那么倚赖朋友,但朋友的支持对我们㉗还是十分重要。㉘我们也明白到一对表面形影不离的朋友,亦不能表示他们彼此感情深厚,相反,一对可能久已不见的朋友,却㉙维系着深厚的友谊,一个关怀问候的电话,一封鼓励、温馨的信件,㉚不是比形影不离更切实得多吗?

我们相信任何人都需要朋友,需要朋友的关怀和爱护,同样,你㉛亦应该尽量去关心和鼓励你的朋友㉜,永远的付出固然痛苦,其实永远的接受㉝亦是痛苦的,要知道,友谊就是互相的接受和付出。

【重点评析】

这是一篇写得比较好的议论文,论点鲜明,说理清晰,有一定的说服力。

文章的明显特点是说理一环紧扣一环,逻辑性较强。开头先总说,提出人类是群体的动物,在互相倚赖的过程中产生种种感情,接着用"单就……而言"的句式,从广泛的人类感情集中到"友情"的论题的提出,清晰,顺妥。

提出问题后进行分析。围绕生活中不可缺少朋友,不可缺少知己展开剖析,由一般的朋友结交进而谈寻找知己,由知己的结交进而论述友谊的维护和持久,然后剖析友谊深浅的辨别,条理清楚。

说理时既有横向的排列,又有纵向的分析,纵横穿插,给人以内容充实的感觉。"友谊的持久""友谊的深浅"的论述,从结构上说,是横向排列的;论述"友谊的深浅",从小时候对交友之道的认识的剖析,进而阐明成长、成熟后深交的表现,重在对友谊深浅的深一层探讨。这样的结构,使说理有一定的广度,又有一定的深度。

结论言简意赅,突出中心论点,对友谊的实质进行了较为精辟的概括。

语言上有一些缺点,主要是:

第一,用词不当。例如④,"朋友"和"伴侣"是两个不同的概念,"伴侣"指同在一起生活、工作或旅行的人,不能与"朋友"等同,文中把朋友看作伴侣是不妥的。

第二,累赘。有些句子已经把意思表达清楚,没有必要再重复。例如⑩,"从失意、挫折中"纯属赘语,删除以后,就不拖沓了。

第三,硬拉扯。说理须符合逻辑,顺势而下,不能硬拉扯。例如㉚,把电话、信件与形影不离进行比较,且得出"更切实得多"的结论,就比较牵强。

5. 寓理于谐
【写作指引】

写议论文可读性很重要。写议论文的目的是辨是非,明事理,使人信服,故不能一味绷着脸说话,一味严词训斥,不能强词夺理。论辩要讲究技巧,论辩时或谈笑自如,或借题发挥,或正话反说、反话正说,或幽默诙谐,切中要害,使人在轻松中受到启迪,受到教益。寓理于谐,能使议论生动形象,富于文学色彩。不管是谈笑风生,还是诙谐幽默,都要注意对象,注意分寸,其要旨都在于把道理说得精辟、透彻。力戒语言油滑,故作姿态。

【例文修改】

泪

赖瑞云

　　流泪,是一种复杂的感情表现,当你激动、喜悦、痛楚或受了委屈时,或许会流下点点清泪。孩提时代的我,每天总要哭一次,不是因为与哥哥争玩具糖果,就是被母亲责骂。现在的我,那习惯当然早已改掉,然而,我仍是一个爱哭的女孩,纵然哭①不可以解决问题。

　　还记得某次学校②集会里的舞蹈表演,我也有一份儿③:几个女孩喜悦而用心地彩排,熨蒙古服装,化妆,忙得不亦乐乎。终于到正式表演了,不料我们获得的竟是一片嘲笑声!仿佛有人在你极兴奋时,给你一记耳光,④惊讶而痛楚。夜里,我躲进浴室偷偷地哭了,看看腿上因排舞而跌得红瘀的痕迹,哭得更心碎了。那种侮辱和失败感总是难以忘记。

　　最可爱的是婴儿的眼泪⑤:吹弹可破的粉红脸蛋上,轻轻淌着晶莹剔透的泪珠儿。流泪的原因⑥不是不适就是肚子饿了,那是多么直接⑦坦白地流露啊!⑧当人长大后,往往因为种

① "不可以"改为"不能"。
② "里"改为"时"。
③ 改为句号。

④ "惊讶"前加"使你"。

⑤ 改为句号或破折号。

⑥ "不适"后加逗号。
⑦ "地"改为"的"。
⑧ 删除。

种外在因素,不能自然地流泪,尤其是那些自命坚强的人。

最令我心折的是⑨男姓的泪,可能"男儿汉,流血不流泪"。这种传统观念具有颇大的影响力。曾经认识一位很能干,遇到挫折誓不低头,也不会滴下⑩半颗泪的叔叔,因为妻子在车祸中⑪去世了而涌出一片伤心的泪光,但面孔却是呆呆冷冷的。我哭了,心中泛起⑫一阵歉意,而我流泪是为他,不是为他的妻子!

据说女性比男性寿命⑬较长,主要因为女性比男性爱哭。所以,当有不如意时,哭吧!虽然不能解决⑭困难,但⑮最少可⑯减低心中的负荷!

⑨ "姓"改为"性"。

⑩ "泪"后加"珠"。
⑪ 改为"丧生而涌出伤心的泪"。
⑫ 改为"无限悲哀"。

⑬ 删除。

⑭ 改为"问题"。
⑮ 改为"至少"。
⑯ 改为"减轻"。

【重点评析】

文章围绕"流泪,是一种复杂的感情表现"这个中心论点展开论述,但不是绷着脸说,而是娓娓道来把"流泪"与"感情"之间的联系生动地加以剖析,读起来给人以轻松的感觉。这是本文的明显特点。

文中举了一些事例进行论证,事例选得比较精,说理比较有力。例如关于舞蹈表演的事例,采用了前后强烈对比的方法,在反差中显现效果,把流泪的复杂感情——伤心、痛楚、屈辱、懊丧、无可奈何等感情表述得清楚而含蓄。

段落之间的衔接与过渡比较妥帖。例如第3段论述婴儿的眼泪是感情直接的流露,引出人长大后不能如此,用"尤其是那些自命坚强的人"开启下文。第4段紧接着论述"遇到挫折誓不低头"的男儿汉也流泪,不过表现有其特点罢了。衔接紧密,过渡自然。

语言有幽默感,增添说理情趣。

文字比较通顺,不足之处是说理比较浅,只停留在流泪现象的列举,未能深入剖析,进一步在道理上加以阐述。但有一处写得深入,有分量。那就是:一位叔叔突然丧妻,"面孔呆呆冷冷",并未痛哭,痛哭的反而是作者,这种曲折的笔法把这位男子汉内心的悲哀衬托得十分深刻。

第八单元　锤炼语言

【单元提要】

本单元探讨语言在写作中的重要地位,以及如何锤炼语言准确地表情达意。

语言不是蜜,但可以粘东西。一篇好的文章不仅要有充实的内容、真挚的感情,而且须有精美的文辞。古人说:"言之无文,行而不远。"文意皆佳、文情并茂的文章最能感动人,使人信服。

文章要能让人知其意,看得懂,就要根据具体内容的要求,运用恰当的词语把意思准确、鲜明地表达出来。文章还要能激人兴趣,感人肺腑,因此,在准确地表达情意的同时,须在形象、生动上下功夫。

驾驭语言的能力非一蹴而就,靠的是勤学苦练。

首先是注意积累。从阅读中学习,积累佳词美句,在生活中学习,吸取群众口头生动、活泼的语言。头脑里语言仓库越丰富,下笔时遣词造句越得心应手。

其次是锤炼。锤字炼句,在所掌握的语言中选择最精当的字句来表达特定的情和意,使文章勃勃有生气。

再次是修改。文章不厌百回改,对初学写作的人来说,尤其要勇于删繁剪秽,改字动句,使文章日趋完善。

本单元结合例文的剖析与修改,就上述问题作一些具体的引导。

1. 准确

【写作指引】

任何文章都要表达一定的情意,而要表达情意离不开准确的语言。俗语说:"思想是语言的内核,语言是思想的外壳。"语言和思想互为表里。要把意思表达清楚,首先要想清楚问题。不是模模糊糊,只是一个轮廓,而是要把握事物的特征,把握问题的实质。认识清楚,思路清晰,语言就会准确、流畅。表达要准确,须精心选择恰当的词语,在结构多种多样的句式中,选择恰当的句式。平时对词语的含义和使用范围要多加研究,对各种句式的表达效果也要有所了解。

【例文修改】

水 滴 石 穿

郑淑芬

风和雨滴在院子里相遇。

风骄傲地对雨滴说:"快走开,没有用的东西!你这样有气无力的,①<u>做得什么出来</u>?"说着,故意施展威力,将树枝吹得摇摇摆摆,将树叶吹得四面飘散。

"这有什么②<u>出奇</u>?"雨滴说③<u>:</u>"阶前的石板,你能吹动分毫吗?"

"我当然能够④吹起阶前的石板啦。"风说。接着他⑤<u>吸</u>了口气,用尽力量去吹。吹呀吹,吹呀吹⑥<u>。结果都不能将石板吹起</u>。

"哈哈,你说你能把石板吹起,现在……哈

① 改为"做得出什么来"。

② 改为"稀奇"。
③ 改为逗号。

④ 删除。
⑤ "吸"前加"深深"。
⑥ 句号改为逗号;句子改为"石板纹丝不动"。

哈……⑦。"雨滴笑着说。

"那么⑧你又能够吹得起石板吗?"风⑨喘气地说。

"哈,我虽然不能把石板吹起,但能够将石板滴穿。信不信由你。"雨滴说⑩着。风又说:"⑪那么要看过才知。"

⑫日子不断地过,而雨滴每天⑬都不停地滴着阶前的石板⑭。终于有一天……

"我终于将石板滴穿了。"雨滴大声地叫着。风看见了,面上呈现惭色,⑮跟着说:"我真是很佩服你的精神,我一直以为我是力量无穷,⑯结果被耐性战胜了我"风惭愧地说。

其实只要有⑰耐性,世界上⑱一切的问题,都会一一解决的。

⑦ 句号删除。
⑧ 改为"你能够把石板吹起来吗"。
⑨ 改为"不服输,气喘吁吁地说"。
⑩ 删除。
⑪ 删除"么"。
⑫ 改为"时间不停地流逝"。
⑬ 改为"也"。
⑭ 改为逗号。
⑮ 删除。
⑯ 改为"对韧性的威力却没有认识。";在"认识。"后加后半个引号。
⑰ 改为"韧性,持之以恒"。
⑱ 改为"许多难题"。

【重点评析】

这是一则小小的寓言,通过风和雨的对话说明水滴石穿的道理。主题鲜明,条理清楚。

从总体上说,语言比较通顺,但仔细推敲,在表达情意方面尚有一些不准确之处。主要是:

第一,用词欠贴切。例如②,"出奇"意思是特别,不平常;"稀奇"意思是稀少而新奇。句中应该用"稀奇",说明风吹树摇没什么新奇,并不少见。用"稀奇"更贴切。再如⑰,水滴石穿是持之以恒,锲而不舍的结果,用"耐性"不足以表达,分量不如"韧性"。

第二,意思表达得不充分。例如⑤,风尽力吹,说"吸了口气"是远远不够的,在"吸"前加"深深"二字形容,气势就大不一样。

第三,句子表意不顺畅。例如①,用疑问句句式是好的,但由于句中词序不妥帖,表达不畅。"做得什么出来"与"做得出什么来"比较,后者读起来顺畅得多。又如⑧,"你又能够吹得起石板吗?"句中的"又"是多余的,应删除。但删除后表达意思还不够有力,"石板"没能突出来。改用宾语提前的办法就可达到目的,而且和上一句雨滴说的话可以对应。

第四,表达不清楚。例如⑯,"结果被耐性战胜了我",从句子本身看,"被"用得不妥,可修改为"耐性战胜了我",或"我被耐性战胜"。但从上下文看,意思仍然表达得不清楚。风对韧性的威力缺乏认识,故不相信水滴能使石板穿透,这一层意思未表达,就谈战胜不战胜,读起来含糊不清。

此外,雨滴每天滴不符合实际情况。

《水滴石穿》是写得比较好的文章,立意、选材、结构、语言都比较出色,因为本单元专门研究语言,故在这方面作了比较严格的推敲。

2. 生动

【写作指引】

文章不仅要达意,而且要有一种感人的力量。感人来源于精彩的内容,也来源于语言的清晰、动听。无论是叙事、写景,还是记人、状物,都要说得婉转生动,使人爱看爱听。要善于使用比喻、拟人、排比、夸张等修辞方法,描形,摹声;要善于采用生动活泼的口头语言,绘声,绘色,传情,传意。使用各种修辞方法时,特别要注意贴切;语言的感情色彩要认真把握。

【例文修改】

昨 日 之 日

蔡洁萍

仿佛就是昨天——为了追寻——追寻藏在心底的目标和理想,我们偶然地碰上了。由开始的不相识,相交,甚至成为知己,当中又经过多少风与浪!有人说:"相遇是要有相当的<u>①缘分</u>。"既是如此,那么,今天的各奔前程,又岂非天意?

仿佛就是昨天——我们都曾年轻过,不知天有多高,地有多厚,只管抱着一颗赤诚的心,怀着一片未泯的童真,肆意地踏遍校园的每一角落;放学后的疯狂大合唱,天才表演中的<u>②搞笑剧目</u>,友谊比赛中的获胜,以及……在各色各样的活动中,我们曾毫无保留地以真我示人,任由自己放纵,任由自己歌唱,任由自己狂笑……然而曾几何时,我们为同学间的互不谅解而自寻烦恼,落泪千遍;又<u>③曾</u>经何时,为了那份"吃力不讨好"的领袖生工作,我们互相嗟叹,紧锁眉头……还有,还有,那"冬冻夏热"的107室,"密不透风"的205室,以及那顿填不饱肚的"即食午餐"等,<u>④岂不是我们每天担忧、谈论的热门话题</u>? 当年旧事<u>⑤不恰似是昨天发生的吗</u>? 然而,朋友! 你可曾

① "缘分"后加"的"。

② 删除"搞""目"。

③ "经"改为"几"。

④ "不"后加"都";删除"担忧、"。
⑤ 改为"岂不像昨天发生的一样"。

⑥ 删除"重"。

⑦ 删除。
⑧ "那"改为"哪"。
⑨ "又"后加"有"。

⑩ "孔""孟"后分别加顿号。
⑪ "太白"后加顿号。
⑫ "特"后加"勒"。
⑬ "多少"后加"个"。

⑭ "你"后加"们"。

⑮ "又"前加"今日"。
⑯ 逗号改为句号;删除"竟"。
⑰ 删除"使"。

在校园内⑥重拾回那旧日的足迹、笑语和泪印？而今天的你，又何曾拥有旧日的豪情？

仿佛就是昨天——老师们仍滔滔地说个不停：⑦什么土木之变、咏怀古迹、法国大革命……⑧那知顽童的心已飞越围墙外的八千里路去……⑨又多少个日子，望着眼前数不尽的笔记，我们不得不高唱"我空虚，我寂寞，我消化不良！"还有多少个晚上，⑩孔孟荀诸子百家与我畅谈人生，论尽古今；⑪太白东坡亦屡屡相邀举杯谈风月，更怎会少了⑫希特、拿破仑呢？试问又怎叫人睡得稳？还有，⑬多少上课的日子，老师们贯彻如一的教条："考试当前，努力温习，保重身体……"他们又怎知道学生们已听得耳朵发毛，希望溜之大吉！可是，今天竟有个傻子希望站在⑭你的跟前，重听旧话！

仿佛就是昨天——我们彼此抱头痛哭，握手言别，互道珍重，⑮又感叹两年如"五味架"的预科生活转瞬即逝，令人怀念⑯，竟冀望时光倒流，⑰好使再次重拾旧梦，然而这又何济于事？昨日之日之所以令人珍惜、怀恋，只因它并不能挽留，既是如此，我们何不珍惜每一个今日，使它成为每一个令人难忘的昨日呢！

【重点评析】

这是一篇写得娓娓动听的佳作。感情真挚，文笔生动流畅，有一定感染力。

情真。师生情,同学情,知己情,在字里行间流淌。表达这种情谊没有采用凭空抒发的拙劣方法,而是寓情于事,曲曲折折,把学校生活的乐与忧,同窗之间的爱与恼,教师的悉心教导,学生的调皮、淘气刻画得惟妙惟肖。

语言活泼生动,可读性很强。

一是句式多变,陈述句、感叹句、疑问句等恰当地穿插使用,制造良好的表达效果。

二是敢于使用夸张的词,加强对情意的表现力。例如"肆意""疯狂""放纵""狂笑"都是贬义的,但用在句中起了独特的夸张作用,把学生的纯真、赤诚,把学校生活的欢乐表现得淋漓尽致。

三是语言风趣,耐人寻味,例如老师絮絮叨叨地讲,"顽童的心已飞越围墙外的八千里路去……",师生对照,人在心飞,趣味甚浓。

四是排比、反问等修辞方法运用得恰到好处,无矫揉造作之势。

文章主题积极。以饱蘸感情的笔触怀念"昨日之日"的丰富、多彩、有意义,但文章并未局限在怀旧,而是以旧激今,把握今日,珍惜今日,这就揭示了"昨日之日"的更深一层的含义。

结构清晰,匀称中有变化。全文每一段均以"仿佛就是昨天"起笔,用反复激荡的方法增强怀念的效果。文章采用了横式结构的组材方法,每一段内容各有侧重。

有的句子稍有缺陷,如稍加注意就可避免。

3. 明白

【写作指引】

晦涩难懂是语言的一种病态,写作文时,要力戒这种毛病。把意思说明白,让别人看懂,这是写文章的基本要求。所谓"晦涩难懂",就是表达的意思隐晦,含混不清,别人难以理解。写作时要避免这种毛病,

须注意:

第一,认识上要端正。多用深奥的语句不是好文章,再精辟的道理也应说得清楚明白。"含蓄"和"晦涩"不是一回事;前者是语言中蕴含深意,耐人咀嚼,意味隽永;后者是模模糊糊,含混不清。

第二,尽量不用艰深怪僻的词,不说佶屈聱牙的话。

第三,写好后,读一读,把拗口的、难懂的字句删除。

【例文修改】

秋风啊,秋风!

王

① 改为"一扫昨夜的室闷,"。

② 改为"顿觉精神爽朗"。

③ 删除。
④ "一"改为"几"。
⑤ 删除。
⑥ 改为"今早却"。
⑦ "着"后加"我"。
⑧ 删除。
⑨ "偶然"改为"突然";删去逗号。
⑩ 删除。
⑪ 改为"袭来丝丝凉意,我"。
⑫ "拈来"改为"拿了"。
⑬ "膊"改为"膀"。
⑭ 删除。
⑮ 改为"悄悄来到人间"。

今晨的风似乎有些不寻常,① 与昨夜吹起来叫人感觉到浑身不是味儿,还带分室闷的风,截然不同。② 还未离开床铺,就已领略到四季变迁的奇妙历程。

昨天早晨③ 依旧的起床,还带着④ 一分懒意,⑤ 对每件事都懒洋洋的,提不起一丝劲头,⑥ 但今早也如往常的起床,却又是另一番景象,似乎有一股新的动力⑦ 推动着。⑧ 精神饱满丰足。⑨ 偶然一阵清风,拂过我的发边,擦过我的身边,⑩ 吻过我的唇边;吹动我的发丝,跨进我的衣裳,遗下痕影于我的唇边。⑪ 丝微凉意侵袭我,不觉打了一个寒战,伸手⑫ 拈来一件薄薄的外套,披在⑬ 肩膊上,以免着凉,呀!⑭ 终于明白到这是入秋的讯号,秋风已⑮ 不经意地刮着。

窗外的树弯着身⑯生长着,光线从树缝之间⑰暖暖地透出来,射到以六角形铺砌出来的地上,构成一幅⑱黑白色的图画,⑲但地面的地形又在不断地蠕动着、变化着⑳,因为是这秋风在作怪呢! 秋风㉑又飘到水池旁,㉒把原本宁谧的池面,翻起不大不小的㉓风波,一卷秋风的带引下,池水皱起千百鳍波纹,㉔不断地颤动、颤动……㉕直至秋风静止的一刻。

秋风突然㉖无故地转移目标,停止了向水池的骚扰,转过头来,悄悄地跨进我家的窗,趁我一个不留神,㉗就把案头的一叠还未完成的文章吹至案端、椅上、地上、脚边,有些甚至㉘溜到窗外的世界,再也拾不回。可恶的秋风㉙儿,竟然是一个捣乱的家伙。我关起窗户,摒除它于窗外,不让它再次捣蛋! 但秋风依然在玻璃窗上㉚推敲着、推敲着……像是㉛没有疲倦的一刻,希望闯进窗内的世界!

夜晚的秋风更㉜是寒凉,㉝昏黄的街灯照引下的街道,较㉞平常更为寂静。留恋于㉟街角的行人少之又少,只有数张废纸被秋风卷起,㊱在夜风中乱舞;㊲打滚、夜风又闯进我的心灵内,撩起我久未揭开的心幕,㊳从前愉快、忧愁、懊怒纷纷涌起……

⑯ 删除。
⑰ 删除。
⑱ 改为"黑白相间"。
⑲ 改为"而这幅图"。
⑳ 逗号改为句号;其余全删除。
㉑ 删除。
㉒ 删除。
㉓ 删除。
㉔ "断"改为"停"。
㉕ 删除。
㉖ 删除。

㉗ 删除。
㉘ 改为"吹到窗外"。
㉙ 删除。
㉚ 改为"敲打着、敲打着"。
㉛ 改为"不知疲倦似的"。
㉜ 改为"有寒意"。
㉝ "昏黄"前加"在";"照引"改为"照射"。
㉞ "常"改为"时"。
㉟ "角"改为"头";"之"改为"而"。
㊱ "夜风"改为"空";分号改为句号。
㊲ 改为"秋风又闯进我的心扉"。
㊳ "从前"后加"的";"怒"改为"丧"。

【重点评析】

这是一篇写景文章,既有对景物较为细致的描绘,又插入了自己的感受，从写作方法的角度讲，是可取的。全文自始至终紧扣"秋风"刻画，不蔓不枝。

语言晦涩难懂是这篇文章的最大毛病，使描绘的物走形，使要表达的意思含混不清。主要在于：

第一，硬凑词语，使人难懂。例如⑧，精神"饱满"，意思清晰，"饱满"后紧接着用"丰足"，就费解了。又如⑩，清风"跨进我的衣裳，遗下痕影于我的唇边"就使人难懂。"风卷起衣裳"，这是人们通常的说法，好懂。风"跨进衣裳"就费解了。再说，"唇边"怎么"遗下"风的"痕影"？"风"的"痕影"又是什么呢？读者难以理解。

第二，前后矛盾，意思不明。例如④⑤，先说"带着一分懒意"，后说"对每件事都懒洋洋的"。既然是"一分"，又怎可能"对每件事"都懒洋洋的？前后句矛盾，意思含混不清。

第三，重重叠叠，佶屈聱牙。例如①，"与昨夜吹起来叫人感觉到浑身不是味儿，还带分室闷的风，截然不同"，这个句子中"风"的修饰语重重叠叠，累赘得佶屈聱牙，难读难懂。去掉这些累赘的修饰语，意思清楚明白——"与昨夜的风截然不同"。要表达昨夜的风是室闷的，感觉到浑身不是味儿的意思，可以在"截然不同"后面再写一个句子补充说明，比"装"在一个句子里表达效果要好得多。

第四，用词不当，造成意思不明。例如②，入秋，只是夏秋两季之间的变化，说"未离开床铺，就已领略到四季变迁的奇妙历程"，"四季变迁"用得不妥，以整体代局部，意思表达不准确。又如⑮，"秋风已不经意地刮着"，"经意"是经心、留意的意思，秋风不经心地刮着，说明什么问题，没有下文，意思不清楚。

第九单元　病句修改

【单元提要】

　　文章不厌百回改。一般说来，佳作都是作者精心修改的产物。中学生练笔写文章，更应重视修改。修改文章的范围很广，从立意、选材到谋篇布局都应反复斟酌，而语句的修改对初学写作的人来说尤为重要。句子是文章的"零部件"，句子生毛病，零部件失灵，文章整体就受损害。要咬文嚼字，把不通顺、不合逻辑的句子改通顺，改得合乎逻辑，把意思含糊的地方改得清楚明白。多修改，思路可得到锻炼，词句的用法会逐步熟练起来，运用语言文字的能力就能有效地提高。

　　本单元先就常见病句的种类进行单项分析，然后把各种常见的病句组织在一段话里，供同学们做修改的练习。

1. 示例/练习

（1）用词不当

示例：

① 人人说做学生幸福，我倒瞧不出有什么地方令人<u>仰慕</u>。

"仰慕"应改为"羡慕"。"仰慕"是敬仰思慕的意思，人人说做学生幸福，只蕴含羡慕，无丝毫敬仰的意味。

② 幼弱的孩子<u>始终</u>会长大的，就像我们学校一样，现在已经变得规模庞大，拥有千余学生。

"始终"应改为"终究"。"始终"指从开始到最后,幼弱的孩子从开始到最后会长大是不通的,必须修改。"终究"是毕竟、终归的意思。孩子虽幼弱,但终归会长大的。比喻也用得不妥。

练习(1):

① 知识的宝库有待发现,知识的宝库有待继续填充。
(   )

② 我们在比赛中终于不负众望,夺魁而回。当时大家那份激烈,那份喜情至今难忘。
(   )

③ 校长的仁慈可亲,老师的用心良苦,同学的真挚热诚,都给我莫大的感怀。
(   )

④ 现时,香港人大都以广东话作为母语,但广东话只属地方语言,在全国并不流行。
(   )

⑤ 每当我开"通宵车"到清晨时,首先灌注耳朵的便是那"砰砰当当"载水车的声音。
(   )

⑥ 他清楚地知道,一旦停下来,后果不堪回首,那时,他将会跌得更低,更重,甚至一蹶不振。
(   )

⑦ 从梦中醒来,往窗外一看,街道、房屋已被白皑皑的雪普盖。
(   )

⑧ 只有小孩子才能真真正正地充分享受"好玩"的乐趣。
(   )

(2) 词性误用

示例:

① 学校像伟大的母亲,她,煞费思量,使我愉快地生活,健康地成长。

"思量"应改为"心思"。"思量"是考虑的意思,动词,这里误用为名词。"心思"是名词,"煞费心思",动宾搭配,表达明确。

② 今年天气特别好,风调雨顺,庄稼丰收,听说家乡的水稻每亩<u>收成</u>了九百多斤。

"收成"应改为"收获"。"收成"是名词,这里误用为动词。"收获"是动词。

练习(2):

① 晚上,他一直咳嗽,没法入睡,只好呆呆地坐在床上,受病魔对他的鞭子。　　　　　　　　　　　　　　　　(　　　)

② 男子跳高决赛开始了,标志竿不断上升,一个个运动员奋力拼搏,多么感动的场面啊!　　　　　　　　　　　(　　　)

③ 他有坚强的性格,充满的精神,做什么事都有使不完的劲。
　　　　　　　　　　　　　　　　　　　　　　　(　　　)

④ 一架乳白色的飞机似火箭般直冲云霄,在蓝天白云的珍贵下缓缓而坚定地向前飞翔。　　　　　　　　　　　(　　　)

⑤ 今年灯会特别热闹,花式繁多,新颖别致,大家兴致地去观看。
　　　　　　　　　　　　　　　　　　　　　　　(　　　)

⑥ 甜麦圈、咸麦圈对于幼儿来说,是价廉物美、最营养的食品。
　　　　　　　　　　　　　　　　　　　　　　　(　　　)

⑦ 他脾气十分古怪,不管你怎样热情,怎样真诚,他都拒绝,益处的劝告,友好的帮助,似乎与他无缘。　　　　　(　　　)

⑧ 每逢佳节,人们在联欢会上,常常被各种趣味的谜语所吸引,流连忘返,低头沉思。　　　　　　　　　　　　(　　　)

(3) 指代不明

示例:

① 小倩、小琴、梅艳、李丽影等同学围在一起谈母亲对自己的疼爱,小琴指着自己身上穿的衣服说:"哪一件不是妈妈给<u>我们</u>

做的?"

"我们"指代不明确。"我们"是指多数,如果指围在一起谈话的几个人,可用"我们";小琴只指自己身上穿的衣服,就应该用"我"。

② 这条商业街上展出了很多轻工业的新产品,吸引了许多人观赏和购买的兴趣;我在这条街上走,只见<u>你来我往</u>,好不热闹。

"你来我往"和"我"放在一个句子里,指代不明,容易产生误解。"我"是实指,"你来我往"中的"我"是虚指,虚实混解,意思不清楚。"你来我往"改为"人来人往"就行了。

练习(3):

① 水蜜桃很娇,携带不方便,荔枝也娇,携带也不很方便,但它也许是世上最鲜最美的水果。　　　　　　　　　　(　　　)

② 小张和小章是一对形影不离的好朋友,他常常帮助他学习数学,他也经常辅导他学英文。　　　　　　　　　　(　　　)

③ 我对妈妈和姨妈说了今天学校里发生的趣事,她半带责备地点着我的鼻子说:"你啊,真是个捣蛋鬼!"　　　　(　　　)

④ 联欢晚会上有独唱、合唱、舞蹈、魔术、民族乐器演奏,精彩纷呈,它真动听啊!　　　　　　　　　　　　　(　　　)

⑤ 考试临近了,英语作业很多,数学题也不少,语文复习要求也不低,怎么办呢? 就先完成它吧!　　　　　　　(　　　)

⑥ 小王充满自信地对班级同学说:"荷叶的用途很广,鲜荷叶包肉调味,加上米粉蒸,就是荷叶粉蒸肉;干荷叶可用来包物品,包肉不会渗油……"她听得入神,情不自禁地"啊"了一声。　(　　　)

⑦ 舅舅、舅妈来了,一别二十多年,话匣子打开就没个完,特别是妈妈和舅妈激动万分,说着说着,她就哭泣起来。　(　　　)

⑧ 我对大家说:"这是一件正经事,有什么好主意,大家尽管说,不要你谦我让的,我自有办法。"　　　　　　　(　　　)

(4) **数量词用错**

示例：

① 窗外是<u>一片</u>无边无际的稻田，但却找不到农作物的踪影，只剩下长长的、干干的、黄黄的枯草。

"一片""无边无际"连在一起用，不妥。"一片"是有边际的，后面用"无边无际"形容，就否定了"一片"。"一片"与"无边无际"二者只能用其一。

② 一阵风吹来，雨滴声夹杂着窗前的<u>几个</u>风铃声，"嗒……叮滴叮……嗒……"响个不停。

"几个"用错了，声音是不能用"几个"的数量词来计数，来形容的。应删除"几个"。

练习（4）：

① 在那些日子里，整间学校都喜气洋洋，充满了节日的气氛。
（　　　　）

② 游戏不仅是一个活动，一个动作，更是一种内心的享受。
（　　　　）

③ 立法局一条条的大圆石柱和一个个古旧的木门，使人好像回到了 17 世纪。（　　　　）

④ 我家坐落在一个小山上，在露台远眺，可清楚地看到对岸的景色。（　　　　）

⑤ 我不停地盯着这一阵阵低沉在海平线上的棉花，它们就像一群雪白的绵羊在半空中嬉戏。（　　　　）

⑥ 他们初见面时，已有三份熟悉的感觉，仿佛到了一个无人之境，水声潺潺，水花拍打岸边的一块孤石，喷溅在石上的一叶孤草。
（　　　　）

⑦ 他从容不迫地在单杠上转了一圈又一圈，同学们连声叫好，小

李高声叫喊:"再来一场!" （　　　）

⑧ "请你再读两下,要把字读准,把句子读顺畅。"在训练朗读时刘萍对麦璜说。 （　　　）

（5）介词用错

示例:

① 老师<u>对于</u>我们可关心了,他不仅关心我们的学习,更关心我们的品德和身体。

"对于"用错,应该用"对"。"对""对于"指出动作的对象或与动作有关的事物,许多场合可通用。但是,用在主语后面的"对",如果有表示"对待""针对"的意思,就不能用"对于"。

② 一个昏迷了两天的小病人,经过医生的精心治疗,终于<u>被</u>苏醒了过来。

"被"表示被动。句中的"被"用错,"苏醒"是自动词,不能带宾语,不符合用"被"的条件,应删除。

练习（5）:

① 由于达到预期的目的,同学们每天坚持体育锻炼,不论是刮风还是下雨,也从不间断。 （　　　）

② 他的恒心把他排除万难,向着自己的理想进军,大家都很佩服他。 （　　　）

③ 做暑期工是比较辛苦的,但我相信在青春年少之际受些磨炼,关于人是有好处的。 （　　　）

④ 我自小就居住在慈云山新村,我很为自己的居住条件而自豪,为着我能够住在全港最大的新村。 （　　　）

⑤ 我走路很不小心,时常擦伤,回到家时,妈妈定被我教训一顿,并把一些白布替我包扎伤口。 （　　　）

⑥ 当白雪纷飞的时候,你会觉得北方的冬天更美丽,更可爱;当雪停后,街上的行人渐多,小孩子堆雪人,玩雪车,十分热闹。
(　　　　)

⑦ 生活在这个以发展一日千里的社会,只需要孤立自己几日,甚至几小时,就会有一种与社会脱节的感觉。(　　　　)

⑧ 在狂风暴雨下,果树园里许多未成熟的桃子、杏子掉落下来,太可惜了!
(　　　　)

(6) 词序颠倒

示例:

① 这次歌咏比赛有低年级组,高年级组,每个组<u>取团体优胜各前三名</u>。

"各"应该放在"取"前面,即"各取团体优胜前三名"。低年级组取前三名,高年级组取前三名,所以,"各"须放在"取"前面。

② 秋季旅行的目的,是给我们<u>享受一个郊野风光</u>的机会,使我们能够吸取绿野的芬芳,欣赏<u>精心的大自然的</u>杰作。

"一个"应放在"享受"前面。给我们"一个机会",不是"一个郊野风光"。什么机会呢?"享受郊野风光"的机会。"精心的"放在"大自然的"的后面,用"精心"直接修饰"杰作",谁的"精心的杰作"?"大自然的"。

练习(6):

① 20世纪90年代的第一个新年即将来到,同学们兴奋异常,准备开一个庆祝会,于是排演、创作了许多动人的文艺节目。(　　　　)

② 在人的一般心目中,身为全家最小的儿子或女儿,当然是宠爱万千在一身,其实,最小的儿女并不是那么容易做的。(　　　　)

③ 除了上学和放学的时间比较热闹外,这条道上人烟罕见,好像

是一条被人弃置的、遗忘的路。　　　　　（　　　　）

④ 秋天的黄昏,天边被染成血红色,路旁的花朵倦意的露出容貌,树木也不堪憔悴。　　　　　　　　　　（　　　　）

⑤ 小心翼翼把门推开,一股冷风令人战栗,扑面而来,我不禁打了个寒战。　　　　　　　　　　　　　　（　　　　）

⑥ 始终人是感情重于理智的,毕业即离别,虽人人知晓,但分别时感情上仍难以承受。　　　　　　　　　（　　　　）

⑦ 妹妹发出了银铃般的悦耳笑声,为夏蝉催眠曲的单调添了一分温馨,也为这个慵懒的下午添了一分愉悦与生气。（　　　　）

⑧ 车停了,他头发蓬乱的被风吹起,然后又徐徐地落到他瘦削的脸上,把半个脸都遮掩了;脸被遮掩,但遮不住凄苦的神情。

　　　　　　　　　　　　　　　　　　　　（　　　　）

(7) 搭配不当

示例:

① 每年的圣诞节都充满了热闹的欢乐气氛,人们除了开舞会外,大都会到尖东或中环等地去看灯饰。

"热闹"与"欢乐气氛"搭配不当;不能用"热闹"来修饰"欢乐气氛"。"气氛"是中心词,可用"热闹""欢乐"修饰。改为"……充满了热闹的欢乐的气氛"就通了。

② 拥挤和污浊的街道和空气已使人透不过气,哪里还有饱满的精神去复习功课呢?

"拥挤和污浊"与"街道和空气"搭配不当。"拥挤"修饰"街道","污浊"可修饰"空气",不能把二者混杂在一起,共同修饰。因为"空气"不能用"拥挤"来形容。应改为"拥挤的街道和污浊的空气"。

练习（7）：

① 这些波折，险些使我站不住脚，幸而得到一些朋友的支持，方使我走过这些困难，将来是否还有冲击，我不能预料。（　　　）

② 秋风抖落了几片枯黄的相思叶，微波里柔柔飘浮，望每片叶子都能把我的倦意及无助的情绪载走。（　　　）

③ 在此等情况下，人人都想着要出外留学，在人云亦云的心理下，我当然也不甘落在别的同学的后面了。（　　　）

④ 在没有认识到美术的真正意义前，我一直认为美术是吃力不讨好的一科，不值得花气力学。（　　　）

⑤ 新学年开始，同学们纷纷提出了自己的决心，一定要勤奋学习，提高各个学科的成绩。（　　　）

⑥ 绘画是记录思想、创意和情感的方法，一幅美丽的画并不一定是好画，好画必须有充实的内涵。（　　　）

⑦ 我漫步在金色的郊野，欣赏着那五彩缤纷的树叶，秋风吹来，使人置于忘我的境界。（　　　）

⑧ 我再次嗅到清新的茉莉花香从远处飘来，它不管那浓雾的阻隔，也千里迢迢地送来。（　　　）

（8）**成分残缺**

示例：

① 通过这一次的郊野旅行，使我开拓了视野，认识了许多花草树木，享受到从未有过的乐趣。

这是一个主语残缺的句子。主语应是"我"，由于紧接着介词结构"通过这一次的郊野旅行"用"使"，把主语"我"淹没了。修改的方法有二：一是删除"通过"，用"郊野旅行"作主语；二是删除"使"，用"我"作主语。

② 根据调查所得，不少青年学生都有阅读黄色刊物的习惯，其中一个原因是他们容易接触到，街旁贩卖报纸的地方，都有黄色刊物出售。

句中缺一个宾语。不少青年学生很容易接触到什么呢？句中未说明，宾语残缺了。应在"接触到"后补上"这些刊物"，"这些"指代"黄色"。

练习（8）：

① 如果家居地方不大，试问父母时常在子女做功课的时候看电视，房间里吵吵嚷嚷，声音不绝，能专心致志地做功课吗？

（　　　　）

② 从课堂和书本中，使我接触到多种多样的知识。（　　　　）

③ 电视系列片一开始，屏幕上出现了，在一间破屋子里，一个中年妇女抱着一个小男孩痛哭，小男孩吓得瞪大眼睛挣扎。（　　　　）

④ 其实，家庭背景、学校教育和社会环境都对青少年的心态有决定性，但很多人只注重学校教育，而忽视了其他两个方面。

（　　　　）

⑤ 青少年是社会的栋梁，未来的主人翁，应该努力学习，以积极的态度充实，迎接时代的大洪流。（　　　　）

⑥ 黄色刊物如毒物一样，我一经与它接触，就在身体内向纵深发展，直接破坏思想，影响学业。（　　　　）

⑦ 明爱中心的饭堂相当安静，但不一会儿，情形便突然改观了，大约有 90 位年过古稀的老人，我们为他们表演节目。（　　　　）

⑧ 车厢动了一动，随着一股因疲倦而振起的鼓噪，车厢内人很少，像一堆杂乱的棋子散放在默默无声的座椅上。（　　　　）

（9）关联不妥

示例：

① 青少年时期心理、生理变化都很大，既不像孩童时一切服从父

母师长的教导,但极需要有爱护、关心他们的人从旁辅导,给予正确的指引。

关联词语搭配不当。"但"表示转折,不能与"既"搭配。"既"和"又"搭配,表并列关系。句中的"但"应改为"又",也可将"既"改为"虽","但"不动。不管怎样改,在"虽"或"既"前都应加"他们"。

② 学校本是一个培养人良好品德的场所,而且有一班年纪相仿的同学一起学习,但现实却并不如此,教师输出大量知识,学生只是拼命接收,生吞活剥,哪有闲暇讨论品德修养?

误用关联词语。句子开头的两个分句无递进关系,不需要用"而且"关联。再说,"而且"这个分句在句中似乎是节外生枝,与上一分句、下一分句均无有机的联系,应删除。

练习(9):

① 在校运动会上,我班男女同学双双获得团体冠军,因此,今后我们更要认真进行体育锻炼,取得更好的成绩。（　　　）

② 他无论碰到怎样的困难与挫折,就是能沉得住气,振作精神,想出办法来克服。（　　　）

③ 我始终认为一个人的好与坏虽然受环境影响,只有个人的本质和定力是最重要的,假使我要学坏,环境再好也没有用。（　　　）

④ 过了那座小树林,船便弯进了叉港,后来,家乡的房舍便出现在眼前,后来,"到了！到了!"我们高兴得叫喊了起来。（　　　）

⑤ 步入林区,又是一番风光。大榕树遮天蔽日,气势雄伟;小杉树出世虽不久,就亭亭玉立,神采动人。（　　　）

⑥ 尽管屋外风狂雨猛,但只要你同意,我才不怕困难,到火车站去接你。（　　　）

⑦ 除非你向她赔礼道歉,她就会破涕为笑,原谅你的鲁莽,不信,你试试。（　　　）

⑧ 外婆家附近有一块面积不很大的蔗田,由于才收割了没有多久,而土地松软,跌倒了也不会痛,因此,成了我们这些小顽童的"乐园"。　　　　　　　　　　　　　　　　(　　　)

(10) 重复多余

示例:

① 随着岁月的度过和流逝,每个乡民都有说不尽的百般感慨,战火把他们的青春夺走了,留下的只是额上无数的"坑纹"。

"说不尽"与"百般"重复,应删除其中的一个。"度过"和"流逝"意思相近,只要用一个即可,但"流逝"和修饰语"岁月的"搭配更恰当,故应删除"度过"。

② 我们应该学习具有"体育精神",而学习"体育精神"之目的是修养品德,锻炼忍耐和耐性。

"具有"是多余的,从全句看,应保留"学习",删除"具有";"忍耐"与"耐性"有重复之处,应删除"忍耐";"耐性"用得不够准确,可改为"韧劲"。

练习(10):

① 希望这棵树能结出丰盛累累的美果!　　(　　　)

② 夏天,故乡的瓜田美景令人陶醉,和小伙伴嬉戏于其间,欢快的心情难以形容,每当我在脑海里回想起那情景,就兴奋不已。

(　　　)

③ 小表妹长得很美,白皙的皮肤,弯弯的双眉,尤其是那双微带笑意的双眼,叫人一看就从心底里喜爱。　　　(　　　)

④ 暑期究竟到哪里旅行,同学们展开了讨论,李小玉是第一个首先发表意见的,有的同意,有的不同意,大家争论不休。(　　　)

⑤ 每当长辈问及我长大以后选择什么职业的时候,我总厌烦而不

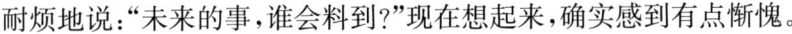

耐烦地说:"未来的事,谁会料到?"现在想起来,确实感到有点惭愧。
（　　　　）

⑥ 现在的父母,每当子女成绩不理想时,总爱大声叫吼,咆哮着:"为什么会这样?平日只顾看电视,不温习,如今不及格了,真是活该,活该!"
（　　　　）

⑦ 其实,从某个角度来看,从某个方面来说,家庭教育比学校教育更重要,因为"三岁儿童定八十",儿时的家庭教育对人的成长影响极大。
（　　　　）

⑧ 每一个梦都是美好的,自远而近,陪我度过漫长岁月的每一个晚上。
（　　　　）

2. 练习参考答案

练习(1) ①"发现"改为"发掘","填充"改为"丰富"。②"激烈"改为"热烈","喜情"改为"喜悦"。③"感怀"改为"鼓励"。④"流行"改为"通行"。⑤"灌注"改为"注入"或"灌进"。⑥"不堪回首"改为"不堪设想"。⑦"普盖"改为"覆盖"。⑧"真真正正地"改为"真正地"。

练习(2) ①"鞭子"改为"鞭笞"或"鞭打"。②"感动"改为"感人"或"动人"。③"充满"改为"充沛"。④"珍贵"改为"爱抚"。⑤"兴致"改为"高兴"或"兴致勃勃"。⑥"营养"前加"有"。"营养"是名词,不能受副词"最"的修饰。⑦"益处"改为"有益"。⑧"趣味"改为"有趣"。

练习(3) ①"它"改为"它们"。② 四个"他"指代均不明,应明确说"小张"和"小章",不用代词。③"她"改为"妈妈"或"姨妈"。④"它"应改为"独唱"或"合唱",也可改为"民族乐器演奏"。比如:"尤其是独唱,真动听啊!"⑤"它"可改为"英语"或"数学"或"语文。"

⑥"她"是谁？指代不明，应改为"某某同学"。⑦"她"改为"妈妈"或"舅妈"。⑧"你谦我让"改为"你谦他让"。

练习（4）①"间"改为"所"。②"一个活动"的"个"改为"项"，"一个动作"的"个"改为"些"。③"一条条"改为"一根根"，"一个个"改为"一扇扇"。④"一个"改为"一座"。⑤"一阵阵"改为"一团团"。⑥"三份"改为"三分"，"一叶"改为"一株"。⑦"一场"改为"一次"或"一回"。⑧"两下"改为"两遍"。

练习（5）①"由于"改为"为了"。②"把"改为"使"。③"关于"应改为"对于"，最好把"关于人"删除。④"为着"改为"因为"。⑤"被"改为"把"；"把"改为"拿"。⑥第二个"当"改为"在"。⑦"以发展一日千里"改为"一日千里发展"或"以一日千里速度发展"。⑧"在狂风暴雨下"改为"在狂风暴雨的袭击下"，或"由于狂风暴雨的袭击"。

练习（6）①先"创作"后"排演"，应改为"创作、排演了"。②"人的一般"改为"一般人的"；"宠爱万千"改为"万千宠爱"。③"弃置的、遗忘的"改为"遗忘的、弃置的"。④"倦意的露出容貌"应改为"露出倦意的容貌"；"不堪憔悴"应改为"憔悴不堪"。⑤"令人战栗，扑面而来"应改为"扑面而来，令人战栗"。⑥"始终人"应改为"人始终"。⑦"催眠曲的单调"应改为"单调的催眠曲"。⑧"头发蓬乱的"改为"蓬乱的头发"。

练习（7）①"走过"改为"克服"。②"无助的"可改为"孤独的"；"微波里"前可加"叶子在"。③"在人云亦云的心理下"可改为"在这种心理的支配下"。④"美术是……一科"，主谓搭配不当，可改为"学美术是吃力不讨好的"。⑤"决心"改为"打算"，或将"提出"改为"表达"。⑥"绘画是……方法"，主谓搭配不当。"记录思想、创意和情感"修饰"方法"，也搭配不当，意思含糊。应改为"绘画是一种用色彩、线条造型的艺术"。⑦"五彩缤纷"改为"色彩绚烂"。⑧"嗅到"与"清新的茉莉花香从远处飘来"搭配不当，"嗅到"的是花香，而不是香飘这件事。应改为"嗅到从远处飘来的清新的茉莉花香"。

练习(8) ① 主语残缺。在"能专心致志……"前补上"子女"。② 主语残缺,删除"使"。③ 宾语残缺。"在……挣扎"都是定语,而不是宾语,应在"挣扎"后加"的镜头"或加"的场景"。④ 宾语残缺。"决定性"不是"有"的宾语,在"决定性"后应加"的影响"。⑤ 宾语残缺。在"充实"后补上"自己"。⑥ 主语残缺。谁在身体内向纵深发展? 黄色刊物。故应在"就"前补上"它"。为明确起见,"身体"前可加"我"。⑦ 谓语残缺。90位年过古稀的老人怎么样呢? 未表达。应在"老人"后补上"聚集在这儿"。⑧ 谓语残缺。"随着……鼓噪"是状语,不是谓语,在"鼓噪"后补上"车行驶起来",意思是:车随着……行驶起来。句中"随着……鼓噪"放在"车行驶起来"前,是状语提前。

练习(9) ① 不是因果关系,删"因此"。② "无论"不能和"就"搭配,"就是"改为"都"或"总"。③ "虽然"和"但是"是一对关联词,"虽然"和"只有"不能搭配,"只有"应改为"但是"。④ 连贯关联词用得不妥。第一个"后来"应改为"接着",第二个"后来"应删除。⑤ "就"应改为"却"。⑥ "只要"不能与"才"搭配,"才"应改为"就"。⑦ "除非"与"才"是一对表条件的关联词,"除非"不能和"就"搭配,"就"应改为"才"。⑧ 表示因果关系的关联词,应该用"由于……因而……",不能用"由于"和"而"关联。"而"应改为"因而"。

练习(10) ① "丰盛"与"累累"重复,"盛"可能是"硕"的笔误。删"丰盛"。② 删"在脑海里"。③ "双"重复,"双眼"改为"眼睛"。④ "第一个"与"首先"重复,删其中一个。⑤ "厌烦"与"不耐烦"重复,删除其中一个。二者之间无转折关系,不应该用"而",须删除。⑥ "大声叫吼"与"咆哮"重复,删去其中一个。⑦ "从某个角度来看"与"从某个方面来说"意思相近,用前一个即可。⑧ 用"漫长岁月"修饰"每一个晚上"不妥,意思重复。删"漫长岁月的"或"的每一个晚上"。

3. 综合练习/参考答案

（1）下面一段文字中，全无文病的只有几行，其余每行都有一些错处。这些错处可能是写错字、写别字，可能是用词不当，可能是误用标点符号，可能是缺漏标点符号。请把错处改正，缺漏的补上。

按照以下方法作答：

① 凡某行有词语或标点符号多余，先用斜线（/）删除，再在该行右方填上所需删除的词语或标点符号。

② 凡某行有词语或标点符号用得不恰当，或有错别字，先在需改正处画上底线，再把正确答案填入右方留空处。

③ 凡某行缺漏词语或标点符号，先在缺漏处加△号，再把该补加的填入右方留空处。

④ 全行正确，无文病，在右方留空处加√号。

① 放暑暇了，妈妈让我回乡去看看年迈的奶奶， ① _____
② 过一个喜悦的暑暇。 ② _____
③ 乘火车，坐上汽车，路上我奔波了两天两夜，终 ③ _____
④ 于回到了家乡。奶奶！一进门，我就大声地叫。 ④ _____
⑤ 奶奶正摇着芭蕉扇在院子里乘凉，她看到我， ⑤ _____
⑥ 高兴的嘴都合拢。她老人家站起身，忙拉着我 ⑥ _____
⑦ 的手问：你累不累，累不累？不累，我说。她听 ⑦ _____
⑧ 我说不累，就抒心地笑了。不一会儿，院子里 ⑧ _____
⑨ 拥进了许多小朋友，虽然有的过去见过面，因 ⑨ _____
⑩ 而大多数不认识。小琴和我年龄相仿，也最熟 ⑩ _____
⑪ 识。她见到我，话呷子就打开了；她欣喜地说： ⑪ _____
⑫ "才一年不见，就长得这么高，大概肚子里的 ⑫ _____
⑬ 学问也长了许许多多吧？"我差涩得低了头， ⑬ _____

⑭ 小伙伴们乐得嘲笑了起来。洗了脸,吃了饭, ⑭ _____
⑮ 我去找小琴,我俩一起到郊野走走。尽管天已快 ⑮ _____
⑯ 黑,路上热气仍很蒸人,没走多少时候,我已汗 ⑯ _____
⑰ 流夹背。小琴却不一样,又走又蹦,轻松得很。 ⑰ _____
⑱ 我十分感怀,心想:毕竟是农村里长大的孩 ⑱ _____
⑲ 子,受过多锻炼,自已比她骄得多。突然,小琴 ⑲ _____
⑳ 叫了起来:快看,快看,那边云彩,我顺着她 ⑳ _____
㉑ 手指的方向看去,啊! 彩霞询烂,美不胜收。我 ㉑ _____
㉒ 兴奋不已,挽着小琴向天边彩霞处飞奔。 ㉒ _____

参考答案

① 放暑暇了,   ① 假
② 过一个喜悦的暑暇。   ② 愉快;假
③ 坐上汽车,   ③ 上
④ △奶奶! △   ④ ""
⑤   ⑤ √
⑥ 高兴的嘴都合△拢。   ⑥ 得;不
⑦ △你累不累,累不累? △△不累,△   ⑦ "?"" 。"
⑧ 就抒心地笑了。   ⑧ 舒
⑨ 拥进了许多小朋友,   ⑨ 涌
⑩ 因而大多数不认识。   ⑩ 但是
⑪ 话呷子就打开了;   ⑪ 匣;,
⑫   ⑫ √
⑬ 学问也长了许多许多吧?"我差涩得低△了头,   ⑬ !;羞;下
⑭ 小伙伴们△乐得嘲笑了起来。   ⑭ 却;哄笑
⑮   ⑮ √

⑯ △路上热气仍蒸人， ⑯ 但
⑰ 汗流夹背。 ⑰ 浃背
⑱ 我十分感怀，毕竟是△农村里长大的 ⑱ 感慨；在
⑲ 受过多锻炼，自己比她骄得多。 ⑲ 多；娇
⑳ △快看，快看，那边云彩，△ ⑳ "！"
㉑ 彩霞询烂， ㉑ 绚
㉒ 我兴奋不巳， ㉒ 已

(2) 请用同样的方法改正下段文字中的毛病。

① 当今的中学生应该有怎样的精神风貌和状 ① _____
② 态？对于这个问题，五年级的学生组织了一次 ② _____
③ 讨论会。大家你推我拥发表意见，气氛十分强 ③ _____
④ 烈。小张首先第一个讲话。他说："中学生都是 ④ _____
⑤ 青年，青年应该有朝气，应该精神振奋，应该 ⑤ _____
⑥ 考虑人生。"小李接着说："我说不出多少道 ⑥ _____
⑦ 理，因为我使不完的劲。生活中的每一件事， ⑦ _____
⑧ 尤其是帮助别人的不少事，我都乐意去做。我 ⑧ _____
⑨ 从不要报仇，为别人排忧解难，我感到十分快 ⑨ _____
⑩ 乐。"听他这么一说，许多同学议论开了，有的 ⑩ _____
⑪ 说中学生就应该帮助别人的精神，有的说中 ⑪ _____
⑫ 学生课程重，那有时间为别人做那么多事？ ⑫ _____
⑬ 小芳站起来感动地说："中学生学习固然重 ⑬ _____
⑭ 要，但并不是没有一点空余时间罢了，更何况 ⑭ _____
⑮ 帮助同学学习也就是做好事、帮助别人克服 ⑮ _____
⑯ 困难，自己可以学得更坚固。"小梅接着说： ⑯ _____
⑰ "中学生的精神风貌好不好，在学习上也能反 ⑰ _____

⑱ 应出来。一个积极向上的学生,毕定学习刻　⑱ _____
⑲ 苦,有勇气毅力克服各种多样的困难;精神萎　⑲ _____
⑳ 靡不振,学习不可能取得好成绩。""小梅说得　⑳ _____
㉑ 很对,"小朱插进来说:"不仅学习是这样,体　㉑ _____
㉒ 育锻炼还是这样。中学时期是人长身体的,每　㉒ _____
㉓ 天坚持锻炼,可以增添体质,促进体内各个器　㉓ _____
㉔ 管的发育,使人有一个旺盛的精力,学习起来　㉔ _____
㉕ 就更有劲。""天已不早,下次在讨论吧。"小王　㉕ _____
㉖ 提出。大家表示同意。　㉖ _____

参考答案

① 当今的中学生应该有怎样的精神风貌和状态?　① 和状态
②　② √
③ 大家<u>你推我拥</u>发表意见,气氛十分<u>强烈</u>。　③ <u>争先恐后</u>;<u>热烈</u>
④ 小张首先第<s>一</s>个讲话。　④ 第一个
⑤　⑤ √
⑥ <u>考虑</u>人生。　⑥ <u>思考</u>
⑦ <u>因为</u>我△使不完的劲,　⑦ <u>不过</u>;有
⑧ 是帮助别人的<u>不少</u>事,　⑧ <u>不少</u>
⑨ 不要<u>报仇</u>,　⑨ <u>报酬</u>
⑩　⑩ √
⑪ 中学生就应该△帮助别人的精神,　⑪ 有
⑫ <u>那</u>有时间为别人做<u>那么</u>许多事?　⑫ 哪
⑬ 站起来<u>感动</u>地说:　⑬ 激动
⑭ 并不是没有一点空余时间<u>罢了</u>,　⑭ 罢了
⑮ 也就是做好事<u>、</u>　⑮ <u>,</u>

⑯ 自己可以学得更坚固。　　　　　　　⑯ 巩固
⑰ 精神风貌好不好,在学习上也能反应出来　⑰ 反映
⑱ 毕定是学习刻苦,　　　　　　　　　⑱ 必定
⑲ 勇气△毅力克服各种多样的困难:精神萎糜不振　⑲ 、;各样;靡
⑳ "小朱插进来说:"　　　　　　　　　⑳ ,
㉑ 体育锻炼还是这样。　　　　　　　　㉑ 也
㉒ 中学时期是人长身体的△,　　　　　　㉒ 时期
㉓ 可以增添体质,促进体内各个器管的发育　㉓ 增强;器官
㉔ 使人有≠个旺盛的精力,　　　　　　　㉔ 一个
㉕ 下次在讨论吧。小王提出△。　　　　　㉕ 再;建议
㉖　　　　　　　　　　　　　　　　　　㉖ √